全国高等院校教育硕士规划用书

现代教育技术实践教程

田俊华　主编

南京师范大学教育硕士用书专项出版基金资助

科学出版社

北　京

内 容 简 介

本书是为攻读教育硕士学位而编写的现代教育技术公共课教材。内容选取以"实用、够用"为原则,强调理论与实践的紧密结合,在系统讲述基本理论的基础上,侧重实践操作与具体应用。全书分为上、中、下三篇。上篇,简要讲述现代教育技术的基本概念和现代学习理论、媒体理论、教学设计理论等;中篇,主要讲述搜索引擎的使用技巧,多媒体教学资源的获取、加工与处理技术,常用课件的制作及学习网站的开发技术;下篇,主要讲述信息化教学的方法及模式,以及信息化教学过程的实施与评价等。教材包含大量操作示例。示例前面有原理或设计思想的描述,便于学习者在理解的基础上进行学习。读者可以通过对示例的反复研习,掌握具体的实践操作技术。

本书可作为教育技术培训用书或教学参考书,同时也可作为高等院校本科师范生教育技术公共课教材。

图书在版编目(CIP)数据

现代教育技术实践教程/田俊华主编. —北京:科学出版社,2009

全国高等院校教育硕士规划用书

ISBN 978-7-03-023547-3

Ⅰ.现… Ⅱ.田… Ⅲ.教育技术学-研究生-教材 Ⅳ.G40-057

中国版本图书馆 CIP 数据核字(2008)第 189230 号

责任编辑:杨 红 王日臣/责任校对:朱光光
责任印制:徐晓晨/封面设计:陈 敬

*科学出版社*出版
北京东黄城根北街 16 号
邮政编码:100717
http://www.sciencep.com

*北京凌奇印刷有限责任公司*印刷
科学出版社发行 各地新华书店经销

*

2009 年 3 月第 一 版 开本:B5(720×1000)
2020 年 1 月第七次印刷 印张:15 1/4
字数:293 000

定价:39.00 元
(如有印装质量问题,我社负责调换)

《现代教育技术实践教程》编委会

主　编：田俊华
主　审：李　艺　　沈书生
编　委：陈蕾蕾　　田俊华　　许　亮
　　　　杨　林　　张小飞

前　言

现代教育技术是一门理论与实践并重的新兴学科,现代教育技术的本质是利用技术手段优化教育教学过程,提高教育教学的效果与效率。随着现代科学技术的飞速发展,特别是信息技术的发展,世界各国的教育也正在发生着重大变革,现代教育技术在教育教学活动中的地位日显突出,其发挥的作用也越来越大。但同时应看到,现代教育技术的功效并不会自动发挥,它取决于掌握技术的使用者——最广大的教育工作者。同时,作为信息时代的教师,掌握现代教育技术的基本理论与基本技术,并恰当地将其应用于教育教学活动中,已成为新时代的基本要求。

现代教育技术是我校(南京师范大学)教育学硕士研究生和本科生的公修课,本学科的教学在我校有较长的历史。2005年本学科教学曾获得国家级本科教学成果二等奖。近年来,我们对教育硕士的教学进行了有益的探索,从偏重理论转变为理论与实践并重,从技术学习转变为原理认知先行,然后结合实例讲解,最后总结提升,并组织学生深入讨论,改变了以教授操作步骤和简单范例模仿的传统学习方法,注重设计思想的领悟及学习者固有学习方法的改造,受到教育硕士研究生的欢迎,取得了良好的效果。

回顾多年来教与学的经验我们发现,现代教育技术公共课之所以受到广大教育硕士研究生的欢迎,主要原因在于很多人认为现代教育技术"很实用"。学习现代教育技术理论,他们感觉找到了改进课堂教学的"突破口";学习现代教育技术实践操作,他们感觉找到了表达教学设想的工具,这些技术能够使他们的很多教学想法成为现实,并用于课堂教学中。

与此同时,也有不少问题困扰着我们,促使我们思索。

对于教学内容,在有限的教学时间内,到底应该让学习者学习哪些知识?作为公共课,学习者的原专业并非教育技术学,有必要像对待教育技术学专业的学生那样,让大家详细了解每个教育技术学术语,熟悉各种教学媒体的性能并熟练使用,同时还要掌握各种信息化教学模式与教学方法吗?如果答案是否定的,那么,哪些内容是最基本的?哪些内容是当前教学实践中最有用的?又有哪些内容能更好地支持学习者的后续教育技术能力的提升?另外,现代教育技术的教学内容相当大一部分属于信息技术,那么,学习现代教育技术会不会演变成学习信息技术?

对于组织方式,用一系列的示例或任务组织教学内容,可以使学习者很快动手做起来,并且,通过对示例的反复演练,学习者的学习兴趣也往往比较高,很快就会有成就感。但有限的示例讲解如何兼顾知识体系的完整性?很多时候,示例的趣味性很容易将学习者的注意力吸引到示例本身,从而"淹没"真正的学习目标。如何用系列示例组织教学内容,同时又能兼顾知识体系的完整性?

本书的主要内容及其呈现方式正是基于对上述问题的思考进行编写的。全书分为上、中、下三篇。上篇(基础理论),讲述现代教育技术的基本概念与发展历史,以及现代学习理论、媒体传播理论和教学设计理论等。这部分内容以简要概括的方式表述,试图用较小的篇幅让学习者全面了解教育技术的基础理论和相关知识。中篇(实践操作),主要讲述多媒体学习资源的获取、加工与处理技术,常见课件的制作技术,学习网站的设计开发技术,以及学习环境的开发与利用技术等。这部分内容在本书中占较大篇幅,涉及的软件也比较多,主要有搜索引擎、Photoshop、Premiere、PowerPoint、Flash、FrontPage、Microsoft Producer 等。这些软件是比较常见的软件,也是教学工作中经常使用的软件,掌握这些软件的基本使用方法,可以满足日常教学工作的需要。下篇(教育技术应用),主要讲述信息化教学方法、教学模式及评价方法,及其在教学实践中的具体应用。上篇偏重理论讲述;中篇偏重实践操作;下篇是前两部分的具体应用与提升。

全书内容的组织主要以知识体系为内在线索,以系列示例为组织线索,目的是让学习者在理解的基础上,通过对系列示例的研练,掌握具体的知识,提高操作技能。编写者对这些示例进行了精心设计,并且在每个示例的前面都有一段概括性文字描述,主要讲述示例的设计思想及原理,希望学习者能够在认真揣摩后再按照操作步骤进行实践,而不是简单的模仿。书中的系列示例涉及绝大多数知识点,对于示例涉及不到的知识点,用楷体字加以补充。我们希望这些示例能像一粒粒的"珍珠",通过知识体系这条线索串连成串,以便学习者通过对系列示例的研习,来形成相对比较完整的知识体系。同时,这些示例又具有相对独立性,学习者可以根据自己的知识储备和兴趣爱好,有选择地实践其中的部分示例。我们希望通过这种组织方式,能够使本书阅读起来轻松,学习起来有趣。

在教材编写过程中,得到南京师范大学研究生部领导及贺素琪老师的指导,同时得到南京师范大学教育技术系领导鼎力支持,在此表示衷心的感谢!书中内容涉及其他研究人员的研究成果,在此无法一一列举,一并表示感谢!

本书的内容以及所采用的组织方式是否合理,还需要广大学习者和教师在教学实践中进一步检验和完善。由于编写者的学识水平及经验有限,书中难免存在疏漏及不当之处,敬请广大读者不吝指正!

编 者
2008 年 9 月
于南京师范大学仙林校区

目 录

前言

上篇 基础理论

第 1 章 教育技术理论基础 ………………………………………………… 3
  1.1 教育技术概述 …………………………………………………………… 3
    1.1.1 教育技术的定义及内涵 ……………………………………………… 3
    1.1.2 教育技术的发展历史 ………………………………………………… 4
    1.1.3 我国教育技术发展 …………………………………………………… 7
  1.2 现代学习理论 …………………………………………………………… 8
    1.2.1 行为主义学习理论 …………………………………………………… 8
    1.2.2 认知主义学习理论 ………………………………………………… 16
    1.2.3 建构主义学习理论 ………………………………………………… 19
    1.2.4 人本主义学习理论 ………………………………………………… 21
    1.2.5 多元智能理论 ……………………………………………………… 22
  1.3 教学媒体与教学媒体的选择 …………………………………………… 23
    1.3.1 教学媒体与教育传播 ……………………………………………… 23
    1.3.2 教学媒体的选择 …………………………………………………… 25
  1.4 教学设计 ………………………………………………………………… 27
    1.4.1 教学设计概述 ……………………………………………………… 27
    1.4.2 课堂教学设计过程 ………………………………………………… 29

中篇 实践操作

第 2 章 教学资源的获取、加工与处理 …………………………………… 39
  2.1 网络资源的获取 ………………………………………………………… 39
    2.1.1 搜索引擎的使用 …………………………………………………… 39
    2.1.2 网络数据库与主题网站资源的利用 ……………………………… 44
  2.2 文本素材的获取、加工与处理 ………………………………………… 45
    2.2.1 文本素材的获取 …………………………………………………… 45
    2.2.2 文本素材的加工与处理 …………………………………………… 46

2.3 声音素材的获取、加工与处理 …………………………………………… 47
　　2.3.1 声音素材的获取方法 ………………………………………… 47
　　2.3.2 声音素材的加工与处理 ……………………………………… 48
2.4 图形、图像素材的采集、加工与处理 ……………………………………… 57
　　2.4.1 图形、图像素材及其采集方法 ……………………………… 57
　　2.4.2 图形图像素材的加工与处理 ………………………………… 59
2.5 动画、视频素材的获取、加工与处理 ……………………………………… 74
　　2.5.1 动画、视频素材的获取方法 ………………………………… 74
　　2.5.2 动画、视频素材的加工与处理 ……………………………… 77

第3章 多媒体课件制作 …………………………………………………………… 86
3.1 教学幻灯片的制作 ………………………………………………………… 86
　　3.1.1 教学幻灯片的设计 …………………………………………… 86
　　3.1.2 教学幻灯片制作技巧 ………………………………………… 88
3.2 Flash 课件的制作 ………………………………………………………… 94
　　3.2.1 Flash 基础知识 ……………………………………………… 94
　　3.2.2 Flash 课件制作方法 ………………………………………… 107
3.3 视频课件制作 ……………………………………………………………… 110
　　3.3.1 视频课件的设计 ……………………………………………… 110
　　3.3.2 视频课件制作方法 …………………………………………… 112

第4章 学习网站的设计与开发 …………………………………………………… 122
4.1 学习网站设计开发的前期准备 …………………………………………… 122
　　4.1.1 知识准备 ……………………………………………………… 122
　　4.1.2 前期规划 ……………………………………………………… 124
4.2 静态网页制作 ……………………………………………………………… 125
　　4.2.1 建立站点 ……………………………………………………… 125
　　4.2.2 页面设计 ……………………………………………………… 127
4.3 动态页面制作 ……………………………………………………………… 150
　　4.3.1 表单的应用 …………………………………………………… 150
　　4.3.2 脚本语言 ……………………………………………………… 155
4.4 学习网站的发布 …………………………………………………………… 159
　　4.4.1 网站的发布流程 ……………………………………………… 159
　　4.4.2 安装配置 Web 服务器 ……………………………………… 160

第5章 学习环境及其利用 ………………………………………………………… 164
5.1 学习环境综述 ……………………………………………………………… 164

         5.1.1 多媒体学习环境 …………………………………… 164
         5.1.2 网络学习环境 ……………………………………… 167
    5.2 基于流媒体技术的教学资源开发 ……………………………… 171
         5.2.1 流媒体基础知识 …………………………………… 171
         5.2.2 基于流技术的网络课件制作 ……………………… 172
    5.3 Moodle 平台及其使用 …………………………………………… 179
         5.3.1 Moodle 平台简介 …………………………………… 179
         5.3.2 Moodle 平台的使用 ………………………………… 179

下篇　教育技术应用

第 6 章　信息化教学模式 …………………………………………… 191
    6.1 信息化教学模式概述 …………………………………………… 191
         6.1.1 信息化教学模式的含义 …………………………… 191
         6.1.2 信息化教学模式的分类 …………………………… 192
    6.2 几种典型的信息化教学模式 …………………………………… 193
         6.2.1 操练与练习 ………………………………………… 193
         6.2.2 教学模拟 …………………………………………… 194
         6.2.3 虚拟教室 …………………………………………… 195
         6.2.4 基于项目的教学模式 ……………………………… 196
         6.2.5 WebQuest 教学模式 ………………………………… 201
         6.2.6 基于网络协作学习的教学模式 …………………… 206
第 7 章　信息化教学过程的实施与评价 …………………………… 210
    7.1 信息化教学过程的组织与实施 ………………………………… 210
         7.1.1 信息化教学过程的内涵及特点 …………………… 210
         7.1.2 信息化教学过程的组织 …………………………… 212
         7.1.3 信息化教学过程的实施 …………………………… 217
    7.2 信息化教学评价 ………………………………………………… 220
         7.2.1 教学评价概述 ……………………………………… 220
         7.2.2 信息化教学评价 …………………………………… 223
主要参考文献 ………………………………………………………… 233

上篇 基础理论

第 1 章　教育技术理论基础

本章主要内容
- ■ 教育技术概述
- ■ 现代学习理论
- ■ 教学媒体与教学媒体的选择
- ■ 教学设计

1.1　教育技术概述

1.1.1　教育技术的定义及内涵

　　教学技术是教育技术学的核心概念,和教育学、心理学、社会学等学科相比,教学技术学是一门新兴的学科。关于教育技术的定义、内涵及其研究对象与研究领域,自 20 世纪 70 年代以来,学术界曾进行过多次探讨和界定。相比较而言,1994 年美国教育传播与技术学会（Association Educational Communication and Technology,AECT）出版了西尔斯（Seels）和里奇（Richey）的专著《教学技术:领域的定义和范畴》,该书中提出的教育技术的定义成为学术界广泛接受的定义,这一定义后来被称为 ACET'94 定义。

　　AECT'94 定义:教育技术是对学习过程和学习资源进行设计、开发、利用、管理和评价的理论与实践[①]。

　　该定义中所使用的"教学技术"(instructional technology)即通常所说的"教育技术"(educational technology)。定义者将"educational technology"改为"instructional technology"是缘于当时的一些争论。通常情况下,这两个术语词义基本相同,而国内习惯使用"教育技术",因而国内学者也认同了这一定义。

　　AECT'94 定义用简明扼要的语言描述了教育技术这一学科领域的研究形态、研究对象和研究任务,其结构可以用图 1-1 来表示。

　　在该定义中,将教育技术的研究对象表述为"学习资源"与"学习过程"的一系列理论与实践问题,体现了现代教学观念从以教为中心转向以学为中心,从传授知

---

① Instructional technology is the theory and practice of design, development, utilization, management, and evaluation of processes and resources for learning.

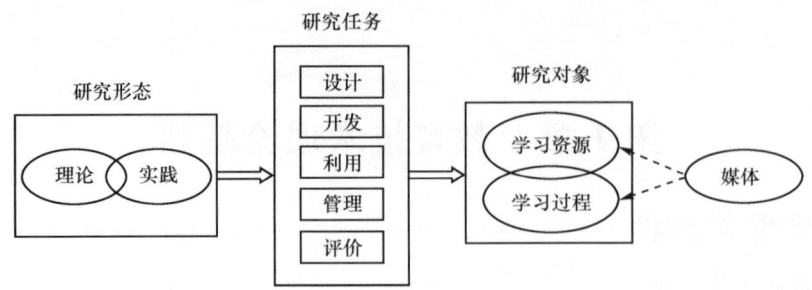

图 1-1 AECT'94 定义的结构

识转向发展学生学习能力的重大转变。学习资源可分为学习材料和学习环境两大类，包括教育信息、教育媒体、教育人员、教育环境等；学习过程是指广义上的学习过程，是学与教的过程，既包括有教师参与的学习过程，即通常说的教学过程，也包括无教师参与的学习过程。

"理论与实践"的界定指明了这一领域的研究形态，它说明教育技术既包含完整的理论体系结构，同时也具有较强的实践应用性。教育技术的理论基础主要有学习理论、教学媒体理论、媒传教学理论、教学设计理论等，同时还包括系统科学理论及技术哲学理论等等。教育技术实践是各种理论在解决教育问题的具体应用，其目标是优化学习过程和学习资源。

"设计、开发、利用、管理和评价"指明了教育技术的研究任务，界定了教育技术研究的基础范畴。教育技术的研究内容涉及现代教育的完整过程，它试图用系统的方法将现代教育思想和理论与现代信息技术进行恰当的融合，提高教学效果，优化教育过程，促进教育变革。

AECT'94 定义中虽然没有明确出现"媒体"这一术语，但媒体对学习资源与学习过程的影响是不可或缺的。教育媒体虽然只是教育系统中的一个要素，但教育媒体的现代化和媒体技术的推广应用是实现教育最优化的必要条件。同时也应看到，媒体的现代化并不能解决教育中存在的所有问题，教育媒体现代化不等于教育现代化，教育最优化取决于教育系统中各要素的优化组合，只有对教育过程中的各要素进行合理配置，并进行系统的教学设计，才能最终实现教育现代化。

1.1.2 教育技术的发展历史

科学技术是教育发展的动力和手段，人类历史上的科技进步都直接或间接地推动了教育的发展。从语言的产生，到文字的发明，再到造纸术、印刷术的出现，以至于现代工业革命，科学技术的每一次重大发展，都促进了教育方式的重大转变。因此可以说，教育与技术总是形影不离。通常所说的教育技术是一个特定的概念，它是以视听教育为基础发展起来的一个新兴研究领域，进而形成了一个崭新的学科。

相对于传统的教育技术,现代教育技术是以19世纪末20世纪初美国教育领域内兴起的视觉教育运动为发端的,在经历过媒体技术和系统技术的发展之后,最终形成了现代意义的教育技术。

1. 萌芽阶段

19世纪末,幻灯技术在教育领域的应用,揭开了现代教育技术的序幕。第二次产业革命推动了资本主义生产关系和科学技术的发展,为现代教育技术的形成奠定了社会和物质基础。工业化大生产和社会化分工迫切需要快速培训大批有知识有技术的劳动者。在教育理论方面,夸美纽斯提出的直观教学在当时的欧美已非常盛行,这为视觉教育的兴起提供了理论基础。

夸美纽斯接受了英国哲学家贝康(Francis Bacon)关于"感觉是一切知识的源泉"的论断,提出并论证了直观教学理论,他批评经验主义学校只教学生用别人的眼睛去观察,用别人的头脑去思考,而没有教会学生如何自己来观察外部世界。他认为,靠这样的方法获取知识正如一棵没根的树,虽有"枝条、花儿、果实、花环和花冠,但是它不能生长,也不能长久,很快即将枯死"。夸美纽斯由此得出结论:充分运用直观形象或直观教具是教学工作的"金科玉律"。直观教学是通过运用真实事物标本、模型、图片等为载体传递教学信息,开展具体的教学活动。直观教学强调教室要布满图画,书本要配有插图,直观教具的呈现要放在合理的距离内,让学生先看到整体,然后再分辨各个部分,并且要设法引起和保持学生的注意。

夸美纽斯所提出的直观教学理论当时在实践中并没有产生很大的影响,直到19世纪初期,经瑞士教育家裴斯泰洛齐、德国教育家福禄培尔和第斯多惠等人的大力倡导,直观教学才开始在欧洲流行,然后迅速传到美洲大陆,并对美国视觉教学产生了深刻的影响。

2. 起步阶段

20世纪20年代,随着科技的发展,照相机、幻灯机、无声电影等视觉信息媒体开始在教学中应用,美国教育界掀起了一场"视觉教育运动"。与此同时,一些学术团队先后成立,1922年美国成立了视频教育协会,1923年英国成立了教育播音咨询委员会。1928年美国出版了第一本关于视觉教育的教科书《学校中的视觉教育》(*Visual Instruction in the Public School*),系统介绍了视觉教育理论。

3. 初期发展阶段

20世纪30~40年代是教育技术发展的初期阶段。

幻灯教学的应用使教育家和教师看到了媒体在教学中的巨大潜力,但由于技术方面的限制,能展示在课堂上的东西仍然非常有限。20世纪初,工业技术的发展和科技进步,为教育技术的发展提供了有利的条件。同时,随着班级教学的普及,义务教育在各国实施,国际间在教育质量上的竞争日趋激烈。什么样的媒体可用于教育？怎样有效地利用媒体？等等，这些问题日趋成为讨论和研究的热点。

1910年8月爱迪生发明了有声电影，1927年10月华纳兄弟公司出品了有声电影《爵士乐哥手》[①]，这标志着电影新时代的来临。20世纪30年代，美国开始了电影教学实验，1931年7月，美国辛克斯公司的教育电影部做了有关电影教学的实验，结果发现，看电影后比看电影前的成绩有显著提高，知识量增加35%。同时，美国哈佛大学在中学所进行的实验也证明，用电影教学的学生比不用电影教学的学生成绩高20.5%。1932年，美国的衣阿华州立大学利用电视进行了教学实验。第二次世界大战期间，美国利用电影培训人员，在短短六个月时间里，把1200万人训练成陆、海、空各种作战部队的士兵，把800万青年训练成制造军火、船舶的技术工人。

在这一时期，无线电广播、有声电影、录音机等视觉、听觉媒体先后在教育中广泛运用，并获得巨大成功，美国的"视觉教育"开始走向了"视听教育"阶段。

在理论方面，20世纪40年代末，美国教育学家戴尔(Edgar Dale)撰写《视听教育学》，提出"经验之塔"(cone of experience)理论，对视听媒体在教学中的重要性和作用进行分析和论证，为教育技术的发展奠定了理论基础。

1947年美国教育协会的视觉教育分会更名为视听教学分会，美国的视觉教育运动开始发展成为视听教育运动。

4. 迅速发展阶段

20世纪50～60年代是教育技术的迅速发展阶段。

自1955年以后，视听教学得到迅速发展，语言实验室、电视、教学机、多种媒体综合呈现技术、计算机辅助教学技术等先后在教学中应用，多种媒体在教育中的大量应用，视听活动范围日益扩大，其意义远远超出了先期的视听教育。传播理论的发展对教育领域也产生了重大影响。于是，"视听教育"发展成为"视听传播教育"，研究重心从视听信息的呈现，转向视听信息的传播设计。

1957年苏联成功发射第一颗人造地球卫星，引发美国历时十年之久的教育改革运动，各种媒体被应用于教育教学之中。教育理论上，开始着重研究多种媒体的综合使用及其在学习中的作用。20世纪60年代，香农(Claude E. Shannon)、拉斯维尔(H.D. Lasswell)等人的传播理论引入教育教学领域，人们开始将教学过程作为信息传播过程加以研究。1954年美国心理学家斯金纳(B.F. Skinner)发表了《学习的科学和教学的艺术》一文，指出传统教学方法的缺点，强调"强化"和教学机器在教学中的作用，并根据条件反射学说设计教学机器，随后美国掀起了程序教学和教学机器的热潮。20世纪60年代教学系统方法也逐渐形成，它在程序教学的基础上又从行为科学中吸取了一些概念，如任务分析、行为目标、标准参照测试、形

[①] 又译作《爵士歌王》。

成性评价和总结性评价等,奠定了自身的理论基础,并结合系统论的思想,产生早期的"系统化设计教学"模型。

5. 系统发展阶段

20世纪70年代以后,教育技术进入了系统发展阶段。

这个时期,录像机、计算机、卫星广播电视等广泛应用于教育教学活动中。20世纪80~90年代,激光视盘、多媒体技术、互联网络相继进入教育领域。媒体技术的发展和理论观念的创新,使得国际教育界感觉原来的名称不能代表该领域的实践和范畴,1970年美国学者开始使用教育技术的概念。同年,美国视听教育分会更名为教育传播和技术协会,即AECT。1972年该协会将其实践和研究领域正式定名为教育技术。从此,教育技术这一概念沿用至今。

1.1.3 我国教育技术发展

教育技术在我国最早是以"电化教育"这一名词而出现的。1935年江苏镇江民众教育馆将该馆的大会堂定名为"电化教学讲映场",这是最早使用"电化教学"这个名词。1936年我国教育界人士在讨论当时推行的电影、播音教育的定名时,提出并确立"电化教育"这个名词。同年,民国政府教育部委托金陵大学举办"电化教育人员训练班",第一次正式使用了这个名词。

1936年上海教育界人士创办中国电影教育用品公司,并出版《电化教育》周刊,这是我国最早的电化教育刊物。1937年上海商务印书馆出版了陈友松的著作《有声教育电影》,这是我国出版的第一本电化教育专著。1940年民国政府教育部将电影教育委员会和播音教育委员会合并,成立了电化教育委员会。1945年苏州国立社会教育学院建立电化教育系,这是我国最早的电化教育系。

从20世纪20年代起,电化教育进入了初步发展阶段。由于当时我国科学技术相对落后,电化教育未能大面积推行。

20世纪50年代后期,电化教育得到了初步发展。幻灯、录音、电影开始进入城市中小学校和高等院校,电教教材开始制作,有的地区还成立了专门的电化教育馆。但随着"文化大革命"的开始,整个教育事业受到了严重摧残,我国的电化教育事业也陷入瘫痪。

20世纪70年代后期,我国的电化教育又重新起步,并逐渐得到迅速发展。这一时期,成立了各级电教机构,高校开办了电化教育专业,广播电视教育和卫星电视教育发展迅速,还创办了一批专业刊物。

20世纪90年代后期,随着对国外教育技术研究的逐步深入以及我国教育技术实践的全面展开,尤其是AECT'94定义的引入,我国的电化教育得到深入发展。为了便于在国际范围内广泛开展教育技术的交流与合作,我国电化教育工作者进一步拓展了电化教育的研究领域和范畴,并逐渐以教育技术取代了电化教育。

1.2 现代学习理论

学习理论旨在阐明学习是如何发生的，它经历了怎样的过程、有哪些规律、如何才能进行有效的学习等问题。关于学习，人们做了很多实验，并对实验做了种种不同的解释，在探索学习的规律中形成多种各具特色的学习理论，其中影响较大的主要有行为主义学习理论、认知主义学习理论和建构主义学习理论等。教育技术对学习资源和学习过程所进行的设计、开发、利用、管理和评价等各个环节，都需要以现代学习理论为指导。

1.2.1 行为主义学习理论

行为主义学习理论主要是以动物实验为基础，以可观察的行为作为研究对象，研究思路是以行为主义心理学的基本假设为依据。行为主义主张从客观主义分析人类行为，认为环境是决定人类行为的最重要因素，重视强化在学习中的作用。行为主义学派又被称为"刺激-反应"学派。反映在教学上，认为学习就是通过强化建立刺激与反应之间的联结(S-R)，教育者的目标在于传递至于客观世界的知识，学习者的目标是在这种传递过程中达到教育者所确定的目标，得到与教育者完全相同的理解。

图 1-2 比利时卢万大学校园雕塑

图 1-2 可以用来阐释行为主义的教学理念。

行为主义是西方心理学的一个重要流派，20世纪初产生于美国，其代表人物主要有桑代克、华生、托尔曼、斯金纳等。他们在研究方法上强调动物与人的行为类比的客观研究，着重于客观观察和实验。早期的行为主义由美国心理学家华生在巴甫洛夫条件反射学说的基础上创立的。他主张心理学应该屏弃意识、意象等太多主观的东西，只研究所观察到的并能客观地加以测量的刺激和反应，无须理会其中的中间环节，华生称之为"黑箱作业"。他认为人类的行为都是后天习得的，环境决定了一个人的行为模式，无论是正常的行为还是病态的行为都是经过学习而获得的，也可以通过学习而更改、增加或消除；他还认为查明环境刺激与行为反应之间的规律性关系，就能根据刺激预知反应，或根据反应推断刺激，达到预测并控制动物和人类行为的目的。

20世纪30年代起出现了新行为主义理论，以托尔曼为代表。新行为主义修正了华生的极端观点。他们指出，在个体所受刺激与行为反应之间存在着中间变量，这个中间变量是指个体当时的生理和心理状态，它们是行为的实际决定因子，包括需求变量和认知变量。需求变量本质上就是动机，包括性、饥饿以及面临危险时对安全的要求；认知变量就是能力，包括对象知觉、运动技能等。在新行为主义中，另有一种激进的行为主义分支，以斯金纳为代表，斯金纳在巴甫洛夫经典条件反射基础上提出操作性条件反射，认为强化训练是解释有机体学习过程的主要机制。

1. 桑代克的联结论

桑代克(E.L.Thorndike)，美国著名教育心理学家，动物心理实验首创者，联结主义心理学的创始人。桑代克受达尔文进化论的影响，认为人类是由动物进化来的，动物和人一样进行学习，只是复杂程度不同。因此，他通过对动物和人类的学习实验研究，提出联结主义的刺激-反应学习理论，用以解释学习的机制与实质。

迷笼实验(图1-3)：桑代克将饥饿的猫禁闭于迷笼内，猫可以用抓绳或按钮等不同方式逃出笼外并获得食物。猫第一次被关进迷笼时，盲目地乱冲乱撞，经过一段时间后，它打开了迷笼的门逃了出来。重新将猫再关入笼内，并记录每次从实验开始到猫打开笼门所用的时间。经过多次重复实验，桑代克得出了猫的学习曲线，曲线表明猫逃脱迷笼潜伏期与实验次数的关系。据此桑代克认

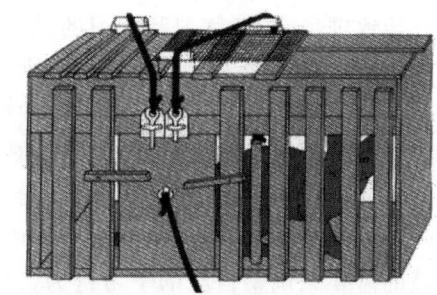

图1-3 "迷笼实验"装置

为，猫是在进行"尝试错误"的学习，经过多次地尝试错误，猫学会了打开笼门的动作。

桑代克把学习归结为刺激(S)-反应(R)的联结形式。他认为，"学习即联结，心即人的联结系统"，"学习是结合，人之所以长于学习，即因他形成这许多结合"。他通过迷笼实验发现，猫在学习打开笼子的过程中，经过多次尝试与失败，在复杂的刺激情境中发现门闩(S)作为打开笼门的刺激(S)与开门反应(R)形成了巩固的联系，这时学习便产生了。因此，可以把学习看作是刺激与反应的联结，即S-R之间的联结。并且，一定的联结是通过试误而建立的，学习的过程是渐进的，是通过尝试与错误，直至最后成功的过程。故桑代克的联结说又称尝试与错误说，简称"试误说"。

桑代克将学习成功的条件归为准备律、练习律和效果律。

准备律是指联结的加强和削弱取决于学习者的心理准备和心理调节。当一个神经传导单位准备传导时，给予传导会引起学习者的满足感；倘若一个神经传导单位准备传导时，随之而来的却不是这样的传导，学习者就会产生烦恼感；当一个神经传导单位不准备传导时，在强制条件下被迫去传导就会引起学习者厌恶感，学习的内容就不容易被个体记住。这里的准备，不是指学习前的知识准备或成熟方面的准备，而是指学习者在学习开始时的预备定势。

练习律指学习要经过反复的练习。练习律又分为应用律和失用律,应用律是指一个联结的使用(练习),会增加这个联结的力量;失用律指一个联结的失用(不练习),会减弱这个联结的力量或遗忘。

效果律是指凡是在一定的情境内引起满意感的动作,就会和那一情境发生联系,其结果是当这种情境再现时,这一动作就会比以前更易于重现。反之,凡是在一定的情境内引起不适感的动作,就会与那一情境发生分裂,其结果是当这种情境再现时,这一动作就会比以前更难于再现。这就是说,当建立联结时,导致满意后果(奖励)的联结会得到加强,而带来烦恼效果(惩罚)的联结则会被削弱或淘汰。

桑代克后来对其理论进行了修正。他认为,从效果看,赏与罚的作用并不等同,赏比罚更加有力;并补充说明,准备律、练习律以及效果律只靠单纯练习,不充分导致进步,要把练习和练习的结果及反馈联结起来才能进步。

桑代克还提出了五条辅助原则:

(1) 多重反应原则。如果某种反应不能产生满足感时,它会触发一个新的反应,直到某一反应最终导致满足。比如,迷箱中的饿猫会——做出反应,直到其中一个反应打开门闩为止。学习者会做出多种尝试,直到其中一个探索正巧解决了问题。对动物和人类来说,改变反应的能力显然具有适应的意义,学习者会根据环境的需要来调整自己的学习行为,以适应客观环境的需要。

(2) 倾向和态度的原则。倾向或从事活动的意向对于反应的始发是重要的,它是学习的重要前提,学习者的态度在决定他的行动和成功等方面具有一定意义。

(3) 反应的选择性原则。学习者对情境中的某些因素的反应具有选择性的倾向,这种反应的选择与学习的分辨能力有关。

(4) 同化或类比的原则。学习者对于各种类似的情境有发生同一反应的倾向。即学习者能从已有经验中抽出或辨别出它与新情境的相同因素,做出类似的反应。

(5) 联想交替的原则。如果有甲、乙两个刺激经常共同或先后出现,并且受到学习者的注意,那么,以后刺激甲出现,也可引起原来由刺激乙所激起的那一种反应。例如,一个孩子想教会一条狗在听到口令时安静地坐下来,他就会拿一块饼干去逗引狗,同时发出口令命其坐下。若干次后,即使孩子不给食物,狗听到口令也会坐下来。

对于桑代克的理论,华生后来用小白鼠进行了系列的实验,以证明效果律是不正确的,并提出用频因律和近因律代之。

白鼠为吃到食物,必须先挖沙子。白鼠挖沙子到达目的箱后,不立即喂食,而是让它在那里空等一会。根据桑代克的理论,强化增强的是强化之前的刺激-反应联结。在这个实验中,空等是较后的反应,而挖沙子到目的箱则是较早的反应。根据推理,食物强化的是空等,而不是挖沙子到达目的箱。但事实上,白鼠习得的是挖沙子到达目的箱的反应,而不是空等。

频因率是指其他条件相同的情况下,某种行为练习得越多,习惯形成得就越迅速。因此,练习的次数在习惯形成中起重要作用。在形成习惯的过程中,有效动作之所以保持下来,无效动作之所以消失,是由于有效动作比任何一种无效动作出现的次数都多,这是因为每一次练习总是以有效动作的发生而告终的。

近因律是指当反应频繁发生时,最近的反应比较早的反应更容易得到加强。因为在每一次练习中,有效的反应总是最后一个反应,所以这种反应在下一次练习中必定更容易出现。由此,他把反应离成功的远近,作为解释一些反应被保留而另一些反应被淘汰的原因。在他看来,习惯反应必然是离成功时机最近出现的反应。

但是,在以后的著作中华生又推翻了自己的一些观点。他在1919年出版的《从一个行为主义者的观点看心理学》一书中,不再把频因律作为学习的一般机制,而是强调用刺激-反应来分析所有的行为,包括情绪反应。

2. 斯金纳的操作学习论与程序教学

斯金纳是美国著名的心理学家,新行为主义的代表人物之一。

操作性条件反射是斯金纳新行为主义学习理论的核心。斯金纳把行为分成两类:一类是应答性行为,是由已知的刺激引起的反应,如学生听到上课铃声迅速安静下来;另一类是操作性行为,是有机体自身发出的反应,与任何已知刺激物无关,如书写、讨论、演讲等。这种操作性行为的形成过程就是学习,其关键是强化的作用。相应地,把条件反射也分为两类,与应答性行为相应的是应答性反射,称为S(刺激)型;与操作性行为相应的是操作性反射,称为R(反应)型。S型条件反射是强化与刺激直接关联,R型条件反射是与强化与反应直接关联。斯金纳认为,人类行为主要是由操作性反射构成的操作性行为,操作性行为是作用于环境而产生结果的行为。在学习情境中,操作性行为更有代表性。斯金纳很重视R型条件反射,因为这种反射可以塑造新行为,在学习过程中尤为重要。

斯金纳关于操作性条件反射作用的实验,是在他设计的"斯金纳箱"中进行的,如图1-4所示。斯金纳箱高约0.33米,长方形,一面是单向玻璃,便于观察动物而不惊扰它,底部是金属网,可产生电击。箱内有照明小灯,并有一根连接着食物台的杠杆或一块踏板。箱内放进一只白鼠或鸽子,动物在箱内可自由活动,当它压杠杆或啄键时,就会有食物掉进箱子下方的盘中,动物就能吃到食物。箱外有一装置记录动物的动作。

斯金纳通过实验发现,学习行为是随着起强化作用的刺激而发生的。操作性条件反射的特点是:强化刺激既不与反应同时发生,也不先于反应,而是随着反应发生,有机体必须先做出所希望的反应,

图1-4 斯金纳箱

然后得到"报酬",即强化刺激,使这种反应得到强化。学习的本质不是刺激的替代,而是反应的改变。斯金纳认为,人的一切行为几乎都是操作性强化的结果,人们有可能通过强化作用的影响去改变别人的反应。在教学方面教师充当学生行为的设计师和建筑师,把学习目标分解成很多小任务并且予以强化,学生通过操作性条件反射逐步完成学习任务。

斯金纳在对学习问题进行大量研究的基础上提出强化理论,十分强调强化在学习中的重要性。强化就是通过强化物增强某种行为的过程,而强化物就是增加反应可能性的任何刺激。斯金纳把强化分成积极强化和消极强化两种。积极强化是获得强化物以加强某个反应,如鸽子啄键可得到食物。消极强化是去掉可厌的刺激物,是由于刺激的退出而加强了那个行为。如鸽子用啄键来去除电击伤害。教学中的积极强化是教师的赞许等,消极强化是教师的皱眉等。这两种强化都增加了反应再发生的可能性。斯金纳认为不能把消极强化与惩罚混为一谈。他认为,惩罚就是企图呈现消极强化物或排除积极强化物去刺激某个反应,仅是一种治标的方法,对被惩罚者和惩罚者都是不利的。惩罚只能暂时降低反应率,而不能减少消退过程中反应的总次数。在他的实验中,当白鼠已牢固建立按杠杆得到食物的条件反射后,在它再按杠杆时给予电刺激,这时反应率会迅速下降。如果以后杠杆不带电,按压率又会直线上升。

斯金纳认为,学习是一种行为,当主体学习时反应速率增强,不学习时反应速率则下降。因此他把学习定义为反应概率的变化。在他看来,学习是一门科学,学习过程是循序渐进的过程;而教则是一门艺术,是把学生与教学大纲结合起来的艺术,是安排可能强化的事件来促进学习,教师起着监督者或中间人的作用。斯金纳激烈抨击传统的班级教学,指责它效率低下,质量不高。他根据操作性条件反射和积极强化的理论,对教学进行改革,设计了一套教学机器和程序教学方案。

教学机器是一种外形像小盒子的装置,盒内装有精密的电子和机械仪器。它的构造包括输入、输出、储存和控制四个部分。教学材料分解成由按循序渐进原则有机联系的几百甚至几千个问题框面组成的程序。每一个步子就是一个框面,学生正确回答了一个框面的问题,就能开始下一个框面的学习。如果答错了,用正确答案纠正后再过渡到下一个框面。框面的左侧标出前一框面的答案,成为对该框面问题的提示。一个程序学完了,再学下一个程序。

采用机器教学必须把教学内容编成程序输入机器,因此,机器教学就是程序教学,但程序教学不一定要用机器。斯金纳程序教学的主要原则有五条:

(1) 积极反应原则。程序教学以问题形式向学生呈现知识,学生在学习过程中能通过写、说、运算、选择、比较等做出积极反应,从而提高学习效率。

(2) 小步子原则。程序教学的教材被分成若干小的、有逻辑顺序的单元,然后编成程序,后一步的难度略高于前一步。程序教学的基本过程是:显示问题(第一小步)——学生解答——对回答给予确认——进展到第二小步……如此循序前进直至完成一个程序。

(3) 即时反馈原则。在教学过程中应对学生的每个反应立即做出反馈,即时强化是控制行为的最好方法,能使该行为牢固建立。对学生的反应做出的反馈越快,强化效果就越大。

(4) 自定步调原则。程序教学以学生为中心,鼓励学生按最适合于自己的速度学习,并通过不断强化获得稳步前进的诱因。

(5) 低错误率原则。由于教材是按由浅及深、由已知到未知的顺序编制的,学生每次都可能做出正确反应,从而把错误率降到最低限度。斯金纳认为不应让学生在发生错误后再避免错误,无错误的学习能激发学习积极性,增强记忆,提高效率。

3. 班杜拉的社会学习论

班杜拉(A. Bandura),美国心理学家,现代社会学习理论的奠基人,提出了观察学习说、社会认知说和交互决定论,并由此形成了颇具影响的社会学习论。

所谓社会学习论,亦称模型模仿论。这一理论试图阐明人是怎样在社会环境中进行学习,从而形成和发展他的个性特点。这需要探讨个人成长过程中认知、行为与环境三方面的因素及其交互作用对人类行为的影响。由于人总是生活在一定的社会条件下的,所以班杜拉主张要在自然的社会情境中而不是在实验室里研究人的行为。班杜拉指出,刺激-反应理论无法解释人类的观察学习现象,因为刺激-反应理论不能解释为什么个体会表现出新的行为,以及为什么个体在观察榜样行为后,这种已获得的行为可能在数天、数周甚至数月之后才出现等现象。所以,如果社会学习完全建立在奖励和惩罚的基础上,那么大多数人都无法在社会化过程中生存下去。为证明自己的观点,班杜拉进行了一系列实验,并据此建立了他的社会学习论。

1) 行为习得过程

班杜拉认为,人的行为特别是人的复杂行为主要是后天习得的。行为的习得既受遗传因素和生理因素的制约,又受后天经验环境的影响。生理因素的影响和后天经验的影响在决定行为上微妙地交织在一起,很难将两者分开。班杜拉认为行为习得有两种不同的过程:一种是通过直接经验获得行为反应模式的过程,称为"通过反应的结果所进行的学习",即直接经验的学习;另一种是通过观察示范者的行为而习得行为的过程,这称为"通过示范所进行的学习",即间接经验的学习。在观察学习的过程中,人们获得了示范活动的象征性表象,并引导适当的操作。观察学习的全过程由四个阶段(或四个子过程)构成:注意过程、保持过程、动作再现过程和动机过程。四阶段的逻辑过程表现为:[榜样示范]→注意过程→保持过程→动作再现过程→动机过程→[产生与之匹配的个体行为]。注意过程是观察学习的起始环节,在注意过程中,示范者行动本身的特征、观察者本人的认知特征以及观察者和示范者之间的关系等诸多因素影响着学习的效果;在保持过程中,示范者虽然不再出现,但他的行为仍给观察者以影响。要使示范行为在记忆中保持,需要把示范行为以符号的形式表象化。通过符号这一媒介,短暂的榜样示范就能够被保持在长时记忆中;动作再现过程是指把记忆中的符号和表象转换成适当的行为,即再现以前所观察到的示范行为。这一过程涉及运动再生的认知组织和根据信息反馈对行为的调整等一系列认知的和行为的操作;动机过程是指能够再现示范行为之后,观察学习者(或模仿者)是否能够经常表现出示范行为要受到行为结果因素的影响。行为结果包括外部强化、自我强化和替代性强化。

2) 交互决定论

交互决定论是社会学习理论的基本理论。班杜拉认为,个人和环境因素并不能独立发挥作用,而是相互决定的,而且人也不能独立于行为之外。他指出,"行为、人的内部因素、环境影响三者彼此相互联结、相互决定。这一过程涉及三个因素的交互作用而不是两因素的结合或两因素之间的单向作用。我们曾经指出,行为和环境条件作为交互决定的因素而起作用。人的内部因素(观念、信仰、自我知觉)和行为同样是彼此交互决定的因素。"在班杜拉看来,行为与环境是相互依赖、相互决定的。他把行为和环境区分为潜在的和实际的,它们之间的相互依赖与决定表现在环境决定了哪些潜在的行为倾向成为实际行为,而行为又决定哪些潜在环境成为实际影响行为的环境。他注意到行为对环境的反作用,他主张人的行为能影响并能创造和改变环境。他进一步分析指出,人的内部因素与行为的关系同样是相互依赖、相互决定的。个人对行为结果的期待影响着他的行为,而行为的结果反过来又改变着他的期待;个人对自我能力的估价决定了他追求什么目标,以什么方式去实现这些目标,追求的结果反过来又影响着对自己的估价。也就是说个人不同的动机、观念和认识使人表现出不同的行为,而这种行为反过来使人的动机、观念和认识发生改变。个人的因素与环境的关系亦是如此,个人可以通过自己的性格、气质特征激活不同的社会环境反应。不同的环境反应又反过来影响了个人对自我的评价,从而导致气质与性格某种程度的改变。在班杜拉看来,个人、环境和行为三种因素的相对影响力在不同的条件下对不同的人来说是大不相同的。有时环境的影响对行为具有决定作用;有时行为也可能成为这三个交互决定因素中的主要成分;同样,认知因素也可在这个交互决定链中起决定作用。在大多数情况下,这三者是密切相连、互为因果的。不过,班杜拉特别重视人的因素,他把人的因素概括成自我系统,在三维交互决定系统中,自我系统不仅作为行为的交互决定的因素而起作用,也在环境影响本身的形成与对环境的知觉中处于重要地位。

3) 自我调节论

自我调节是个人的内在强化过程,是个体将自己对行为的计划和预期与行为的现实成果加以对比和评价,来调节自己的行为的过程。班杜拉指出,人通过认知过程不仅能控制自己的生活,而且能对未来制定计划和确定目标。人之所以能坚持不懈、追求不息，就是因为人具有预期未来、树立目标、自我满足和自我批评的能力。人能依靠自己的内部标准来调节自己的行为，来奖励和惩罚自己。在班杜拉看来，自我系统是提供参照机制的认知框架和知觉、评价及调节行为的一组功能。他认为人的行为不仅要受外在因素的影响，人们也可通过自我生成的因素，自己调节自己的行为。他指出："如果行为仅仅由外部报酬或惩罚所决定，人就会像风向标一样，不断地改变方向，以适应作用于他们的各种短暂影响……事实上，除了在某种强迫压力下，当面临各种冲突影响时，人们表现出强有力的自我导向……由于人们具有自我指导的能力，使得人们可通过自我的结果为自己的思想、情感和行为施加某种影响。"班杜拉既不把自我看成是行为的动因，也不认为自我是环境的奴隶。他认为自我源于外部，有时也为外部影响所支持，但是自我的影响部分地决定了一个人的行为过程。同时，他还指出自我并不是固定不变的，它会因时间和条件的变化而发生相应的转变。班杜拉认为自我调节由三个过程组成：第一个过程是自我观察。由于不同活动的衡量标准不尽相同，人们往往根据各种标准对自己的行为做出评价，这种评价对自己的行为既有积极影响也有消极作用；第二个过程是自我判断。人们在行动之前总为自己确定一个标准，并以之判断和评定自己的行为结果与所立标准的差距，如果结果超过了标准，就会产生积极的自我评价，反之，则会产生消极的自我评价；第三个过程是自我反应。个人对自己的某种行为做出评价，要么会产生自我肯定、自我满足、自信自豪的体验，要么会产生自我否定、自我批评、自怨自艾的体验。自我赞赏起正强化作用，产生积极影响，自我批评会产生消极影响，属负强化作用。自我调节功能并非一蹴而就、轻而易举就能建立的。班杜拉认为在一个人的成长过程中，自我奖惩的标准可以通过以下几条途径获得：第一是模仿。儿童多半是通过模仿父母、同伴或权威人物的示范行为获得评判标准。第二是标准内化。在儿童成长过程中，由于父母、教师或其他年长者对符合他们信念和标准的行为予以奖励，不符合者予以惩罚，使儿童将这些信念和标准内化为自己的标准，掌握道德的、伦理的评价尺度。第三是榜样作用。儿童凭借榜样作用，学习怎样借助道德的要求或论点为自己的标准提供合理的依据。

4）自我效能论

自我效能是指个体对自己能否在一定水平上完成某一活动所具有的能力判断、信念预期，也就是个体在面临某一任务活动时的胜任感及其自信、自珍、自尊等方面的感受。自我效能也可称作"自我效能感"、"自我信念"、"自我效能期待"等。班杜拉指出，"效能预期不只影响活动和场合的选择，也对努力程度产生影响。被知觉到的效能预期是人们遇到应激情况时选择什么活动、花费多大力气、支持多长时间的努力的主要决定者。"班杜拉对自我效能的形成条件及其对行为的影响进行了大量的研究，指出自我效能的形成主要受五种因素的影响，包括行为的成败经验、替代性经验、言语劝说、情绪和生理状态以及情境条件。第一，行为的成败经验指经由操作所获得的信息或直接经验。成功的经验可以提高自我效能感，使个体对自己的能力充满信心，反之，多次的失败会降低对自己能力的评估，使人丧失信心；第二，替代性经验指个体能够通过观察他人的行为获得关于自我可能性的认识；第三，言语劝说包括他人的暗示、说服性告诫、建议、劝告以及自我规劝；第四，情绪和生理状态也影响自我效能的形成。在充满紧张、危险的场合或负荷较大的情况下，情绪易于唤起，高度的情绪唤起和紧张的生理状态会降低对成功的预期水准；最后，情境条件对自我效能的形成也有一定的影响，某些情境比其他情境更难以适应与控制。当个体进入一个陌生而易引起焦虑的情境中时，会降低自我效能的水平与强度。

1.2.2 认知主义学习理论

认知主义学习理论源自于格式塔（Gestalt，德语）学派[①]。他们认为，学习就是面对当前的问题情境，在内心经过积极的组织，从而形成和发展认知结构的过程，强调刺激反应之间的联系是以意识为中介的，强调认知过程的重要性。认知是指认识的过程以及对认识过程的分析。

认知派学习理论家认为学习在于内部认知的变化，学习是一个比 S-R 联结要复杂得多的过程。他们注重解释学习行为的中间过程，即目的、意义等，认为这些过程才是控制学习的可变因素。重视人在学习活动中的主体价值，充分肯定学习者的自觉能动性。强调认知、意义理解、独立思考等意识活动在学习中的重要地位和作用，重视人在学习活动中的准备状态，即一个人学习的效果，不仅取决于外部刺激和个体的主观努力，还取决于一个人已有的知识水平、认知结构、非认知因素；重视强化的功能，重视内在的动机与学习活动本身带来的内在强化的作用。主张人的学习的创造性。

1. 皮亚杰的认知结构论

皮亚杰（J. Piaget），瑞士心理学家，发生认知论创始人，对当代西方心理学的发展和教育改革具有重要影响。

认知结构论用认知结构（cognitive structure）及其组织特性解释学习的心理机制。认知结构是学习者头脑里的知识结构，它是学习者全部观念或某一知识领域内观念的内容和组织。学习使新材料或新经验和旧的材料或经验结为一体，这样形成一个内部的知识结构，即认知结构。这个结构是以图式、同化、顺应和平衡的形式表现出来的。学习者的认知结构一旦建立，又成为他学习新知识的重要能量或因素。

2. 布鲁纳的认知发现说

布鲁纳（T. S. Bruner），美国当代著名的认知心理学家，认知学派的主要代表

---

① 格式塔学派是心理学重要流派之一，兴起于20世纪初的德国，由韦特墨（M. Wetheimer）、苛勒（W. kohler）和考夫卡（K. Koffka）三位德国心理学家在研究似动现象的基础上创立。格式塔是德文 Gestalt 的译音，意即"模式、形状、形式"等，意思是指"能动的整体"，又称为"完形心理学"。

人物。布鲁纳关于学习理论的基本观点有：

1）学习的实质在于主动地形成认知结构

布鲁纳认为，人是积极主动地选择知识的，而不是知识的被动接受者。学习是在原有认知结构的基础上产生的，不管采取的形式怎样，个人的学习都是通过把新得到的信息和原有的认知结构联系起来，去积极地建构新的认知结构的。学习包括三种几乎同时发生的过程：新知识的获得、知识的转化和知识的评价。这三个过程实际上是学习者主动建构新认知结构的过程。

2）强调对学科的基本结构的学习

布鲁纳认为，无论教师选教什么学科，务必要使学生理解学科的基本结构，即概括化了的基本原理或思想。他认为，人脑的认知结构与教材的基本结构相结合会产生强大的学习效益。如果把一门学科的基本原理弄通了，则有关这门学科的特殊课题也不难理解了。在教学中，教师的任务就是为学生提供最好的编码系统，以保证这些学习材料具有最大的概括性。布鲁纳认为，教师不可能给学生讲遍每个事物，要使教学真正达到目的，就必须使学生能在某种程度上获得一套概括了的基本思想或原理。这些基本思想、原理，对学生来说，就构成了一种最佳的知识结构。知识的概括水平越高，知识就越容易被理解和迁移。

3）通过主动发现形成认知结构

布鲁纳认为，教学一方面要考虑人的已有知识结构、教材的结构，另一方面要重视人的主动性和学习的内在动机。他认为，学习的最好动机是对所学材料的兴趣，而不是奖励竞争之类的外在刺激。因此，他提倡发现学习法，以便使学生更有兴趣、更有自信地主动学习。发现法的特点是关心学习过程胜于关心学习结果。具体知识、原理、规律等让学习者自己去探索、去发现，这样学生便积极主动地参加到学习过程中去，通过独立思考，改组教材。

3. 奥苏伯尔的认知同化论

奥苏伯尔（D. P. Ausubel）认为，"学习是认知结构的重组"，有意义学习的过程是新的意义被同化的过程。

奥苏伯尔将认知方面的学习分为机械的学习与有意义的学习两大类。机械学习的实质是形成文字符号的表面联系，学生不理解文字符号的实质，其心理过程是联想。这种学习在两种条件下产生，一种是学习材料本身无内在逻辑意义；另一种是学习材料本身有逻辑意义，但学生原有认知结构中没有适当知识基础可以用来同化它们；有意义学习的实质是个体获得有逻辑意义的文字符号的意义，是以符号为代表的新观念与学生认知结构中原有的观念建立实质性的而非人为的联系。有意义学习过程是个体从无意义到获得意义的过程，这种个体获得的意义又叫心理意义，以区别于材料的逻辑意义。

有意义的学习是以同化方式实现的。所谓同化是指学习者头脑中某种认知结构,吸收新的信息,使原有的观念发生变化。概念被同化的特征是学习者将概念的定义直接纳入自己的认知结构的适当部位,通过辨别新概念与原有概念的异同而掌握概念,同时将概念组成按层次排列的网络系统。

奥苏伯尔认为,有意义的学习必须具有下列条件:

(1) 新的学习材料本身具有逻辑意义。教材一般符合此要求。

(2) 学习者认知结构中具有同化新材料的适当知识基础(固定点),便于与新知识进行联系,也就是具有必要的起点。

(3) 学习者还必须具有进行有意义学习的心向,即积极地将新旧知识关联起来的倾向。

(4) 学习者必须积极主动地使新旧知识发生相互作用。

奥苏伯尔认为,同化可以通过接受学习的方式进行。接受学习是指学习的主要内容基本上是以定论的形式被学生接受的。对学生来讲,学习不包括任何发现,只要求学生把教学内容加以内化(即把它结合进自己的认知结构之内),以便将来能够将其再现或派作他用。

接受学习是有意义的学习,它也是积极主动的,与满堂灌教学有质的不同。学生在校学习的主要任务是接受系统知识,要在短时间内获得大量的系统的知识,并能得到巩固,主要靠接受学习。接受学习强调从一般到个别,发现学习强调从个别到一般。接受学习和发现学习,都是积极主动的过程。他们都重视内在的学习动机与学习活动本身带来的内在强化作用。

4. 加涅的信息加工学习论

加涅(R. M. Gagne)将行为主义学习论与认知主义学习论相结合,一方面承认行为的基本单位是刺激与反应的联结,另一方面又着重探讨刺激与反应之间的中介因素——认知活动,并运用现代信息论的观点和方法,建立起了信息加工的学习理论。图 1-5 是加涅的学习与记忆的信息模型。

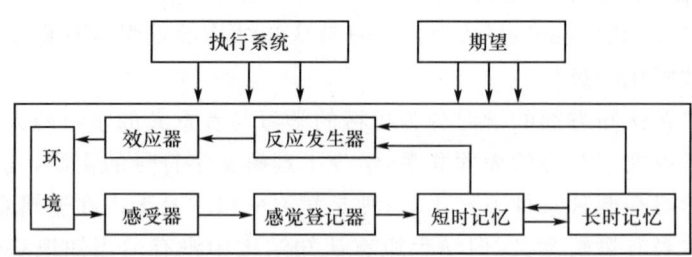

图 1-5 加涅的信息加工模式

这一模式表明,外部环境的刺激作用于学习者的感受器,感受器将接受到的信息传递到感觉登记器,信息在此保留 0.25~2s,其中绝大多数信息未能受到注意,只有小部分信息被注意选择而进入短时记忆加工阶段。进入短时记忆的信息被编码,以语义的形式储存下来,短时记忆中信息保持的时间也是很短的,一般只保持2.5~20s,而且容量极为有限,只有7±2个信息单位。如果学习者能进行复述,信息就进入长时记忆,能保持较长时间,否则就会被遗忘。与短时记忆相比,长时记忆对信息的保持时间较长,存储容量也很大。存储在长时记忆中的信息如果要用,需要经过"提取","提取"的信息构成反应发生的基础。对有意识的认知活动而言,信息从长时记忆流向短时记忆,然后到达反应发生器,对于熟练的自动化反应而言,信息可直接从长时记忆流向反应发生器。反应发生器对反应序列进行组织,并指引效应器。

执行系统对整个加工过程进行调节和控制,属于学习过程中的认知策略。期望是加工过程的动机系统,对加工过程起定向作用。

1.2.3 建构主义学习理论

建构主义(constructivism)学习理论是行为主义发展到认知主义以后的进一步发展。在皮亚杰和布鲁纳的思想中已经有了建构的思想,但相对而言,他们的认知学习观主要在于解释如何使客观的知识结构通过个体与之交互作用而内化为认知结构。从20世纪70年代末,以布鲁纳为首的美国教育心理学家将前苏联教育心理学家维果斯基的思想介绍到美国以后,对建构主义思想的发展起了极大的推动作用。维果斯基在心理发展上强调社会文化历史的作用,特别是强调活动和社会交往在人的高级心理机能发展中的突出作用。他认为,高级的心理机能来源于外部动作的内化,这种内化不仅通过教学,也通过日常生活、游戏和劳动等来实现。另一方面,内在智力动作也外化为实际动作,使主观见之于客观。内化和外化的桥梁便是人的活动。

图1-6是一则国外童话故事中的漫画,图中鱼对牛的形象建构是基于鱼的经验和小青蛙的描述。这则漫画可以用来说明建构主义的基本思想。

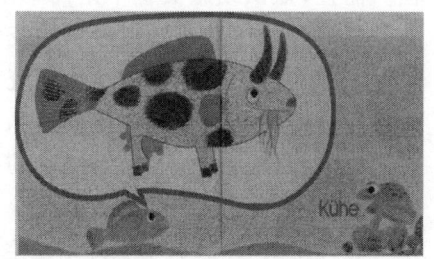

图1-6 "鱼牛"

建构主义本身并不是一种学习理论流派,而是一种理论思潮,目前正处在发展过程中,对教育实践具有一定影响的主要有激进建构主义(radical constructivism)、社会建构主义(social constructivism)、社会文化取向(social-cultural approach)和信息加工建构主义(information processing constructivism)等四种理论。建构主义学习理论的基本观点有:

1. 知识观

建构主义者一般强调,知识并不是对现实的准确表征,它只是一种解释、一种假设,它并不是问题的最终答案。相反,它会随着人类的进步而不断地被"革命"

掉，并随之出现新的假设。而且，知识并不能精确地概括世界的法则，在具体问题中，我们并不是拿来便用，一用就灵，而是需要针对具体情境进行再创造。另外，建构主义认为，知识不可能以实体的形式存在于具体个体之外，尽管我们通过语言符号赋予了知识一定的外在形式，甚至这些命题还得到了较普遍的认可，但这并不意味着学习者会对这些命题有同样的理解。因为这些理解只能由个体基于自己的经验背景而建构起来，它取决于特定情境下的学习历程。

按照这种观点，课本知识只是一种关于各种现象的较为可靠的假设，而不是解释现实的"模板"。科学知识包含真理性，但不是绝对正确的最终答案，它只是对现实的一种更可能正确的解释。而且，这些知识在被个体接受之前，它对个体来说是毫无权威可言的，不能把知识作为预先决定了的东西教给学生，不要用我们对知识正确性的强调作为让个体接受它的理由，不能用科学家、教师、课本的权威来压服学生。学生对知识的"接受"只能靠他自己的建构来完成，以他们自己的经验、信念为背景来分析知识的合理性。学生的学习不仅是对新知识的理解，而且是对新知识的分析、检验和批判。另外，知识在各种情况下应用并不是简单套用，具体情境总有自己的特异性。所以，学习知识不能满足于教条式的掌握，而是需要不断深化，把握它在具体情境中的复杂变化，使学习走向"思维中的具体"。

2. 学习观

建构主义认为，知识不是由教师向学生传递的，而是学生自己建构的。学生不是被动的信息吸收者，而是意义的主动建构者，这种建构不可能由其他人代替。学习是个体建构自己的知识的过程，这意味着学习是主动的，学生不是被动的刺激接受者，他要对外部信息做主动的选择和加工，因而不是行为主义所描述的 S-R 过程。而且，知识或意义也不是简单由外部信息决定的。外部信息本身没有意义，意义是学习者通过新旧知识经验间反复的、双向的相互作用建构而成的。其中，每个学习者都在以自己原有的经验系统为基础对新的信息进行编码，建构自己的理解，而且原有知识又因为新经验的进入而发生调整和改变，所以学习并不简单是信息的积累，同时包含由于新、旧经验的冲突而引发的观念转变和结构重组。

3. 学生观

建构主义者强调，学生并不是空着脑袋走进教室的。在日常生活中，在以往的学习中，他们已经形成丰富的经验，小到身边的衣食住行，大到宇宙、星体的运行，从自然现象到社会生活，他们几乎都有一些自己的看法。而且，有些问题即使他们还没有接触过，没有现成的经验，但当问题一旦呈现在面前时，他们往往也可以基于相关的经验，依靠他们的认知能力（理智），形成对问题的某种解释。并且，这种解释并不都是胡乱猜测，而是从他们的经验背景出发而推出的合乎逻辑的假设。所以，教学不能无视学生的这些经验，另起炉灶，从外部装进新知识，而是要把学生现有的知识经验作为新知识的生长点，引导学生从原有的知识经验中"生长"出新的知识经验。教学不是知识的传递,而是知识的处理和转换。教师不简单是知识的呈现者,他应该重视学生自己对各种现象的理解,倾听他们的看法,洞察他们这些想法的由来,以此为根据,引导学生丰富或调整自己的理解。这不是简单的"告诉"就能奏效的,而是需要与学生共同针对某些问题进行探索,并在此过程中相互交流和质疑,了解彼此的想法,彼此作出某些调整。由于经验背景的差异,学生对问题的理解常常各异,在学生的共同体之中,这些差异本身便构成了一种宝贵的学习资源。教学就是要增进学生之间的合作,使他看到那些与他不同的观点,从而促进学习。

1.2.4 人本主义学习理论

人本主义心理学是 20 世纪 50~60 年代在美国兴起的一种心理学思潮,其主要代表人物是马斯洛(A. Maslow)和罗杰斯(C. R. Rogers)。人本主义的学习理论对各国教育改革有着比较深刻的影响。

人本主义心理学家认为,要理解人的行为,就必须理解行为者所知觉的世界,即要知道从行为者的角度来看待事物。在了解人的行为时,重要的不是外部事实,而是事实对行为者的意义。如果要改变一个人的行为,首先必须改变他的信念和知觉。当他看问题的方式不同时,他的行为也就不同了。换言之,人本主义心理学家试图从行为者,而不是从观察者的角度来解释和理解行为。

罗杰斯认为,可以把学习分成两类,一类学习类似与心理学上的无意义音节的学习。这类学习只涉及心智,是一种"在颈部以上"发生的学习,它不涉及感情或个人意义,与完整的人无关;另一类是意义学习。所谓意义学习,不是指那种仅仅涉及事实累积的学习,而是指使个体的行为、态度、个性以及在未来选择行动方针时发生重大变化的学习。这不仅仅是一种增长知识的学习,而且是一种与每个人各部分经验都融合在一起的学习。

罗杰斯认为,意义学习主要包括四个要素:

(1) 学习具有个人参与(personal involvement)的性质,即整个人(包括情感和认知两方面)都投入学习活动;

(2) 学习是自动自发的(self-initiated),即便推动力或刺激来自外界,但要求发现、获得、掌握和领会的感觉却是来自内部的;

(3) 全面发展,也就是说,它会使学生的行为、态度、人格等获得全面发展;

(4) 学习是由学生自我评价的(evaluated by the learner),因为学生最清楚这种学习是否满足自己的需要,是否有助于导致他想要知道的东西,是否明了自己原来不甚清楚的某些方面。

罗杰斯还认为,促进学生学习的关键不在于教师的教学技巧、专业知识、课程计划、视听辅导材料、演示和讲解、丰富的书籍等,而在于教师和学生之间特定的心理气氛因素。好的心理气氛因素包括:

（1）真实或真诚：教师作为学习的促进者，表现真我、没有任何矫饰、虚伪和防御；

（2）尊重、关注和接纳：教师尊重学习者的意见和情感，关心学习者的方方面面，接纳作为一个个体的学习者的价值观念和情感表现；

（3）移情性理解：教师能了解学习者的内在反应，了解学生的学习过程。在这种心理气氛下进行的学习，是以学生为中心的，教师是学习的促进者、协作者或者伙伴、朋友，学生才是学习的关键，学习的过程就是学习的目的所在。

人本主义心理学家从他们的自然人性论、自我实现论出发，在教育实际中倡导以学生经验为中心的"有意义的自由学习"，对传统的教育理论造成冲击，推动了教育改革运动的发展。这种冲击和促进表现在：突出情感在教学中的地位和作用，形成一种以情感作为教学活动的基本动力的新的教学模式；以学生的"自我"完善为核心，强调人际关系在教学过程中的重要性；把教学活动的重心从教师引向学生，把学生的思想、情感、体验和行为看做是教学的主体，从而促进了个别化教学的发展。

1.2.5 多元智能理论

多元智能理论是由美国哈佛大学教育研究院的心理发展学家加德纳（Howard Gardner）在1983年提出。加德纳从研究脑部受创伤的病人发现他们在学习能力上的差异，从而提出本理论。

加德纳认为，传统上，学校只强调学生在逻辑-数学和语言两方面的发展，但这并不是人类智能的全部。不同的人会有不同的智能组合，例如，建筑师及雕塑家的空间感（空间智能）比较强，运动员和芭蕾舞蹈演员的体力（肢体运作智能）较强，作家的内省智能较强等。

加德纳认为过去对智力的定义过于狭窄，未能正确反映一个人的真实能力。他认为，人的智力应该是一个量度他的解题能力（ability to solve problems）的指标。根据这个定义，他在《心智的架构》（*Frames of Mind*）这本书里提出，人类的智能至少可以分成七个范畴，后增加至八个：

（1）语言智能：指人类对语言的掌握和灵活应用的能力，表现为用词语思考，用语言和词语的多种不同方式来表达复杂的意义。

（2）数理-逻辑智能：指运用数字和推理的能力，它涉及对抽象关系的使用与了解，其核心成分包括觉察逻辑或数字样式的能力，以及进行广泛的推理，或巧妙地处理抽象分析的能力。

（3）音乐智能：指个人感受、辨别、记忆、表达音乐的能力。突出特征是对环境中的非言语声音，包括韵律和曲调、节奏、音高、音色的敏感性。

（4）视觉空间智能：指感受、辨别、记忆和改变物体的空间关系并借此表达思想和感情的能力，表现为对线条、形状、结构、色彩和空间关系的敏感以及通过平面图形和立体造型将它们表现出来的能力。

(5) 身体运动智能:指运用四肢和躯干的能力,表现为能够较好地控制自己的身体、对事件能够做出恰当的身体反应以及善于利用身体语言来表达自己的思想和情感的能力。

(6) 人际交往智能:指与人相处和交往的能力,表现为觉察、体验他人情绪、情感和意图并据此做出适宜反应的能力。

(7) 自我认知智能:指认识、洞察和反省自身的能力,表现为能够正确地意识和评价自身的情绪、动机、欲望、个性、意志,并在正确的自我意识和自我评价的基础上形成自尊、自律和自制的能力。

(8) 自然观察智能:指个体辨别环境(包括自然环境和人造环境)的特征并加以分类和利用的能力。

加德纳认为以上各种智力不是以整合的方式存在,而是相对独立的,有着各自不同的发展规律并使用不同的符号系统。各种相对独立的智力以不同的方式和程度有机地组合在一起。即便是同一种智力,其表现形式也不一样。多元智能所主张的教育评价应该是多渠道,采用多种形式、在多种不同的实际生活和学习情景下进行的。

1.3 教学媒体与教学媒体的选择

1.3.1 教学媒体与教育传播

1. 教学媒体

媒体是指存储和传递信息的实体,也可指实现信息从信息源传递到受信者的一切技术手段。习惯上把媒体分为硬件和软件两大类。硬件指存储、传递信息的机器和设备,如照相机、投影机、电视机、计算机等。软件是指能存储和承载信息的物体,如磁带、报刊、录音带、光盘、计算机软件等。

一般的媒体起初大多不是教学媒体,只有在教学活动中采用的媒体才被称作教学媒体。教学活动是一种信息的获取、加工、处理和利用的过程。因此,存储与传递信息的任何媒体都有可能成为教学媒体。一般媒体发展成为教学媒体应具备的基本要素是:

(1) 媒体用于存储与传递以教学为目的的信息时才可称为教学媒体。

教学媒体区别于一般媒体,它是专门用来存储与传递教学信息的,是为特定的教学目标而服务的,并且为特定的对象所使用。

(2) 媒体能用于教学活动时才能成为教学媒体。媒体都能用来存储与传递教学信息,如电影、电视、计算机等,但这些媒体起初并不是为教学而发明的。只有当它们经过改进,符合教学要求,用于教学活动中时,才能成为教学媒体。

2. 教学媒体的发展

教学媒体的发展是随着人类教育活动的发展而发展的。教学媒体的发展已经历了四个阶段：

1）语言媒体阶段

语言的产生标志着人类在交流方面，特别是在记忆和传递知识以及表达比较复杂的概念的能力方面，有了巨大的进步。通过语言可以把自己学会的东西有效地传授给社会中的其他成员。语言媒体具有符号、表达、交流的功能。因此，语言媒体的发展在促进人类社会及教育的发展中起重大的作用。

2）文字媒体阶段

文字媒体的出现促进了人类教育方式的又一次重大改变。文字媒体可以将人类知识长久保存，它对文明的交流与传承具有深远意义。

3）印刷媒体阶段

印刷媒体的出现，使信息可以被大量地复制、存储并广泛传播，书籍成了人类重要知识传播手段。印刷媒体引进教育领域，学生的知识信息来源不再仅限于教师，同时来自各种书籍。17世纪产生了班级授课制，教科书成了学校教育的重要媒体。

4）电子媒体阶段

19世纪以来，科学技术得到迅速发展，其中尤以电子技术的发展最为突出。各种电子媒体如雨后春笋般相继涌现，幻灯、投影、无线电广播、电视、录像、电子计算机等，这些电子媒体极大地提高了人类的信息传播能力与传播效率。特别是20世纪90年代后，由于网络技术的发展与普及，不仅改变了人类的信息传播与处理方式，同时也改变了人类的生活方式，促进了教育向信息化方向发展。

3. 教学媒体分类

随着科学技术的发展，越来越多的媒体进入教育领域，开始成为教学媒体。目前，对教学媒体的分类方法有很多，常见的分类方法有：

（1）按媒体发展的先后，可以将教学媒体分为传统媒体和现代教学媒体。传统教学媒体通常指教学中使用的教科书、黑板、粉笔、挂图、模型、标本等。现代教学媒体指利用现代科技发展起来并被引入教学领域的电子传播媒体，主要包括幻灯、投影、录音、电影、电视、录像、计算机等，以及由此组成的各种教学系统，如语音实验室、多媒体教室、计算机网络教室、闭路电视教学系统等。

（2）按照使用媒体的感知器官分：① 听觉媒体，如广播、录音等。② 视觉媒体，如幻灯、投影、实物展示台等。③ 视听媒体，如电影、电视、摄像机、VCD/DVD等。④ 交互媒体，如多媒体计算机教学系统、多功能语言实验系统等。

（3）按媒体的物理特性分：① 电声教学媒体，包括录音、广播、复读机等。② 光学投影媒体，包括幻灯、投影、电影、电视等。③ 电视教学媒体，包括电视、录像、VCD/DVD、闭路电视系统、微格教学系统等。④ 计算机教学媒体，包括多媒体教学系统、计算机网络教室等。

4. 教育传播及要素

教育传播是由教育者按照一定的目的要求，选定合适的信息内容，通过有效的媒体通道,把知识、技能、思想、观念等传送给特定的教育对象的一种活动,是教育者和受教育者之间的信息交流活动。

教育传播具有以下基本特点:

(1) 明确的目的性。教育传播是以培养人才为目的的一种传播活动。

(2) 内容的严格规定性。教育传播的内容是按照教学计划和教学大纲的要求严格选定的。

(3) 受者的特定性。教育传播有特定的对象。

(4) 媒体和通道的多样性。在教育传播中,教育者既可以用口语和肢体语言,又可以用板书、模型、幻灯、电视、计算机等媒体;既可以是面对面的传播,又可以是远距离的传播。

教育传播系统的要素有:

(1) 教育者。教育者是教育传播系统中具备教育教学活动能力的要素,是系统中教育信息的组织者、传播者和控制者,如学校中的教师、社团中的指导者等。

(2) 教育信息。教育传播过程是一个信息交流的过程,包括了教育信息的获取、传递、交换、加工、储存和输出。

(3) 受教育者。受教育者是施教的对象,一般指接收教育信息的学生。

(4) 媒体和通道。媒体是连接教育者与学习者的中介物。通道也称信道,是信息传递的途径。

(5) 传播环境。教育传播环境是围绕教育传播活动的一切事物,是教育传播系统赖以存在和发展的全部外部条件的总和。

1.3.2 教学媒体的选择

1. 教学媒体的特性

各种教学媒体以不同的符号系统承载教学信息,刺激学习者的感觉系统。不同的教学媒体的教学功能和特性各不相同,合理地选择教学媒体应全面了解各种教学媒体的特性。

1) 呈现力

呈现力是指教学媒体呈现教学信息的能力。呈现力主要由以下诸要素决定:

(1) 空间特性,指事物的形状、大小、距离和方位等。

(2) 时间特性,指事物出现的先后顺序、持续时间、出现频率及节奏快慢等。

(3) 动物特性,指事物的运动形式、空间位移、形状变换等。

(4) 颜色特性,指事物的颜色与色调属性。

(5) 声音特性,指事物的声音与音效属性。

各种媒体呈现事物的空间、时间、运动、颜色、声音等特性的能力是不同的,也表明了各类媒体表征事物运动状态与规律的能力是不同的。电影、电视等媒体能全面呈现事物的各种特性,具有较强的呈现力,但它转瞬即逝,不利于学生细心观察与琢磨。幻灯、投影等媒体呈现事物空间与颜色特性方面有较强的能力,但在运动特性方面表现则较差。

2) 重现力

重现力指教学媒体再现信息的能力。实时广播与电视表现的信息瞬间即逝,难以重现;而录音、录像、电影、计算机等能将信息存储并反复重放。

3) 传送能力

传送能力是指媒体将信息同时传送到接受者的空间范围的能力。广播、电视能将信息传送到十分广阔的范围,有线电视和计算机网络的传送能力也比较强,而幻灯、投影、录音、录像等只能在有限的范围内传送信息。

4) 可控性

可控性是指使用者对教学媒体操纵控制的难易程度。幻灯、投影、录音相对比较容易操纵,适用于个别化学习。对于学习者,广播、电视的播出内容就无法操纵,只能按时接收。

5) 可参与性

参与性是指利用教学媒体开展教学活动时学习者参与活动的机会,可分为行为参与和情感参与。对于计算机媒体,学习者可利用其交互功能控制学习内容,是一种行为与情感参与度较高的媒体;而电影、电视则具有较强的表现力与感染力,更容易引起学习者情感上的反应,从而激发学生情感上的参与。

2. 影响教学媒体选择的因素

1) 教学任务

教学媒体的选择要依据教学目标、内容、方式等。虽然大多情况下媒体具有可替代性,但不同媒体的特征不同,选择恰当的媒体可以更好地实现教学效果。例如,地理教学中,学习地形地貌用多媒体计算机呈现 Google Earth 卫星地图,其教学效果要比用幻灯片好,而对梅雨的形成用动画或视频显然更好。

2) 教学对象

不同年龄段的学生对事物的接受能力不一样,低年龄学生直观形象思维占优势,注意力集中时间较短,高年龄段学生开始具有概括和抽象思维能力,注意力集中时间也较长。媒体的选择要考虑青少年的年龄特性和认知思维发展规律。

3) 教学条件

教学媒体的选择还受具体的教学条件制约。对于具体的教学过程,虽然某种媒体非常适合,但由于教学条件不具备,或者虽然具有相应的设备,但使用代价较高,资源有限,同样会限制教学媒体的选择,这时可考虑用可行的教学媒体来替代。

总之,影响教学媒体选择的因素有很多,教师应根据具体情况选择,既要充分利用现有的条件,又不能片面夸大教学媒体的作用。

3. 教学媒体编制的效果原理

要使教学媒体在教学过程中发挥较好的传播效果,需要在编制时依据以下几条传播原理:

1) 共同经验原理

在教学传播过程中,师生之间传送与交换教育信息,需要在双方共同的经验范围内。教师在讲授复杂问题时,用学生经验范围内的事物来比喻,往往能达到深入浅出的效果,反之则会将问题越搞越复杂。当交流的双方没有重叠的经验时,使用恰当的媒体有时可以弥补这种不足。

2) 抽象层次原理

学生的学习一般经历从具体到抽象的过程,只有具体没有抽象,学生获取的信息很难加工为知识和能力。因此,编制教学媒体时,对素材的选取应在学生可理解的抽象层次上进行。

3) 重复作用原理

重复作用是将同一个内容在不同场合以不同方式多次呈现,以达到好的传播效果。有研究表明,要牢固掌握某个外语单词,需要在至少 8 个不同的场合重复出现。

4) 信息来源原理

信息的来源对传播效果有较大的影响,有信誉的可靠的信息有较好的传播效果。在教学媒体的编制中,要选用权威,真实可靠的信息,切忌道听途说,信手拈来。

5) 最小代价原理

最小代价原理是指,当多种媒体都能达到同样的教学效果时,要选择编制和使用成本较低,付出代价较小的媒体。例如,如果用幻灯就能够很好地表现教学效果,用动画或视频媒体编制就显得复杂和浪费。

1.4 教学设计

1.4.1 教学设计概述

1. 教学设计的含义

教学设计(instructional design,ID),全称教学系统设计,是面向教学系统,解决教学问题的一种特殊的设计活动。

教学设计是运用现代学习与教学心理学、教育传播学、教学媒体论等相关理论与技术,分析教学中的问题与需要,设计和试行解决方法,评价试行结果,并在评价基础上改进设计的系统过程。教学设计不是力求发现客观存在的尚不为人知的教学规律,而是运用已知的教学规律去创造性地解决教学中的问题。教学设计过程的具体产物是经过验证的教学系统实施方案,包括教学目标和为实现目标所需的整套教材、学习指导、教学资源等,以及对所有教学活动和教学过程中所需的辅助工作做出具体说明的教学实施计划。

教学设计并不等同于教案设计。教案是教学设计的具体产物之一,是教学设计指导教学过程的具体体现,但教学设计并不仅仅局限于得出一套针对某一教学内容的教学方案。教案是以课时为单位设计的实际教学方案,是课堂教学活动的重要依据,通常包括班级、学科、课题、上课时间、课程类型、教学目标、教学方法、教学内容、时间分配等,此外还包括教学媒体的使用、练习题、板书设计等。教学设计需要对教与学的各个方面进行系统分析,提出教学方案,并不断修正方案,是一个连续的、不断改进和提高的过程。

2. 教学设计的产生与发展

建立教学设计的构想最初来源于美国哲学家、教育学家杜威(John Dewey),他提出应建立一门所谓的"桥梁科学"(linking science),以便将学习理论与教学实践连接起来,目的是建立一套系统的与教学活动有关的理论知识体系,以实现教学的优化设计。

教学设计的概念可以追溯到第二次世界大战期间。由于战争需要,美国军队必须对士兵进行一定的培训,以掌握先进武器中的技术。大量从事心理学和教学研究的专家队伍被应征入伍,以完成培训和提高教学质量。他们将研究中所得出的学习规律应用于教学,形成一整套系统分析的方法。

在教学设计的早期发展阶段,明显带有行为主义的色彩。研究者倾向于形成一种理想的基于系统理论的教学方法,其目标在于形成一个教学方案,从行为层面明确教学目标,帮助大多数学生完成学习任务。这一时期的教学设计依据行为主义总结出来的一些学习规律,主要进行任务分析和确定学习的行为目标。任务分析的目的是确定学习者将要完成任务的子能力或任务的构成,设计一些子目标来促使学习者获得这些子能力。安排这些子能力的教学步骤可以导致一个学习者学习任务的完成或教学目标的实现。

20世纪70年代,学习主义学习理论逐渐代替行为主义,成为教学设计的指导思想。教学设计研究者开始从教学的行为模式转向以学习者心理过程为基础的教学理论,他们试图详尽阐述学习者学习的内部过程和内外条件,并据此进行教学分析。此外,认知心理学中关于知识生成的研究结论也被应用到教学设计中,这些研究产生许多针对学习过程的策略,如问题解决策略、信息组织策略、降低焦虑策略、自我监控策略、元认知和执行性策略等。

20世纪80年代,教学设计研究者开始倾向于将不同的教学设计理论综合成一个行之有效的总体模式。如赖格卢特(C. Reigeluth)的精加理论,藤尼森(Tennyson)等人提出的概念教学理论等。

20世纪90年代,建构主义理论对教学设计起了较大作用。这一时间,学习者与教学媒体、教学情境的结合是教学设计发展的一个重要特征。建构主义强调教学整体性、变化性的思想导致教学设计理论中一个重要的思想变化：学生学习的内容应该是知识与技能的整合体，而不是各种子能力或任务的分解；教学设计的内容应该是与特定教学情境相联系的学生整体知识的获得与运用。

3. 教学设计过程的基本要素

教学设计过程包括许多环节，涉及诸多要素，但都是在四个基本要素的构架上建立起来的：

（1）制定教学目标。通过教学活动，要求学生掌握哪些知识或技能，形成怎样的态度或认知，要求用具体可观察、可测量的术语精确表述学习目标，这是教学系统设计的一项基本要求。

（2）进行任务分析。确定从学生的现有水平到教学目标所需获得的能力和子能力及其层次关系。

（3）选用教学方法。包括教学形式、媒体、活动等方面的选择与设计。

（4）开展教学评价。了解教学目标是否达到，并为修正教学系统设计提供实际依据。

1.4.2 课堂教学设计过程

1. 学习需要分析

学习需要是指学习者目前的学习状态和水平与所期望达到的学习状态和水平之间的差距。学习需要分析就是要找出这种差距，并在此基础上形成教学目标，为分析学习内容、编写学习目标、制定教学策略、选择和运用教学媒体，以及进行教学评价等各项教学设计工作提供真实的依据。

对学习需要的分析，教师要根据统一的教学文件（教学大纲或课程标准）及学生的具体发展要求结合具体的教学实际，科学准确地对教学要素进行分析。教师可以通过与学生访谈直接了解情况，也可以与其他任课教师进行交流，或者通过问卷调查、调查表收集信息，查看学生成长档案袋等多种途径收集信息。

2. 学习内容分析

学习内容分析是以教学目标为基础，规定学习内容的范围和深度，对各学习内容进行剖析，提示学习内容各部分的内在联系，以实现教学效果最优化。学习内容分析要明确学生必须掌握的知识广度和深度，是解决"学什么"的问题。学习内容分析的结果表明学习完成后学生知道什么、能做什么，为达到这些目标学生需要哪些先决知识、技能和态度，同时决定学习内容的结构和最佳的教学顺序。

3. 学习者特征分析

学习者特征分析主要是了解学生的一般特征、初始能力和学习风格，并在此基础上组织学习内容，阐明学习目标，制定教学策略以及选择教学媒体，从而为学生创造一个适合其内外部条件的学习环境。

对学习者特征分析包括学习者一般特征分析、学习者初始能力和教学起点分析、学习者学习风格分析等几个方面。

1) 学习者一般特征分析

学习者的一般特征是指在学习过程中,影响学习者的心理、生理和社会角色的因素,包括年龄、性别、认知成熟度、学习动机、个人对学习的期望、生活经验等因素。

学习者在一般特征方面有共同的地方。比如,相同年龄的学生有大致相同的感知能力、智力水平等;同时也存在个体间的差异,如智力差异、认知经验差异等。学习者的一般特征的共同点可作为教师制定教学策略的依据,而其个性差异则作为个别辅导或因材施教的依据。

了解学习者一般特征的方法有观察法、调查法及文献法等。

2) 学习者初始能力和教学起点分析

初始能力是学习者学习新知识前已具备的知识与技能,以及对学习内容的认识和态度。初始能力的分析主要包括:对先决知识与技能的分析;对目标技能的分析;对学习者学习态度的分析。

初始能力的分析是学习内容分析的基础,如果忽视初始能力的分析,对学习内容的分析就会脱离实际,其结果是,或者将教学起点确定得过高,使教学脱离大多数学习者的实际学习水平;或者低估学习者已有的知识与技能基础,在不必要的环节上浪费时间和精力,有时也会使学生产生厌烦心理,降低学习兴趣。因此,准确地确定学习者的初始能力和教学起点,是实现教学优化的前提。

3) 学习者学习风格分析

学习风格是学习者持续一贯的、带有个性特征的学习方式,是学习策略和学习倾向的总和。学习策略是指学习者在学习过程中,依据学习材料的性质与特点、条件等,为达到学习目标而选用的调控学习及学习过程的方法。学习倾向是个体在学习过程中表现出的不同偏好,包括学习情绪、态度、动机、坚持性以及对学习环境、学习内容等方面的偏爱。有些学习策略和学习倾向可随学习环境、学习内容的变化而变化,而有些则表现出持续一贯性。那些持续一贯地表现出来的学习策略和学习倾向,就构成了学习者通常所采用的学习方式,即学习风格。

学习风格的心理因素包括认知、情感和意动三个方面。学习风格的认知因素主要涉及对信息和经验进行组织加工的方式和特征,即心理学家所倾向于使用的认知风格。学习风格的情感和意动因素涉及情绪表露、价值判断、行为决策等活动的方式及其特征,诸如好奇心、焦虑水平、坚持性、成就动机、志向水平、主动性以及冒险性等方面。

认知风格也称认知方式,指个体偏爱的加工信息方式,表现在个体对外界信息的感知、注意、思维、记忆和解决问题的方式上。目前研究较多的是场独立性与场依存性认知方式、冲动型与沉思型认知方式。

(1) 场独立性与场依存性。场独立性与场依存性是两种普遍存在的认知方式。场独立性者对客观事物作判断时,倾向于利用自己内部的参照,不易受外来因素影响;在认知方面独立于周围的背景,倾向于在更抽象和分析的水平上加工,对事物做出独立判断。场依存性者对物体的知觉倾向于以外部参照作为信息加工的依据,难以摆脱环境因素的影响。他们的态度和自我知觉更易受周围的人,特别是权威人士的影响,善于察言观色,注意并记忆言语信息中的社会内容。

场独立性、场依存性与学生的学习有着密切的关系。研究表明,场独立性学生一般偏爱自然科学、数学,且成绩较好,两者呈显著正相关,他们的学习动机往往以内在动机为主。场依存性学生一般较偏爱社会科学,他们的学习更多地依赖外在反馈,他们对人比对物更感兴趣。场独立性学生善于运用分析的知觉方式,而场依存性学生则偏爱非分析的、笼统的或整体的知觉方式,他们难以从复杂的情境中区分事物的若干要素或组成部分。

此外,场独立性与场依存性学生对教学方法也有不同偏好。场独立性学生易于给无结构的材料提供结构,比较易于适应结构不严密的教学方法。反之,场依存性学生喜欢有严密结构的教学,因为他们需要教师提供外来结构,需要教师的明确指导与讲解。

(2) 沉思型与冲动型。沉思与冲动的认知方式反映了个体信息加工、形成假设和解决问题过程的速度和准确性。沉思型学生在碰到问题时倾向于深思熟虑,用充足的时间考虑、审视问题,权衡各种问题解决的方法,然后从中选择一个满足多种条件的最佳方案,因而错误较少。而冲动型学习者倾向于很快地检验假设,根据问题的部分信息或未对问题做透彻的分析就仓促做出决定,反应速度较快,但容易发生错误。

研究发现,沉思型学生与冲动型学生相比,表现出具有更成熟的解决问题策略,更多地提出不同的假设。而且,沉思型学生能够较好地约束自己的动作行为,忍受延迟性满足,比冲动型的学生更能抗拒诱惑。此外,沉思型学生与冲动型学生的差别还在于,沉思型学生往往更容易自发地或在外界要求下对自己的解答做出解释;冲动型学生则很难做到,即使在外界要求下必须做出解释时,他们的回答也往往是不周全、不合逻辑的。

在学习方面,沉思与冲动这两种方式存在明显差异。一般来说,沉思型学生阅读成绩好,再认测验及推理测验成绩也好于冲动型学生,而且在创造性设计中成绩优秀。相比之下,冲动型学生往往阅读困难,较多表现出学习能力缺失,学习成绩常不及格。不过,在某些涉及多角度的任务中,冲动型学生则表现较好。

由于阅读、推理之类的任务需仔细分辨概念,因而粗心大意的学生处于不利地位,尤其是当一个问题的答案不能直接得到,需要从一开始就仔细阅读材料,注意分析各种可能的条件时,更是如此。为了帮助冲动型学生克服他们的缺点,心理学家着手创造一些训练方法,对他们的不良认知方式进行纠正。研究表明,单纯提醒儿童,要他们慢一些作出反应,对他们并无帮助。但通过教他们具体分析、比较材料的构成成分,注意并分析视觉刺激,对克服他们的冲动型认知行为较为有效。也有人让冲动型学生大声说出自己解决问题的过程,进行自我指导,当获得连续成功以后,由大声自我指导变成轻声低语,而后变成默默自语。目的是训练冲动而又粗心的学生有条不紊、细心地进行学习和解决问题。这种具体训练收到了较好效果。

4. 学习目标的编写

学习目标是教师完成教学任务所要达到的要求或标准,同时也起到指导教师课堂教学实践活动的作用。学习目标在教学中有以下三种功能:① 指导教学方法的选择和运用;② 指导教学结果的测量与评价;③ 指引学生学习。

按照美国教育家布卢姆(B. S. Bloom)等人的学习目标分类方法,将学习目标分为认知、动作技能和情感三个领域,每个领域的目标又由低级到高级分为若干个层次。具体内容参见表 1-1。

表 1-1 学习目标分类系统

领域	层次	含义
认知领域目标	知道	包括特定知识,如术语和事实;处理特殊问题的方法或途径的知识;一般或抽象的知识。其所要求的心理过程主要是记忆,是最低水平的认知学习结果
	领会	能把握材料的意义。可以借助转换或转述、解释和推断来表明对材料的领会
	运用	能将习得的材料应用于新的具体情境,包括概念、规则、方法、规律和理论的应用。代表高水平的理解
	分析	能将整体材料分解成它的构成成分并理解组织结构,包括部分鉴别、分析部分之间的关系和认识其中的组织原理。代表了比运用更高的智能水平,既要理解材料的内容,又要理解其结构
	综合	能将部分组成新的整体,如发表一篇内容独特的演说或文章,拟定一项操作计划或概括出一套抽象关系。强调的是创造能力,需产生新的模式或结构
	评价	对材料作价值判断的能力,包括按材料内在的标准(如组织)或外在的标准(如适当性)进行价值判断。要求超越原先的学习内容,并需要基于明确标准的价值判断
动作技能领域目标	知觉能力	对所处环境中的刺激所做的观察和理解,并做出相应调节动作的能力
	生理能力	包括动作的耐力、力量、灵活性和敏捷性,是学习高难度动作的基础,构成体育技能训练中的基本功训练,如耐力锻炼
	技能动作	熟练完成复杂动作的能力,如艺术表演、调整机器等
	有意活动	指传递感情的体态动作,亦称身体语言,涉及姿势、手势、面部表情和即时活动,如舞蹈

续表

领域	层次	含义
情感领域目标	接受（注意）	感知到外界刺激，包括意识一事物存在、愿意接受、选择性注意，是低级的价值内化水平
	反应	主动注意或参与某一活动，例如，自愿读规定范围外的材料并以愉快的心情阅读
	价值化	将特殊的对象、现象或行为与一定的价值标准相联系，包括接受、偏爱某一价值标准，并愿意为之做奉献
	组织	涉及价值的概念化和价值体系的组织化。通过将许多不同的价值标准组合在一起，克服它们之间的矛盾、冲突，开始建立内在一致的价值体系
	价值与价值体系的性格化	指个人具有长期控制自己的行为以致发展了性格化"生活方式"的价值体系，其行为是普遍的、一致的和可预期的

有了学习目标，还必须将它准确地描述出来。传统的教学目标描述方法比较笼统、含糊，不易把握尺度，也难以测试教学效果。例如，"通过教学培养学生的分析能力"，这样陈述的目标很难给教学和评价提供具体指导。下面介绍几种学习目标陈述方法。

1) 行为目标编写方法

行为目标也称为目标（performance objectives），是美国心理学家马杰（R. F. Mager）提出的，其理论基础是行为主义学习理论，要求用可观察和可测量的行为陈述目标。马杰提出，行为目标应具有三个要素：① 说明通过教学后学习者能做什么或说什么；② 规定学习者行为产生的条件；③ 规定符合要求的作业标准。

行为目标举例：

（1）提供有关遗忘过程及其原因的实验数据，能说明该实验可能得出的结论和它可以支持的假设。

（2）提供报上的一篇文章，能将文章中陈述事实与发表议论的句子分类，至少85%的句子分类正确。

行为目标的优点是它的清晰性，它清楚地告诉教师和学习者具体的目标内容及测量标准。在实践中，教师可适当变通，不必严格按照马杰的要求规定合格行为的标准。

2) ABCD法

ABCD法是教学实践中，教学研究者在马杰的行为目标基础之上加上学习对象描述。

A——对象（audience），应说明教学的对象。

B——行为（behavior），应说明通过学习之后，学习者应能做什么。

C——条件（condition），应说明上述行为在什么条件下产生。

D——标准（degree），规定出评定上述行为是否合格的标准。

ABCD 举例：

(1) 初二上学期学生(A)，能在 5 分钟内(C)，完成 10 道因式分解题(B)，准确率达 95%(D)。

(2) 经过练习后的学生(A)，能在 1 分钟内(C)输入 60 个汉字(B)，错误率不超过 2%(D)。

在教学实践中，往往不需要也不可能完全机械地按上述要素编写学习目标，有时，学习产生的行为也不是唯一的和完全可罗列的，除了行为要素外，教师可根据具体情况适当省略部分要素。

3) 内显与外显行为相结合的目标

行为目标虽然避免了传统目标的含糊性，但却忽略了学习者的能力和情感变化。因此，它不太适合于思想道德方面的学习目标。为弥补行为目标的不足，格伦兰(N. E. Gronlund)提出一种折中的陈述目标的方法，即采用描述内在心理与外显行为相结合的方法陈述目标。

教师在陈述学习目标时应首先明确陈述如记忆、知觉、理解、创造、欣赏、热爱、尊重等内在心理的变化，但为了使这些内在变化可以观察和测量，还需要列举这些内在变化的行为样品。

内显与外显行为相结合的目标举例：

(1) 理解议论文写作中的类比法。① 用自己的话解释运用类比的条件；② 在课文中找出运用类比法阐明论点的句子；③ 对提供的含有类比法和喻证法的课文，能指出包含类比法的句子。

(2) 领会余弦定理。① 会画图说明定理的条件和应用背景；② 会借助平面直角坐标系推导出定理；③ 能叙述余弦定理和正弦定理的区别。

5. 策略制定与媒体选择

教学策略是为完成特定的学习目标而采用的教学活动的程序、方法、组织形式和教学媒体等因素的总体考虑。教学策略是解决教师"如何教"和学生"如何学"的问题。教学策略具有指向性、灵活性、多样性的特点。

教学策略的制定应依据学习理论、学习目标、学习内容、学生特点、教学条件等因素。

教学策略分组织策略、授递策略、开发和管理策略等三类。

1) 组织策略

组织策略考虑如何将所选用的教学内容加以合理地编排，通常分为微策略、宏策略两个层次。微策略关心在一个教学单元(或知识点，如一个概念、原理等)内部如何组织教学，通常被看做一个教学编列(螺旋式编列、渐进分化式编列、自底向上或自顶向下编列、细化编列、正向链或反向链编列等)问题；宏策略考虑如何将多个知识点组织成一个有机的整体，它实际上包括两个方面的问题：编列和综合。前者关心如何将各类教学内容(事实、概念、原理、过程等)合理地组织成为一节课或一门课程,后者考虑如何建立不同知识单元之间的关系。

微策略的作用是形成多种教学模式,支持不同类型知识的记忆获得;宏策略的作用是促进已获得的知识在长时记忆中的有效组织,进而有利于思维活动。

2) 授递策略

授递策略考虑的是在教学过程中如何开展有效的交互活动,主要包括媒体选择策略和学习组织策略。

教学媒体的选择应考虑的因素有教学环境、学习者特点、教学任务和实际教学条件等。为了在选择媒体时能充分考虑各种因素,做到优选决策,人们建立了多种类型的选择模型,如问卷式、流程图式、矩阵式、表格式等等,其中最基本的原则是最小代价原理。如果两种媒体功效相同,应该选择代价小的媒体;如果代价相差不大,就要选择功能多的媒体。

学习组织策略主要考虑教学的组织形式。常见的教学组织形式主要有集中授课、个别化学习和小组学习等三种形式。需要注意的是,在很多情况下,这三种组织形式之间没有十分明显的界限,如班级集体授课中可以结合提问、讨论的方式;小组学习中也可以适时辅以集中讲授的形式。

3) 开发和管理策略

开发和管理策略主要考虑在教学过程中,如何运用授递策略和组织策略来实现特定的教学目标。例如,怎样控制学习路径以满足个别化学习的要求。特别是在信息化教学环境下,利用各种信息技术实施教学,管理策略实际上代表了教学决策功能。一般而言包括以下几个基本部分。

(1) 学生管理策略。主要是指对学生的个别特征,包括性别、年龄、知识水平、认知风格等方面的把握,以便更好地对学生进行学习任务的分配和学习进程调控。

(2) 教学方法选择策略。常见的教学方法有讲授法、讨论法、谈话法、演示法、实验法、练习法、实习作业法、合作学习法等等。影响单元教学方法选择的因素有学习目标、学生特点、教学组织形式等。

(3) 学习诊断。学习诊断是通过相应的测试来评价学习者的学习成果,以便确定学习者是否达到规定的学习目标。以客观主义理论指导的教学过程中,通常采用掌握学习法,诊断的结果为"掌握"或"未掌握";以建构主义为理论指导的教学过程中,对学习者的评价不是简单地依据其学习结果,而是注重对学习过程的分析和评价。

(4) 学习任务分配策略。根据宏策略编列规定的学习序列,为学生个人或小组分配适当的学习任务。在单元学习过程中,通过诊断结果为学习者分配下一阶段的学习任务。若学习者通过当前的目标,则为他分配新的学习任务,否则给予促使其复习或订正。

(5) 学习评价与奖励策略。学习评价与激励机制有关。在单元教学中可以运用独立机制、竞争机制及合作机制等不同的评价策略。

6. 教学方案的编写与教学效果评价

教学方案既是教学设计的工作的总结,也是实施教学的依据。教学设计方案可以是文本式、表格式,也可以是流程图式。

文本式教学设计方案的编写通常需要写明设计说明、对象分析、教学目的、教学重难点、教学策略的选择与应用、教学过程的设计、教学效果总结等。

表格式教学设计文案以表格的形式呈现。

流程图式教学设计方案是把教学过程以流程图的方式来表示。通常使用的流程图符号如下:

▢ 表示教学过程的开始或结束;

▭ 表示教师的活动或教学内容;

▱ 表示学生的活动;

▯ 表示媒体的结构,左边为媒体的类型,右边为媒体的内容;

◇ 表示逻辑判断,根据判断结果决定下一步的教学活动。

完成教学方案的编写并不是教学设计的终结,教学方案制定后,方案是否合理、教学目标是否达到、教学效果如何,等等,这些都必须在教学实践中进行检验。对教学效果的评价是教学设计过程中必不可少的一个环节。通过教学方案的实施,教师可以发现教学设计中存在的问题和不足,然后对方案和媒体材料做进一步的补充、修改或改进,从而使教学设计成果得以不断完善。从这个意义上讲,教学设计是一个循环往复的过程。

教学设计成果评价包括制定评价计划、选择评价方法、试用设计成果、收集评价信息、归纳分析资料和报告评价结果等几个步骤。具体的评价方法和评价指标体系是多样化的,需要根据具体情况而定。

中篇 实践操作

第 2 章 教学资源的获取、加工与处理

本章主要内容
- 网络资源的获取
- 文本素材的获取、加工与处理
- 声音素材的获取、加工与处理
- 图形、图像素材的采集、加工与处理
- 动画、视频素材的获取、加工与处理

2.1 网络资源的获取

2.1.1 搜索引擎的使用

1. 搜索引擎分类

搜索引擎(search engine)是指根据一定的策略、运用特定的计算机程序搜集互联网上的信息,在对信息进行组织和处理后,为用户提供检索服务的系统。从使用者的角度看,搜索引擎提供一个包含搜索框的页面,在搜索框输入词语,通过浏览器提交给搜索引擎后,搜索引擎就会返回跟用户输入的内容相关的信息列表。搜索引擎按其工作方式主要可分为全文搜索引擎(full text search engine)、目录索引类搜索引擎(search index/directory)和元搜索引擎(meta search engine)。

1) 全文搜索引擎

全文搜索引擎是指通过从互联网上提取网站的信息(以网页文本为主)建立索引数据库,检索与用户查询条件匹配的相关记录,然后采用特殊的算法(通常根据网页中关键词的匹配程度,出现的位置、频次、链接质量等)计算出各网页的相关度及排名等级,最后根据关联度高低,按顺序将这些网页链接返回给用户。国内著名的全文搜索引擎是百度(Baidu),国外具有代表性的有 Google(谷歌)。两者比较而言,百度在中文搜索里占有一定优势,而谷歌则是在英文搜索方面较为优胜。

从检索来源看,全文搜索引擎又可细分为两种:一种是拥有自己的检索程序(indexer),俗称"蜘蛛"(spider)程序或"机器人"(robot)程序,并自建网页数据库,搜索结果直接从自身的数据库中调用,如上文提到的搜索引擎;另一种则是租用其他引擎的数据库,并按自定的格式排列搜索结果,如 Lycos 引擎。

2) 目录索引类搜索引擎

目录索引类搜索引擎是按目录分类的网站链接列表。用户可按关键词(keywords)查询，也可按分类目录找到需要的信息。目录索引中具有代表性的有早期的雅虎(Yahoo)，其他著名的还有 Open Directory Project(DMOZ)、LookSmart、About等。国内的搜狐、新浪、网易搜索也都属于这一类。

3) 元搜索引擎

元搜索引擎在接受用户查询请求时，同时在其他多个引擎上进行搜索，并将结果返回给用户。著名的元搜索引擎有 InfoSpace、Dogpile、Vivisimo 等(元搜索引擎列表)，中文元搜索引擎具代表性的有搜星搜索引擎。在搜索结果排列方面，有的直接按来源引擎排列搜索结果，如 Dogpile，有的则按自定的规则将结果重新排列组合，如 Vivisimo。

除上述三大类引擎外，还有以下三种非主流形式：

(1) 集合式搜索引擎。如 HotBot 在 2002 年底推出的引擎，该引擎类似 META搜索引擎，区别在于不是同时调用多个引擎进行搜索，而是由用户从提供的四个引擎当中选择，因此叫它"集合式"搜索引擎；

(2) 门户搜索引擎。如 AOL Search、MSN Search 等虽然提供搜索服务，但自身既没有分类目录也没有网页数据，其搜索结果完全来自其他引擎；

(3) 免费链接列表(free for all links, FFA)。这类网站一般只简单排列链接条目，少部分有简单的分类目录，不过规模比起 Yahoo 等目录索引来要小得多。

2. 搜索引擎使用技巧

搜索引擎可以帮助用户在 Internet 上找到想要的信息，但同时也会返回大量无关的信息。掌握一定的使用技巧，可以用尽可能少的时间找到需要的确切信息。

1) 在类别中搜索

许多搜索引擎(如 Yahoo 主页面左侧)都显示类别，如音乐、商业、经济、游戏等。用户可以选择搜索整个 Internet 还是搜索选定的类别。显然，在一个特定类别下进行搜索所耗费的时间较少，而且能够避免大量无关的 Web 站点。

2) 使用恰当的关键字

如果想要搜索以鸟为主题的 Web 站点，用户通常会在搜索引擎中输入关键字"鸟"，但是，搜索引擎会返回大量无关信息，如谈论羽毛球的"小鸟球"或烹饪某种鸟类食物不同方法的 Web 站点。为避免这种类型的问题出现，应该使用更为具体的关键字，如"鸟类学"(动物学的一个分支)。所提供的关键字越具体，搜索引擎返回无关 Web 站点的可能性就越小。

3) 使用多个关键字

有时候会把搜索引擎当成听话的服务员了，比如会出现这样的搜索"上海到成都列车时刻表"，问题是没有什么网页上会含有"上海到成都列车时刻表"这样的关键词,所以搜索引擎也很难找到这样的网页,真正含有用户想找的内容的网页,应该含有关键词"上海"、"成都"、"列车"、"时刻表"。同时,通过使用多个关键字还可以缩小搜索范围。例如,如果想要搜索有关圣诞节图案的红色袜子,则输入三个关键词"圣诞节"、"红色"和"袜子"。一般而言,用户提供的关键字越多,搜索引擎返回的结果越精确。在使用多个关键字的时候,关键字之间可以用" "(空格符)或"AND"(逻辑命令)等连接。

4) 用好逻辑命令

搜索逻辑命令通常指布尔命令"AND"、"OR"、"NOT"及与之对应的"＋"、"－"等逻辑符号。用好这些命令同样可使用户搜索达到事半功倍的效果。

(1) AND

格式:A　AND　B

作用:大写的"AND"表示逻辑"与"操作,表示搜索的网页中要有 A 和 B 两个关键字。

(2) OR

格式:A　OR　B

作用:大写的"OR"表示逻辑"或"操作,表示搜索网页中,要么有 A,要么有 B,要么同时有 A 和 B。

(3) -

格式:关键字一[空格]-关键字二

作用:去除无关的搜索结果,提高搜索结果相关性。有时,用户的搜索结果包含很多不相关的搜索信息,这时,可以找到那些不相关信息的特征关键词,使用该方法将无关信息过滤掉。注意,符号"-"的前面应该有个空格,后面紧接要过滤的关键词。

例如,用户想要找"申花"的企业信息,输入"申花"却找到一大堆申花队踢足球的新闻,在发现这些新闻的共同特征是"足球"后,用"申花　-足球"来搜索,就不会再返回很多体育新闻的信息。

(4) ＋

格式:＋关键字

作用:用于搜索包括两个以上关键词的情形,表示所有关键词都要存在。同时"＋"还有对忽略的关键字进行强制搜索的作用。

例如,当在 Google 中搜索"www 的历史"时,Google 实际上把这个短语分成三部分"www"、"的"和"历史"分别检索,这就是搜索引擎的分词。尽管输入了连续的"www 的历史",但搜索引擎还是把这个短语切分为三个关键字。"www"和"的"由于出现频率较高,在搜索引擎中一般将其作为停用词处理而不预检索,但如果在该关键字前加上"＋"号,如"＋www＋的历史",就可以搜索出含有短语"www 的历史"的页面。另外,强制搜索还可以把上述关键字用英文双引号引起来。

注意:这里的"＋"和"-"是英文字符。此外,操作符与所作用的关键字之间不能有空格,比如"申花-足球",搜索引擎将视为关键字为"申花"和"足球"的逻辑"与"操作,中间的"-"被忽略。

5) 使用通配符

格式:关键字一[通配符]关键字二

作用:很多搜索引擎支持通配符号,如"＊"代表一连串字符,"?"代表单个字符等。Google 对通配符支持有限,它目前只可以用"＊"来替代单个字符,而百度目前可以用"＊"来替代多个字符。

例如,在 Google 中,"同＊共死"表示搜索第一个字为"同",最后两个字为"共死"的四字短语,中间的"＊"可以为任何字符;而在百度中,表示搜索第一个字为"同",最后两个字为"共死"的多字短语,中间的"＊"可以为任何字符。

6) 搜索指定的网站下的信息

格式:关键字[空格]site:网站/域名

作用:"site"表示搜索结果局限于某个具体网站或者网站频道。

例如,site 可以指定"www.sina.com.cn"、"www.edu.cn",或者是某个域名,如"com.cn"、"com"等。如果要排除某网站或者域名范围内的页面,只需用"-网站或域名"。如搜索中文教育科研网站(edu.cn)上关于搜索引擎技巧的页面,只需在搜索框中输入"搜索引擎技巧 site:edu.cn"。

注意:site 后的冒号为英文字符,而且冒号后不能有空格,否则,"site:"将被单独作为一个搜索的关键字。此外,网站域名不能有"http://"前缀,也不能有任何"/"的目录后缀,网站频道则只局限于"频道名.域名"方式,而不能是"域名/频道名"方式。

7) 按文件类型搜索

格式:关键词[空格] filetype:文件扩展名

作用:可仅搜索包含关键词的指定类型的文件。

例如,用户要查找其中含有"技巧"的 Word 文档(类型为 Doc),便可以键入"技巧 filetype:doc"。

8) 按网页标题搜索

格式:intitle:关键词

作用:可仅搜索标题中包含关键词的网页。

例如,如果输入"intitle:李连杰　picture",将得到李连杰的图片。因为通常提供图片集合的网页,在标题栏内会注明这是某某人的图片集合。

9) 按 URL 搜索

(1) inrul

格式:inrul:关键字一[空格]关键字二。

作用:inrul 语法返回的网页链接中包含第一个关键字,即可找到相关资源链接,后面的关键字则出现在链接中或网页文档中,可用来确定是否有某项具体资料。

例如,"intitle:midi 沧海一声笑"。

注意:"inrul:"后面不能有空格,Google 也不对 URL 符号如"/"进行搜索,例如,Google 会把"cgi-bin/phf"中的"/"当成空格来处理。

(2) allinrul

格式:allinrul:关键字一[空格]关键字二。

作用:返回网页的链接中包含所有查询关键字,这个查询的关键字只集中于网页的链接字符串。

例如,查找可能具有 PHF 安全漏洞的公司网站,通常这些网站的 CGI-BIN 目录中含有 PHF 脚本程序(这个脚本是不安全的),表现在链接中就是"域名/cgi-bin/phf",语法:"allinrul:"cgi-bin"phf+com"。

10) 搜索所有链接到某个 URL 地址的网页

格式:link:url 地址。

作用:可以得知有多少网页对某一网站作了链接。

例如,搜索"link:www.newhua.com",将得到有链接到 www.newhua.com 的网页。

注意:"link"不能与其他语法相混合操作,所以"link:"后面即使有空格,也将被忽略。另外,link 只列出索引链接很小一部分,而非全部。

11) 查找与某个页面结构内容相似的页面

格式:related:url 地址。

作用:用来搜索结构内容方面相似的网页。

例如,搜索所有与中文新浪网主页相似的页面(如网易首页、淘宝首页、搜狐首页等),"related:www.sina.com.cn/index.shtml"。

12) 使用 index of 搜索资源列表

格式:index of 关键字

作用:可以直接进入网站的文件列表,而不必再通过 HTTP 的网页形式了,从而避免了某些网站的限制,实现突破限制下载。

例如,在百度的搜索框中输入 index of mp3,可以突破网站入口下载 mp3、rm 等影视作品。

搜索技巧和其他的技术一样,需要在不断的练习中总结归纳学习,同时,还可以通过搜索引擎的在线帮助,或者搜索"搜索技巧",学习不同搜索引擎的命令使用方式,及搜索使用技巧。

2.1.2 网络数据库与主题网站资源的利用

1. 网络数据库

利用网络是获取资源的一个主要途径。网络资源的获取除了使用搜索引擎外,还可以充分利用已有的网络数据库和主题网站资源。网络数据库是以后台数据库为基础,加上一定的前台程序,通过浏览器完成数据存储、查询等操作的系统。通过网络数据库,用户可以找到所需要的信息资源。

2. 网络数据库和主题网站

表2-1是目前教学中经常用到的网络数据库与主体网站资源。

表2-1 网络数据库与主题网站

网络数据库类别	主题网站资源
教育资源库	K12网站 http://www.k12.com.cn
	中国科普博览 www.kepu.com.cn
法律数据库	中国法律资源网 http://www.lawbase.com.cn
	法律数据库 http://www.lawdatabase.cn
数字博物馆	北京数字博物馆 http://www.beijingmuseum.gov.cn
	数字化博物馆 http://e-museum.njmuseum.com
学术类网络数据库	中国期刊网 http://www.cnki.net/index.htm
	中国大百科 http://www.cndbk.com.cn
在线图书馆	中国国家图书馆 http://www.nlc.gov.cn
	上海图书馆 http://www.libnet.sh.cn
网上娱乐和商城	百度音乐网站 http://mp3.baidu.com
	易趣 http://www.ebay.com.cn
数字城市	数字北京 http://ditu.beijing.cn
	电子地图 http://www.go2map.com

湿地数据库:湿地被誉为自然之肾,它在维持自然生态平衡、保持生物多样性、减少自然灾害等方面起到重要作用。湿地分布范围的消长、湿地功能的演化将对人类生存的自然环境产生强烈影响。有鉴于此,湿地研究已受到国内外广泛关注,湿地数据库使用"比特"将宝贵的湿地资源及其动态趋势通过计算机可视化再现,是"数字化"的湿地。中国沼泽湿地数据库(网址:http://www.marsh.csdb.cn)在长春成功建立,对深入研究和探索湿地科学具有重要意义。

3. 网络数据库的评价

网络数据库和主题网站种类繁多,在使用时需要认真斟酌筛选。从网络资源的现状看,一般情况下,建议优先考虑以下几个因素:内容准确无误、范围广度适度、来源权威可信、更新及时规律、检索方便高效、系统稳定可靠。这样就可以最大限度的节省人力、物力。

2.2 文本素材的获取、加工与处理

2.2.1 文本素材的获取

1. 常用文本素材格式

文本是最常规的媒体类型,常用的文件格式主要有以下几种:

(1) TXT 格式:纯文本格式,可以用记事本、Word 等文字处理软件打开、显示、编辑。

(2) RTF 格式:是 Rich Text Format 的缩写,意思是丰富的文本格式,是 Microsoft 公司开发出来的一种文件格式,主要用于各种文字处理软件之间的文本交换,其特点是保持原文字设置不变。如将 WPS 文件另存为 RTF 格式,用 Word 进行编辑处理,原 WPS 下设置的字体、字号保持不变。

(3) WPS 格式:是由著名国产软件(Word Processing System)生成,不提供转换程序。

(4) DOC 格式:由 Microsoft Word 生成,也有一部分是由 WordPerfect 生成。

2. 文本素材获取方法

1) 手工输入

通常情况下,可以通过整理和撰写后,在网络课件制作工具或各类文本编辑软件中人工录入文本。但如果文字录入量比较大时,这种方式就不太方便了。

2) 扫描识别

扫描文本是利用扫描仪对文本进行扫描来获得文本数据的一种方法。字符识别的过程实际上就是扫描仪先将每一页文本扫入计算机,将其转换成一幅位图图像,再由软件对其进行分析,将各字符的形状加以区分和识别,然后将字符逐个地转换为文本储存起来。用来识别字符的软件叫光学字符识别软件,简称 OCR(optical character recognition)软件。OCR 的正确率目前还不能达到百分之百识别,有时出错率还较高,所以对识别出的文本还必须进行细心地校正和编辑。

3) 笔式输入和语音输入

笔式输入是一种不用键盘而是通过某种软件的支持,在计算机外部设备(如一块写字板)上用特殊的笔,手写输入汉字的方法。语音输入也是一种非键盘汉字输入系统,通过话筒将要输入的内容读出来即可完成输入,计算机则用语音识别软件对输入的声音进行判别,但目前识别率较低。

现在的手写、语音识别产品包括:

(1) 汉王笔:具有词组联想、签名、绘图、保留手迹、替代鼠标等多种功能。可混合识别繁体、简体、常用异体等 13 000 多个汉字。

(2) 汉王听写:采用比较先进的手写识别技术和 IBM ViaVoice 核心语音识别技术,有口说、手写两种方式。只要会说话、会写字就能输入汉字,具有添加词组、口音适应等多项功能。

(3) 汉王读写听:汉王读写听是汉王笔、汉王全能阅读器、OCR(手写文稿、印刷文稿)、语音四种系统的综合集成。在同一系统中既可扫描输入、手写输入,又可语音输入。

(4) 紫光笔:紫光笔是目前市面上比较好的一种产品。可以实现炭笔、油画笔、国画笔、粉笔、蜡笔等多种选择,真实自然,乐趣无穷。

(5) 中国话王:它的主要优点在于语音听写输入系统。只需要将要输入的文章用普通话读入即可。其使用方法与汉王、紫光听写大致相同,不同的仅仅只是在 IBM ViaVoice 上面加了一个外壳,使之成为中国话王。

4) 将 pdf 或 caj 文件转换成文本文件

pdf 文件是 Adobe 公司推出的可移植文档格式。由于本身各项优势,如跨平台操作、便于加密、便于打印等,近年来广泛流行。它能够保存任何源文档的所有字体、格式、颜色和图形,而不管创建该文档使用何种应用程序和平台。pdf 文件均需要安装 Adobe Acrobat Reader 专用阅读器来浏览。caj 文件是中国学术期刊(光盘版)电子杂志社的产品文件,必须用 CajView 全文阅读器材可以打开和浏览。

由于 pdf 和 caj 文件都必须通过专用的软件才可以浏览,如果想把其中的文字应用到其他软件中,必须先将它们转换成文本文件。当然,还可以用其他的一些软件实现其他的文件格式向文本文件的转换,这里就不再一一介绍,可以上网输入诸如"格式转换文本软件"等一些关键字来查询。

5) 从网页中获取文字

Internet 有各种各样的文本信息,查找所需的网页就可以为我所用。使用网页上的文本可以选中需要的文字(选择全文时,只需按"Ctrl+A"),然后单击鼠标右键,再选择"复制",最后在文字编辑软件中选择"粘贴"即可获得选中的文本素材。

2.2.2 文本素材的加工与处理

在熟悉文字处理软件的基础上,需要学会根据不同信息的特点选择不同的文字处理软件来加工文本信息,学会分析、比较文本信息的纯文本结构化表达和形象化表达的优点与不足,学会使用结构化和形象化的方式来表达信息、加工信息。目前大多数常用工具软件对文本信息的加工处理方法大体相似,以 Word 为例归纳出常用文本信息的加工要点:设置版面规格;确定文本正文主体样式;对需要强调的文本内容添加相应的显示效果,如各级标题字体的设定等;配合主题表达的需要,添加辅助图片、图案、背景等修饰,增强文本的表现力;对多页文本添加页面提示信息;输出最终文本。

而对一般文本信息的评价主要参考：
（1）文本表达的主题、意图是否鲜明；
（2）版面样式是否符合阅读对象特征及应用场合；
（3）版面布局是否合理匀称，内容层次是否结构清晰；
（4）文字、标点是否恰当，排版是否符合同类文本的一般规范。
在完成文本素材的加工后，可以对照这四点评价标准，加以检验。

2.3 声音素材的获取、加工与处理

2.3.1 声音素材的获取方法

1. 常用声音素材文件格式

（1）WAV 格式：采集各种声音的机械振动而得的数字文件，即声音模拟信号的数字化结果，可以从自然音响（如 CD、录音机或话筒）中采集而来。文件扩展名为 wav。

（2）MID 格式：是专门记录乐器声音的 MIDI（musical instrument digital interface，电子乐器数字化接口）文件。文件扩展名为 mid 或 midi。

（3）MP3 格式：是以 MPEG 为压缩标准的音频，最大优势是以极小的声音失真换来高达 6～20 倍的压缩比。文件扩展名为 mp3。

（4）WMA 格式：全称是 Windows Media Audio，是 Microsoft 公司推出的声音流媒体格式文件。其特点与 MP3 类似，具有较高的压缩比和较小的失真度。

2. 采集和制作声音素材的途径

1) 直接利用配套软件中的声音素材

利用一些软件光盘中提供的声音文件，在一些声卡产品的配套光盘中往往也提供许多 WAV 或 MIDI 格式的声音文件。

2) 录制

通过计算机中的声卡，从麦克风中采集语音生成 WAV 文件。如制作课件中的解说语音就可采用这种方法。

3) 采集

通过计算机中声卡的 MIDI 接口，从带 MIDI 输出的乐器中采集音乐，形成 MIDI 文件，或用连接在计算机上的 MIDI 键盘创作音乐，形成 MIDI 文件。

4) 下载

从 Internet 上下载，Internet 是声音素材的宝库，从中可以得到很多有用的声音素材，用于课件制作，既可从音乐网站下载，也可以到与课件制作内容相关的网站，如一些教育网站上去寻找。互联网上的声音素材有些是有偿使用，还有些有版权保护，下载时需要注意。

5）从软件中截取

使用专门的软件抓取CD或VCD光盘中的音乐，生成声源素材，再利用声音编辑软件对声源素材进行剪辑、合成，最终生成所需要的声音文件。

2.3.2 声音素材的加工与处理

1. 使用录音机录制、编辑

制作课件时需要添加人物解说、画外音等简单声音素材时，使用计算机中的"录音机"就可以完成。它可以对声音进行简单的录制和编辑，并将所编辑的声音存为波形文件。启动录音机程序，打开"录音机"窗口，如图2-1所示。

图2-1 录音机

【录制声音】

利用Windows自带的录音机软件，通过麦克风进行声音录制。

操作步骤：

（1）连接好麦克风，打开"录音机"程序。

（2）单击执行菜单命令"文件→新建"，新建一个声音文件。

（3）单击红色的录音按钮 ● ，打开音源，就可以对音源输入进行录音了。

（4）录音完成后，单击停止录音按钮 ■ 。

（5）执行菜单命令"文件→另存为"，输入文件名，保存为.wav格式的文件。

【合并声音文件】

在已经打开的声音文件的当前位置插入另外一个声音文件，可以将两个声音文件进行合并。例如，将声音文件"sayyouloveme.wav"插入到"risingsun.wav"之后。

操作步骤：

（1）打开声音文件"risingsun.wav"。

（2）将滑块时间线拖动到时间线的最后，单击"编辑"菜单中的"插入文件"，打开"插入文件"对话框。

（3）设置好文件夹后，单击选择文件名"sayyouloveme.wav"，然后单击"打开"按钮。声音文件"sayyouloveme.wav"会自动插入到"risingsun.wav"之后，新的声音文件的总长度为两个文件的长度之和。

【混合声音】

"录音机"中"与文件混合"命令可以将新插入的声音文件叠加在已经存在的声音数据的任何位置，合并两个或多个声音文件。

操作方法与插入声音类似，此处略。

【删除声音片段】

将波形显示框下面的滑块拖放到将要删除的声音片段的前面或后面,选择"编辑"菜单的"删除当前位置之后的内容"命令或"删除当前位置之前的内容"命令,如图 2-2 所示。

2. 利用专业软件录制、编辑声音

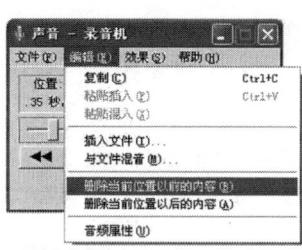

图 2-2 录音机删除声音

对声音素材有特殊的要求时,比如添加特效、增加混响、降噪等,录音机可能满足不了需求,这时候就需要借助一些专业的软件对声音进一步的处理。录制、编辑声音的专业软件有很多,较为大众熟悉的有 CoolEdit 软件(一个非常出色的数字音乐编辑器和 MP3 制作软件)、GoldWave(集声音编辑、播放、录制和转换的音频工具)、MP3 cutter(任意截取 mp3 作为铃声,可以调整比特率,适用于把高比特率的 mp3 压缩到低比特率的 mp3)、MP3Gain(MP3 调音器,对 mp3 文件进行音轨分析和专辑对比分析,通过剪裁、音轨音量增减、专辑音量平衡、声道调节等功能修正音量瑕疵)等。

【录制歌唱音频教程】

使用 Cool Edit 软件录制一张歌唱音频,具体步骤有录音、降噪处理、添加伴奏音乐、添加特殊效果、添加混响、调整音频块音量、混缩音轨等。

Cool Edit 软件是一个集录音、混音、编辑于一体的多轨数字音频编辑软件。很多人把 Cool Edit 形容为音频"绘画"程序,即可以用声音来"绘制":音调、声音、弦乐、颤音、噪音或是调整静音。而且它还提供多种特效为作品增色:放大、降低噪音、压缩、扩展、回声、失真、延迟等。它可以同时处理多个文件,轻松地在几个文件中进行剪切、粘贴、合并、重叠声音操作。它可以生成的声音有噪音、低音、静音、电话信号等。该软件还包含有 CD 播放器。它还具有其他功能,包括支持可选的插件、崩溃恢复、支持多文件、自动静音检测和删除、自动节拍查找、录制等。另外,它还可以在 AIF、AU、MP3、Raw PCM、SAM、VOC、VOX、WAV 等文件格式之间进行转换,并且能够保存为 RealAudio 格式。

操作步骤:

(1) 录音。按钮 是多轨与单轨切换的按钮,按钮 是在录音时对点亮"R""S""M"的选择。当选择"R"时,表示此轨是在录音范围之中,"M"表示静音该音轨,"S"表示静音除该音轨以外的其他音轨。按下"R"后,再点击录音键 就可以开始录音了。在录音之前还需调整"声音与音频属性",如图 2-3。需要把录录音项打勾,

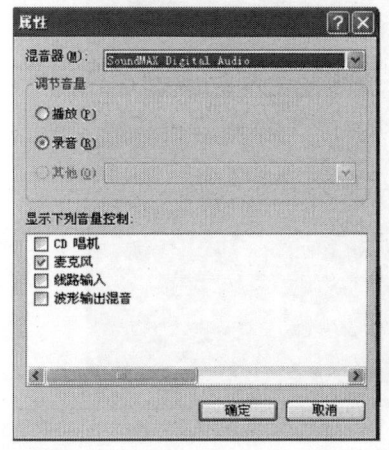

图 2-3 Cool Edit 调整声音属性

在 MIC 一栏中选中,其他的不要选择,因为要录的只是要歌唱的声音。

(2)降噪处理。在第三轨处点亮"R"(图2-4),点击录音键,不要出声,先录下一段空白的噪音文件,不需要很长,录制完后双击进入单轨模式,选择"效果→噪音消除→降噪器"(图2-5),选择"噪音采样",点击"关闭",回到多轨模式下删除此轨。另外也可以在单轨下截取音轨空白的部分获取噪音进行降噪。

图 2-4　降噪处理一

图 2-5　降噪处理二

(3) 添加伴奏音乐。右键单击第一轨,插入一个音频文件(图 2-6)。注意:这个音频文件可以是音乐伴奏文件,mp3 格式,也可以是 wav 等其他音乐文件的格式。在第二轨处,把"R"点亮,点击下面的红色录音键就可以开始跟唱了。

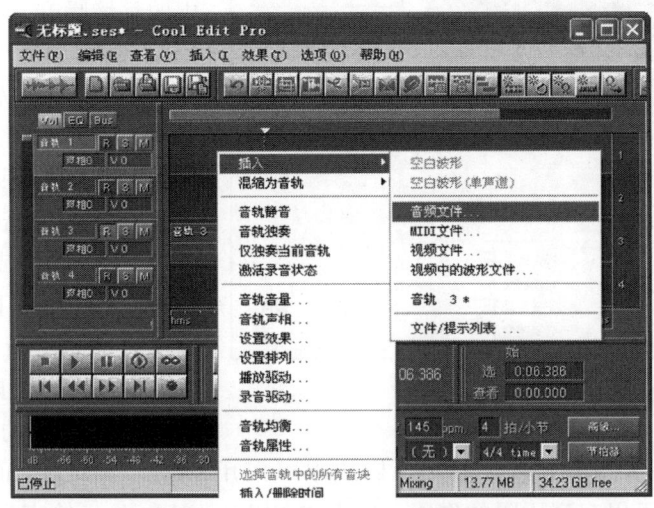

图 2-6 Cool Edit 添加背景音乐

(4) 添加效果。录制完成之后,可能发现录下的声音干巴巴的,不是很好听,那是因为还没有添加任何效果,需要给录制的声音进行润色。右键点击录制声音所在的轨道,点击波形编辑进入单轨模式,如图 2-7 所示。

图 2-7 Cool Edit 添加特效

首先要进行降噪,即使录制环境比较安静,也还是会有很多杂音。点击效果中的

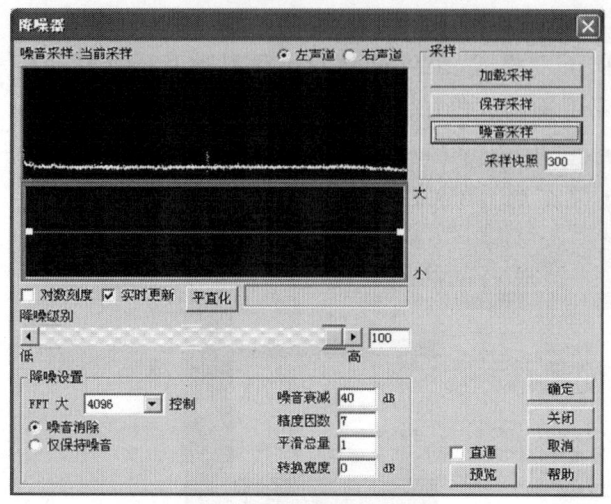

降噪器，在上面已经进行过了环境的噪音采样，点击"确定"，降噪器就会自动消除录制声音中的环境噪音，也可以打开"预览"手动拖动直线来进行调整直到满意为止。需要注意的是过多的降噪会对声音有一定的损失，如图2-8所示。

图2-8 添加特效降噪图

接下来刷新效果列表，和CoolEdit软件一起安装的插件使得在DirectX下多了很多的选项。首先进行高音激励，然后再做压限。压限就是把声音通过处理后变的更加均衡，来保持一致连贯，不会声音忽大忽小。做压限可以用waveC4，Utlrafunkfx中的compressor插件也可以起到压限的作用。先点击BBESonicMaxizer，给声音进行润色，然后再打开waveC4，点击预览，在预置中已经有很多种选项可供选择。这里选择合适处理人声的是预设中的pop vocal，点击确定完成这一步，如图2-9所示。

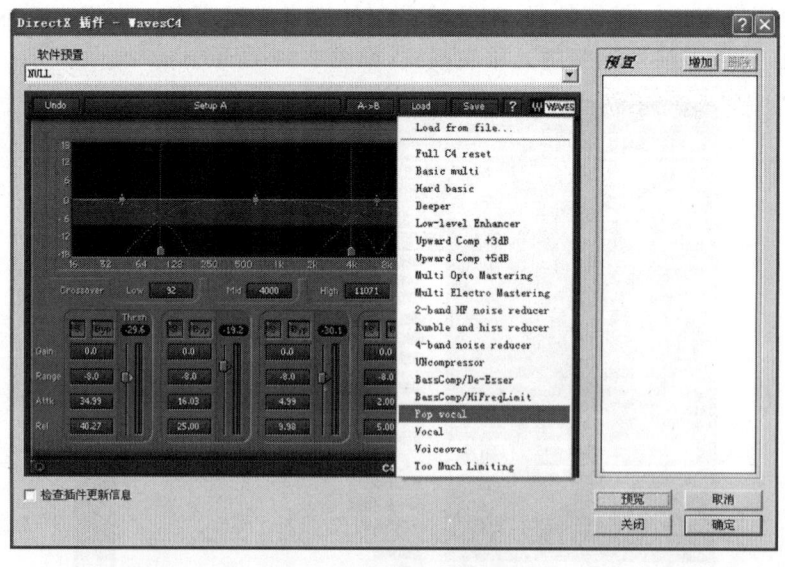

图2-9 刷新效果列表

（5）加混响。现在录制的声音还是干巴巴的，没有一点混响，现在要通过效果"DirectX/Utlrafunkfx"中的"ReverbR3"来给声音加上混响，如图2-10所示。

第 2 章　教学资源的获取、加工与处理　　　　　　　　　　　　· 53 ·

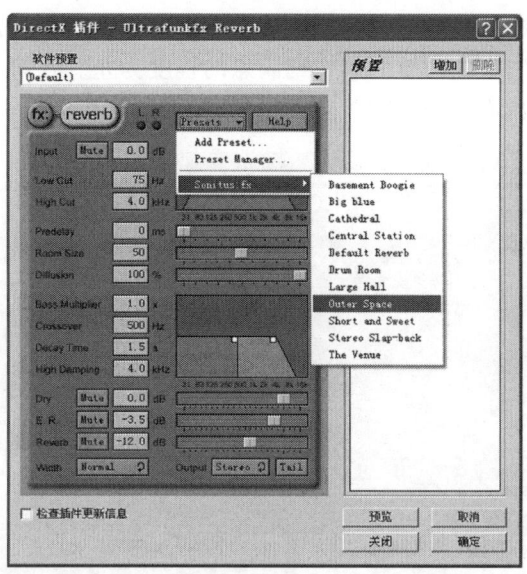

图 2-10　Cool Edit 加混响

如果混响加得太多的话会使人声显得模糊过于假，加的少又会使声音显得很干很涩，需要慢慢摸索，多录几次后就有经验了。完成后，点击轨道切换按钮返回到多轨模式下（图 2-11），试听。

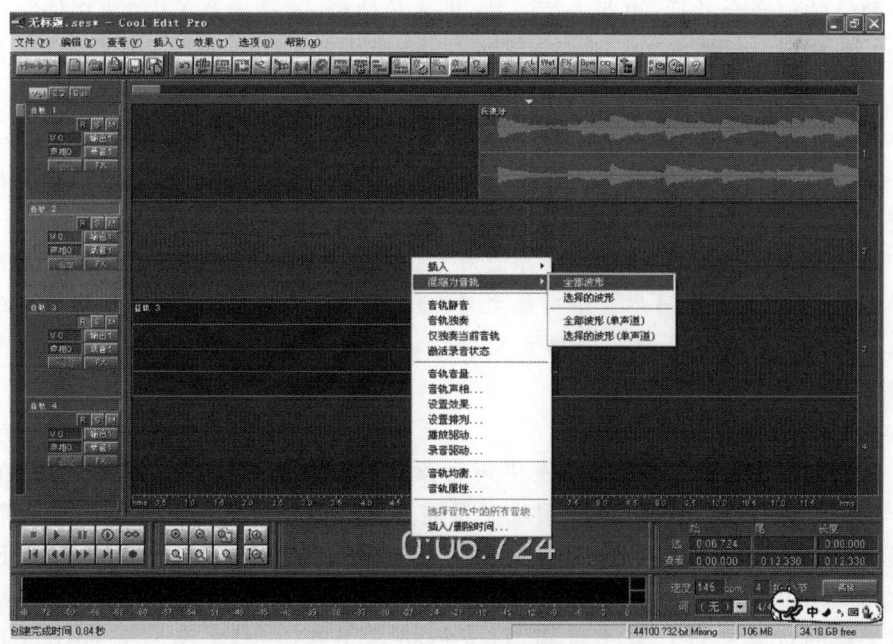

图 2-11　Cool Edit 多轨模式

（6）调整音频块音量、混缩音轨。如果觉得录制的声音音量偏小，那么就右键点击"调整音频块音量"，直到两轨的声音到满意的程度为止。在第三轨上右键单击，弹出菜单中选择"混缩所有波形文件"（图2-12），就可把这两个音轨混缩成一个音轨。

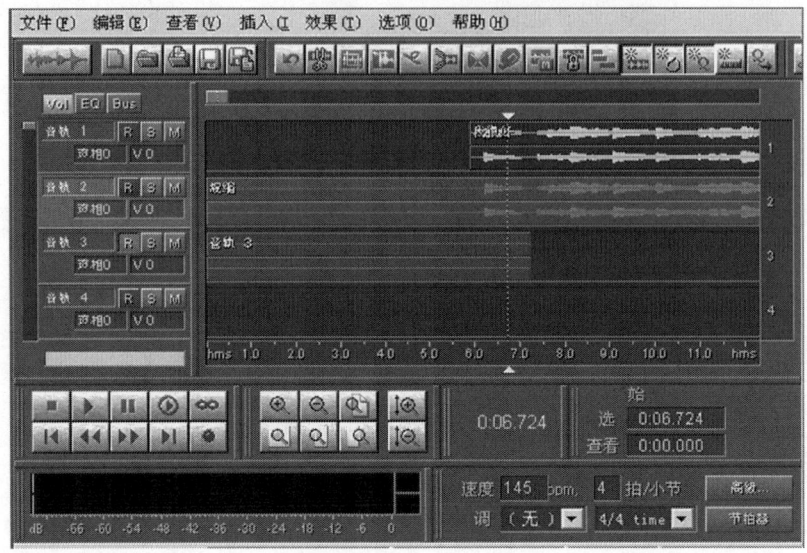

图2-12 Cool Edit 混缩音轨

两轨的声音合并后，再双击第三轨，进入单轨模式，选择菜单中的"文件"→"另存为"，找到.mp3或者是.wma，给文件起个名，比如：冰雨.mp3，指定好一个存放 mp3 的路径，点击确定。

音频的分解：

① 大段的音频分解成多个小段的音频文件。使用"千千静听"软件，首先把音频进行格式转换（转换成 wav 格式），进行 Mp3Mate 分割，就完成了。

② 背景音乐与人声分解。推荐使用 Karaoke Player 软件，除了播放多种影音文件、录音、LRC 歌词同步显示功能之外，还有去除人声（即减少 mp3 歌曲中的原唱人声进行播放并保存为 wav 格式文件）、提供 WAV 格式文件到 mp3 的音频格式转换功能。

3. 音频的格式转换

在收集声音素材时，经常会发生声音素材内容符合要求，但格式不支持的情况。事实上，解决这个问题并不困难。目前支持音频格式转换的软件有全能音频转换通（支持媒体文件格式 MP3/MP2/OGG/APE/WAV/WMA/AVI/RM/RM-VB/ASF/MPEG/DAT，并能批量转换，该软件能从视频文件中分离出音频流，转换成完整的音频文件）、豪杰音频通（支持格式 WAV、MP3、WMA、DAC、CDA、MPG、MP1、MP2、MP3、MP4、VOB、AC3 等，并可把以上音频格式转化为 WAV、

MP3、RA、WMA、DAC,播放和转化可同时进行)、MP3 转换器(是一个 mp3、wma、wav、ogg MP3 转换工具,可以在 mp3,wma,wav,ogg 四种格式之间相互转换)等,这些软件基本都能满足用户对音频文件进行格式转换的要求。以下以音频转换大师这个软件为例,介绍音频文件格式转换的具体步骤。

音频转换大师软件既可在 WAV、MP3、WMA、Ogg Vorbis、RAW、VOX、CCIUT u-Law、PCM、MPC (MPEG plus/MusePack)、MP2 (MPEG 1 Layer 2)、ADPCM、CCUIT A-LAW、AIFC、DSP、GSM、CCUIT G721、CCUIT G723、CCUIT G726 等格式之间互相转化,也同时支持同一种音频格式在不同压缩率的转化。典型应用如 WAV 转化为 MP3、MP3 转化为 WAV、WAV 转化为 WMA、WMA 转化为 WAV、MP3 转化为 WMA、WMA 转化为 MP3、WAV 压缩、MP3 压缩、WMA 压缩等。安装成功后可以看到如图 2-13 所示界面。

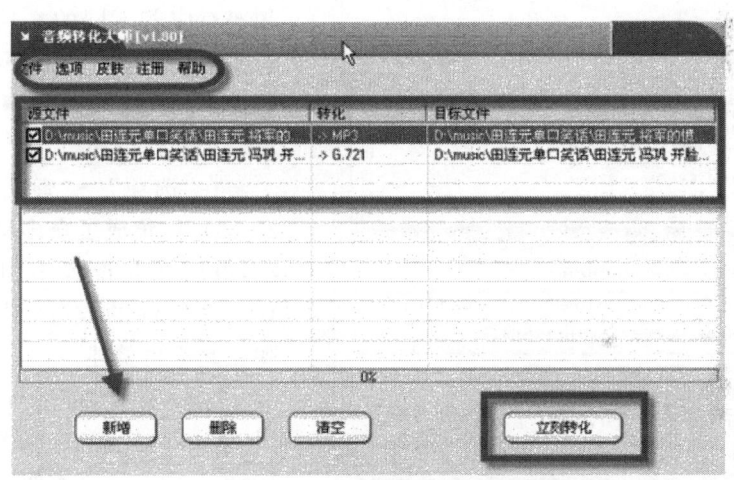

图 2-13 音频转换大师界面

【转化 WAV 格式文件】
操作步骤:
(1) 新增转换任务。选择"文件"→"新增",或者直接选择下方快捷命令"新增",调出文件转化菜单。
(2) 设置。选择右方图标,添加一个文件,然后在下方的文件格式中选择"MP3",这时在下方保存栏中会自动在文件所在目录下生成一个同名的新格式文件(图 2-14)。如果不按系统指定,还可以自选保存位置或

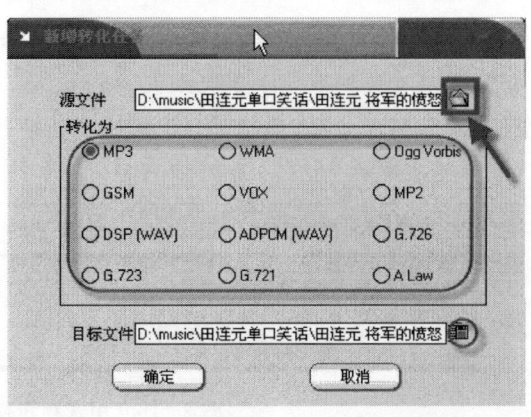

图 2-14 音频转换大师格式设置

重命名。

(3) 转化。设置完成之后确定,回到主界面,选择"立即转化"就实现了文件格式的转换。

利用超级解霸也可以进行.wav 文件与.mp3 文件之间的格式转换。具体操作步骤是打开超级解霸的"音频工具集",选择"MP3 格式转换器",出现对话框选择输出路径,点击"确认"就完成了。

【转化音频文件属性】

软件还有一个很实用的功能就是实现同格式文件属性的转化。诸如 MP3 等格式文件大小是由其码率控制的,不同的采样频率对应着不同的文件大小和声音质量。在不影响到声音质量的前提下,降低采样频率可以有效地缩小文件体积。

在"选项"→"音质设置"(图 2-15)下,集成了众多采样频率选项,可以在此设置不同的数值实现文件属性的改变,具体操作步骤在此不再赘述。

实验表明,将采样频率减小以后,文件从 198KB 缩减至 106KB,而音质基本听不出有明显变化(图 2-16)。这是缩减文件大小的有效方法。

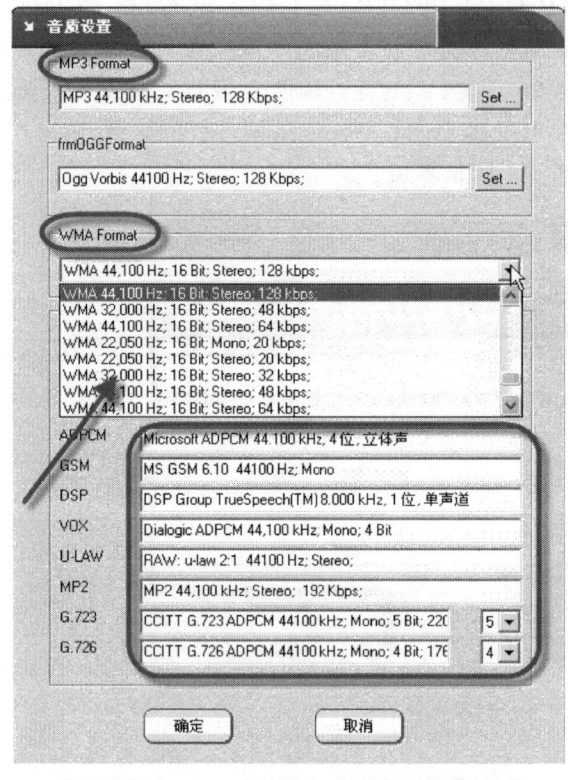

图 2-15 音频转换大师音质设置

使用超级解霸的"音频工具箱",可以直接抓取 CD 音轨生成 wav 文件,还可直接压缩成 MP3 文件。打开超级解霸的音频工具箱,选择"MP3 数字 CD 抓轨",然后设置声道数、频率、压缩比,选择"直接压缩成 MP3",再选择曲目,确定起始位置,单击"开始播放"。播放结束,单击"停止播放",数据存放在内存。

图 2-16 用音频转换大师缩减文件

4. 其他音频软件介绍

1) ALO Audio Editor

ALO Audio Editor 是一个支持许多常见的音频格式的音频编辑工具。ALO Audio Editor 提供了一个美观且操作简单的界面，可以用它编辑音频文件（剪切、复制、删除所选、删除静音、粘贴、从文件粘贴、混音、从文件混音），增加各种特殊效果（放大、压缩、延迟、环绕感、均衡、扩展、淡出、镶边、移相、混响、翻转、静音、静噪、拉伸、削波、颤音、移频、合唱），在音频文件中插入噪音和静音，插入和更改作者信息，利用多种过滤器来有目的地选择音频文件的一部分（带通滤波器、快速傅里叶变换滤波器、高通滤波器、High Shelf 滤波器、低通滤波器、Low Shelf 滤波器、陷波滤波器、峰值均衡滤波器、有限推进响应滤波器）。从麦克风或者其他输入设备可以记录声音。

2) Midi to WAV Maker

Midi to WAV Maker 是一款能够以 CD 的质量将 MIDI 格式转换为 WAVE 格式的工具。通常情况下，MIDI 并不能被其他的诸如音频转换器、音乐编辑器或 CD 刻录器等程序直接处理。通过 Midi to WAV Maker 将 MIDI 文件转换为 WAV 文件后，就能够将输出的 wav 文件刻录到 CD 中，或者对输出的 wav 文件执行其他的处理。

2.4 图形、图像素材的采集、加工与处理

2.4.1 图形、图像素材及其采集方法

1. 图形、图像的定义

图形、图像是用各种观测系统以不同形式和手段观测客观世界而获得的，可以直接或间接作用于人眼并进而产生视知觉的实体。人的视觉系统就是一个观测系统，通过它得到的图形、图像就是客观景物在人心目中形成的影像。在如今这个信息时代，科学研究和统计表明，人类从外界获得的信息约有 75% 来自视觉系统，也就是从图形、图像中获得的。这里图形、图像是比较广义的，如照片、绘图、视像等。图形、图像带有大量的信息，百闻不如一见、一图胜千字都说明了这个事实。

常见的图形、图像是连续的，即图像灰度的值可以是任意实数。为了能用计算机对图形、图像进行加工，需要把连续的图形、图像进行空间域的采样和幅度值域的量化，即所谓的离散化，这种离散化了的图像是数字图像。

2. 常用图形、图像的文件格式

由于工作环境不同，要使用的图形图像文件格式也是不同的，如 Word 排版一般使用 BMP 和 TIF 格式的文件，在网页中使用的则是 JPEG、GIF 或 PNG 格式的图像文件。

(1) BMP(bit map picture)格式：是一种标准的位图图像文件格式，这种格式

的特点是包含的图像信息较丰富,颜色多达 32 位真彩,画质逼真,几乎不进行压缩,它的最大缺点是占用磁盘空间过大。

(2) JPEG(joint photographics expert group)格式:这是一种压缩图形存储方式。它采用有损压缩算法,但存储的图像质量并不差,保存成 JPEG 格式时,选择"最高质量"这个选项来存储,图像的损失比较小。它可以把图片压缩得很小,中等压缩比大约是原 PSD 格式文件的 1/20。现在几乎所有的数码相机用的都使用这种存储格式。

(3) PNG(portable network graphics)格式:这是一种较新的位图格式,也是一种网络交换格式,是目前保证最不失真的格式。它汲取了 GIF 和 JPG 二者的优点,存贮形式丰富,兼有 GIF 和 JPG 的色彩模式。它的另一个特点是能把图像文件压缩到极限以利于网络传输,但又能保留所有与图像品质有关的信息。因为 PNG 是采用无损压缩方式来减少文件的大小,这一点与牺牲图像品质以换取高压缩率的 JPG 有所不同。另外它显示速度很快,只需下载 1/64 的图像信息就可以显示出低分辨率的预览图像。PNG 支持透明图像的制作。透明图像在制作网页图像的时候很有用,可以把图像背景设为透明,用网页本身的颜色信息来代替设为透明的色彩,这样可让图像和网页背景很和谐地融合在一起。PNG 的缺点是不支持动画效果。

(4) GIF(graphics interchange format)格式:即图形交换格式,它是一种小型化的文件格式,最多只用 256 色,也即索引色彩,对于色彩复杂的物体它就无能为力了。尽管如此,这种格式仍被广泛应用,这和 GIF 图像文件短小、下载速度快、可用许多具有同样大小的图像文件组成动画等优势是分不开的。

(5) TIFF(tag image file format)格式:即标签图像格式,这是一种最佳质量的图形存储方式,几乎所有的专业图形软件都支持这种格式,它的特点是图像格式复杂、存储信息多。正因为它存储的图像细微层次的信息非常多,图像的质量也得以提高,故而非常有利于原稿的复制。这种格式的文件可以在许多图像软件之间进行数据交换,因此应用相当广泛,它的缺点是体积太大。

(6) PSD(Photoshop document)格式:这是著名的 Adobe 公司的图像处理软件 Photoshop 的专用格式,是唯一能够支持全部图像色彩模式的格式。以 PSD 格式保存的图像可以包含图层、通道、色彩模式、调节层和文本层等信息。在 Photoshop 所支持的各种图像格式中,PSD 的存取速度比其他格式快很多,功能也很强大。由于以 PSD 格式保存的图像含有较多的数据信息,所以该格式比其他格式的图像文件占用的磁盘空间更多。

3. 图形、图像素材的采集方法

(1) 下载。可以通过搜索引擎提供的图片搜索功能获取,也可以查找网络上的一些图形图像素材库,然后从素材库中下载自己想要的图形图像。

(2) 绘制。常见的用于绘制图形图像的工具有 Visio、Photoshop、Fireworks、用于制作三维图像的有 3DMax、SolidWorks，制作 2D 使用 Auto CAD，自然笔触类使用 Corel Paiter。

（3）扫描。可以用扫描仪将杂志、书籍、照片上的图像扫描到计算机中，存储为指定的格式文件。

（4）数码相机拍摄。数码相机拍摄的图像可以通过串口电缆线、USB 电缆线或者存储媒介传送到计算机中，也可以通过打印机或数码冲印设备将图像输出。

（5）抓图。所谓抓图，就是将计算机屏幕上显示的画面捕捉下来，以文件的形式保存。这是一种常用的采集图像素材的手段。还可以使用专门的抓图软件（常用的有 HyperSnap、SnagIt 等），也可以利用 Windows 操作系统提供的抓图功能来抓图。

利用 Windows 操作系统提供的抓图功能来抓图：

（1）整屏画面的捕捉。当需要保存的屏幕出现时，直接按下键盘上的 PrintScreen(PrtSc)键，整个屏幕内容就会保存到系统的"剪贴板"中。然后打开图像处理软件，执行"编辑→粘贴"命令，将剪贴板中的内容粘贴在绘图窗口中，处理以后就可以保存成图像文件。

（2）捕捉活动窗口中的画面。首先将需要抓取的窗口设置成活动窗口，然后按下 Alt 键不放，再按下 PrintScreen 键。最后在图像处理软件中粘贴、保存即可。

2.4.2 图形图像素材的加工与处理

对图形图像素材进行加工与处理，常见的软件是 Photoshop。以下的实例都是使用 Photoshop 完成的。

1. 基本工具的使用

熟练运用 Photoshop 的第一步是了解 Photoshop 中工具箱中的最常用工具。工具箱就像一个百宝箱，里面提供了各种绘制处理图像的工具。

工具箱中的工具大致可以分为：选择工具、绘图工具、路径工具、文字工具、切片工具以及其他类的工具（图 2-17），此外还提供了一些独立控制功能的按钮和选项。对于大多数工具，使用起来的基本方法和原理相差不大，这里列举一些示例，以了解常用工具的使用方法。

【绘制立体球】

通过"选择工具"建立一个正圆选区，然后用"渐变填充"工具对选区进行填充，就可以实现立体球的绘制。

操作步骤：

（1）新建图像文件。新建一个图像文件，命名为"立体球"，并设置图像的大小及背景色。

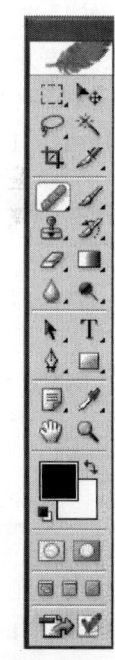

图 2-17 工具箱

(2) 建立选区。右击 [ ] 工具，选择"椭圆选框工具"，按住 Shift 键并拖动鼠标左键，绘制一个正圆选区。

(3) 填充颜色。首先对渐变填充进行设置，点击按钮 [ ] 设置前景色和背景色，这里设置前景色为天蓝色、背景色为深蓝色。然后在工具箱中点击 [ ] 按钮（渐变工具）（图2-18），在下拉选框中选择"从前景色到背景色渐变"的效果，接着按下工具选项栏中的"径向渐变"按钮（图2-19）。

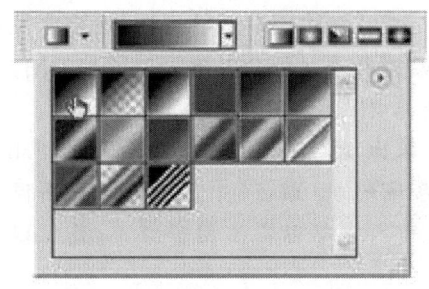

图2-18 渐变选项

图2-19 径向渐变

然后进行渐变填充（图2-20）。将鼠标移到图像选区的左上方，然后按下左键不放并将鼠标拖动到选区的右下方，这时松开左键得到渐变颜色填充效果。最后执行"选择/取消选择"命令将选区去掉，这样一个立体球就制作完成了（图2-21）。

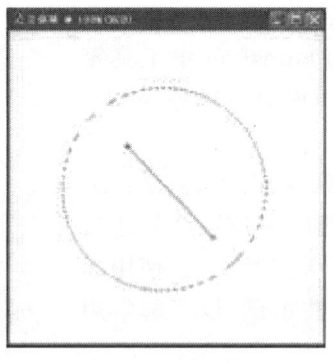

图2-20 渐变填充

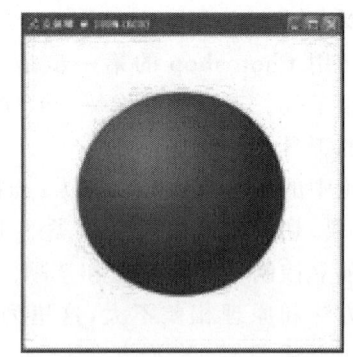

图2-21 立体球

Photoshop 的套索和魔棒工具也属于选区工具，只不过与矩形选区工具相比，它们属于不规则的选区工具。

☆套索工具

套索工具：该项是完全自由选区工具，Photoshop 会将鼠标移动为完整路径作为选区的依据。

多边形套索工具:该项就是一个多边形选区工具,只可能出现直线段,每条边的两端都需要单击一下左键。

磁性套索工具:该项主要用以制作边缘比较清晰,且与背景颜色相差比较大的图片的选区。

☆魔棒工具选择设置

容差:这里可以填写的范围为0～255。如果数值为0,就会出现半点。如果想把某种颜色相同的颜色作为选区的范围,可将数值设置为1。如果想将所有颜色都纳入选取,那么可以将数值设置为255。

消除锯齿:如果勾选此项,则Photoshop会自动圆滑边缘,效果的好坏一般与图片的具体情况密切相关。

连续:如果勾选此项,则所选区域是符合条件的唯一连续区域。如果不勾选此项,则所选区域可能是符合条件的几个不连续的区域。

对所有图层取样:正常情况下,区域的选择都是在选中图层中选取,但是如果勾选了此项,则选区是对所有图层中符合条件的内容进行选取。

2. 图像色彩、明暗度及大小的调整

采集到的图像素材并不一定总是完全符合用户的要求,在色彩、大小等小细节方面有些不尽如人意,这时候只需要动手做一些修改就可以了。

【深沉的花朵】

图2-22的这副花朵图案色彩非常明快、鲜艳,通过图像色彩的调整,使其能够给人以纯真中带有淡淡忧郁的感觉。

操作步骤:

(1) 着色设置。打开图片,复制背景图层。选择"图层→复制图层"命令(热键Ctrl+J)复制当前图层,并设为隐藏。如图2-23所示。

图2-22 花朵图像

图2-23 复制图层

(2) 着色设置。选择背景层,执行菜单"图像→调整"中的"色相→饱和度"命

令(热键 Ctrl+U),着色设置如图 2-24(色相:0,饱和度:25,明度:0)。显示图层1,设置混合模式为柔光,如图 2-25 所示。

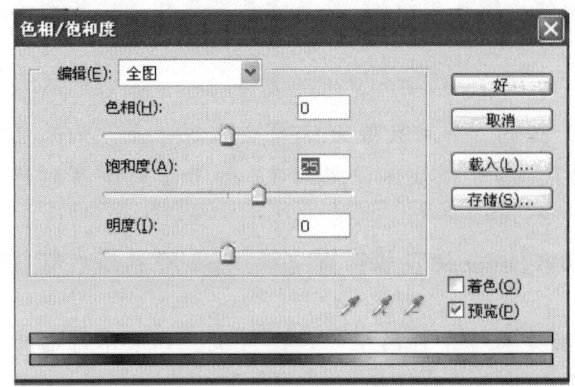

图 2-24 着色

图 2-25 柔光

(3) 色彩平衡调整。点击右下角按钮 ,添加一个"色彩平衡"调整层,调整色彩色阶:-55,+30,+28(图 2-26)。

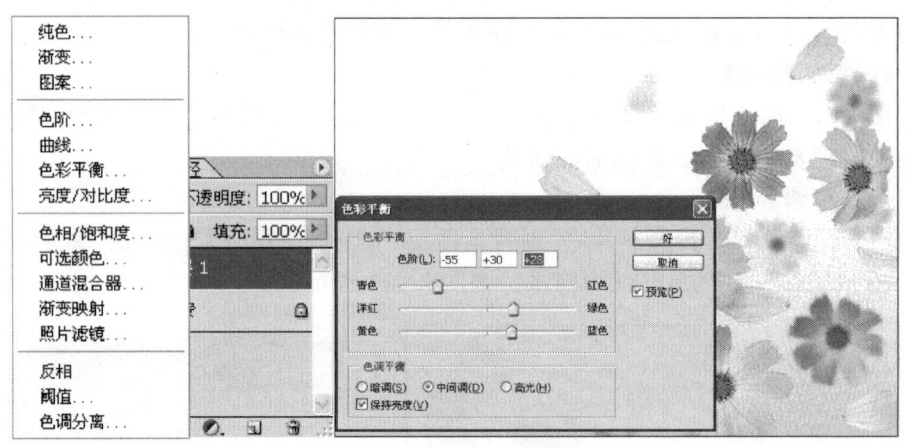

图 2-26 色彩平衡调整

(4) 照片滤镜调整。点击右下角按钮 ,选择"照片滤镜"(图 2-27),可以调整各种颜色,然后试试效果,如图 2-28 选择了"冷却滤镜(82)"效果。

【纯真的宝宝】

图 2-29 中的宝宝活泼可爱,可是由于整幅照片颜色偏暗,使得那种纯洁无邪的氛围大打折扣。通过对颜色明暗度的调整,能够使得宝宝再现天使般的纯真。

第2章 教学资源的获取、加工与处理

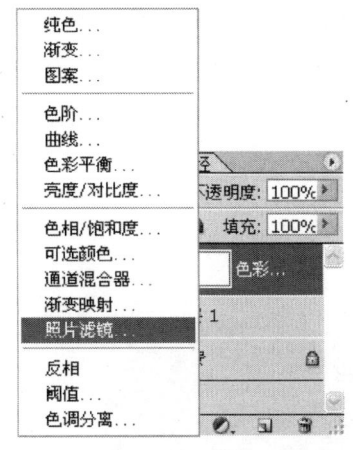

图 2-27 照片滤镜设置图   图 2-28 照片滤镜设置效果

操作步骤：

（1）曲线设置。打开图片，按热键 Ctrl+M 打开"曲线"对话框，如图 2-30 所示。拖动鼠标，在曲线上按左键不松并开始拖动，由于这幅图像颜色偏暗，鼠标应向左上方拖动，颜色达到满意程度即松开鼠标左键，如图 2-31 所示。

注：有细节部分需要调整时，点击"通道"下拉选项框中 通道(C): RGB 红、绿、蓝三种颜色逐步调整。且在"输入"、"输出"的输入框中 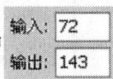 直接输入数值，也可进行调整。

图 2-29 宝宝图像

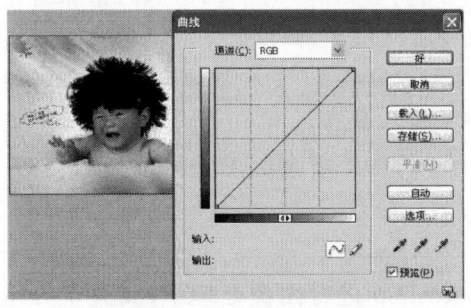 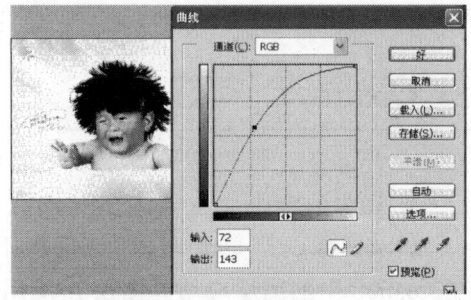

图 2-30 曲线对话框   图 2-31 曲线调整

（2）加深、减淡效果。首先设置减淡工具，使用曲线对话框进行明暗调整后，图像背景色变得较明快，但是宝宝的面部颜色相对于背景色而言有点偏深。此时使用"加深、减淡"工具 ，右击 ，选择"减淡工具"。

接着设置画笔,如图 2-32,"范围"选择"中间调",曝光度选择 60%～70%。 ,然后,点击"画笔"下拉框,设置画笔的直径和硬度。设置完成后在图像中颜色较深的部位点击。最终效果如图 2-33 所示。

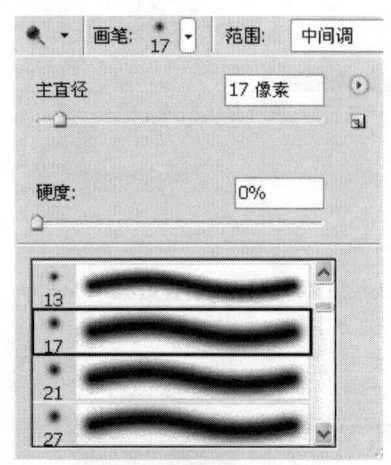

图 2-32 画笔设置

图 2-33 宝宝图像效果图

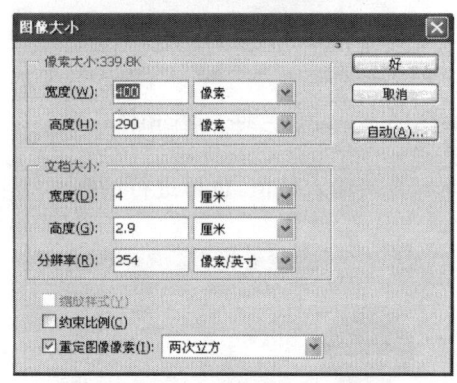

图 2-34 图像大小对话框

☆调整图像大小

选择"图像→图像大小"菜单,打开对话框,在"像素大小"下的"宽度"、"高度"中输入数值,即可调节图像文件的大小,如图 2-34 所示。

注意:当选择"约束比例"时,意味着图像大小虽然改变,但图像宽和高的比例并不改变,所以只要在"宽度"或"高度"的任一输入框中输入数值就可以了。为了图像不变形,一般情况下都选择"约束比例"。

3. 图像的合成

提及图像的合成处理,肯定是离不开 Photoshop 中的图层应用。图层在使用 Photoshop 进行图像处理中,具有十分重要的地位,也是最常用到的功能之一。在 Photoshop 中,一幅图像常常由多个不同类型的图层,通过一定的组合方式自下而上叠放在一起组成的。它们的叠放顺序以及混合方式直接影响着图像的显示效果。

所谓图层,就好比一层透明的玻璃纸,透过这层纸,可以看到纸后面的东西,而且无论在这层纸上如何涂画,都不会影响其他层中的内容。"图层面板"就是用来控制这些"透明玻璃纸"的工具,它不仅可以建立、删除图层以及调换各个图层的叠放顺序,还可以将各个图层混合处理,产生出许多特殊的效果。通过"梦幻风景"、"雨夜听竹"和"浪漫艺术照"的实例,学会图像合成的同时,也可了解图层的一些基本概念和原理。

【合成梦幻风景】

通过"羽化"命令无缝拼接两幅风景图片,使得它们自然地融为一体,素材如图2-35所示。"羽化"的作用是将边界虚华,而里面的内容不会模糊,经常应用于抠图等方面。

图 2-35 梦幻风景素材

操作步骤:

(1) 选择羽化区域。打开两幅图像,把一幅图像拖入另一图层中,选中图层1,在图层1中利用"矩形选框工具"选择如图2-36所示区域。

(2) 设置羽化值。通过"选择→羽化"(热键 Ctrl+Alt+D),在出现的对话框中,设定羽化半径为30,即在选区羽化30个像素。

(3) 羽化效果。按 Del 键删除,两幅图像已很好的融合在一起了。取消选区得到最终效果如图2-37所示。

图 2-36 选择羽化区域

图 2-37 选择羽化区域

(4)最终效果。拖动图层1,观看合成的图像直至得到最终想要的效果。

【雨夜听竹】

将两幅不同类型的图像,降低"透明度",以不同的组合方式自下而上叠放在一起,选择一种或多种"图层样式",可以得到多种特殊效果的图像作品。最终结果如图2-42、图2-43、图2-44、图2-45所示。

操作步骤：

(1)准备素材。准备好两张图像(图2-38),在Photoshop中打开。

 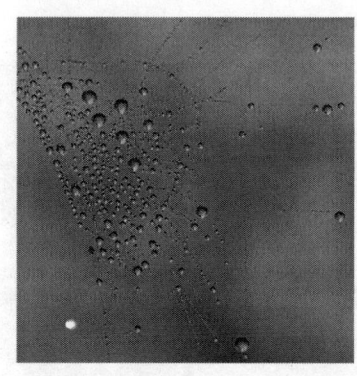

图 2-38　树叶、雨滴图像素材

(2)移动图像。使用移动工具,拖动雨滴到树叶图像上,设定"不透明度"为32%,"填充"为83%,如图2-39所示。

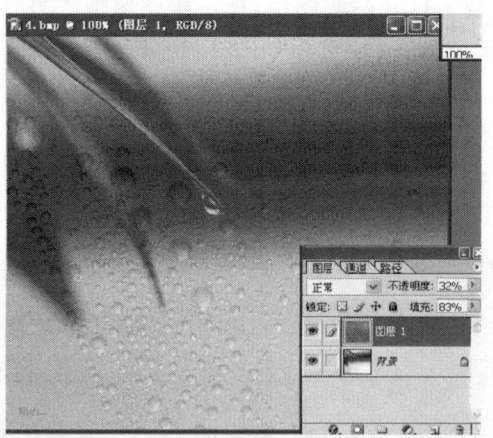

图 2-39　透明度设置

(3)改变模式。选择右下角 ![] 按钮,打开"混合选项"(图2-40),进入"图层样式"(图2-41)可以改变图像模式,将会产生一些特殊效果可供选择(图2-42至图2-45)。

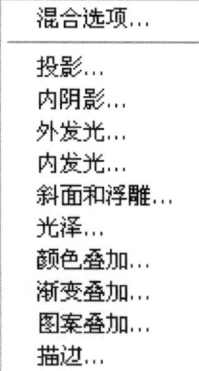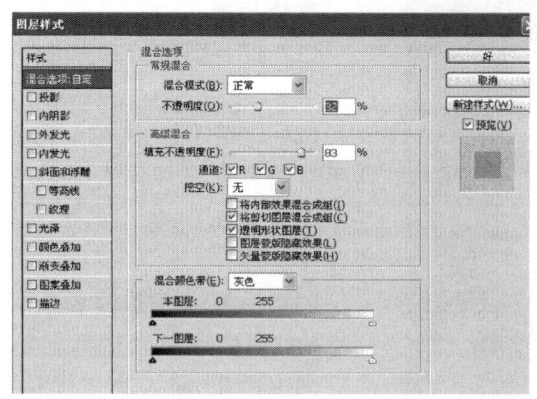

图 2-40 混合选项　　　　　　图 2-41 图层样式对话框

图 2-42 实色混合　　　　　　图 2-43 溶解

图 2-44 柔光　　　　　　图 2-45 滤色

【合成浪漫艺术照】

通过"路径"、"套索"工具将手掌和人物抽取出来，然后使用"移动工具"把人物移动至手掌之中进行图像合成。

操作步骤：

（1）打开图像。在 Photoshop 中打开图片，所示的效果如图 2-46。

（2）勾勒手掌、人物。勾勒手掌，用"路径"或"套索"工具，将手掌勾勒出来并作为选区，然后按下热键 Ctrl＋C 拷贝。切换至第 1 步新建的文件，按下热键 Ctrl＋V，粘贴至该文件的工作区中。

调整手掌，按下热键 Ctrl＋T（自由变换工具），按住 Shift，用鼠标拉动此图像，将大小调整至合适，然后双击鼠标，确认此操作。

同上两步，将人物主体粘贴至新建的文件工作区中，并调整至合适大小，同样双击鼠标确认操作。

（3）移动人物。用移动工具将人物置于中的手掌中，如图 2-47。

（4）阴影效果。复制图层，按下 F7，调出图层控制面板，将图层 2（人物所在图层）拖至图层控制面板中的"创建新图层"按钮上，复制该图层。

图 2-46 人物图

填充，按 Ctrl 键，再用鼠标点击图层 2，将此变为选择区，然后填充为黑色。

变形，按热键 Ctrl＋T，再按下 Ctrl 键时可用鼠标点击四个角的任意一角进行变形，达到阴影效果。

不透明度，将生成为阴影的图层作为当前图层，在图层控制面板上的"不透明度"栏里输入 15，。

（5）最终效果如图 2-48 所示。

图 2-47 移动人物

图 2-48 人物立于掌中

其他工具的使用将会在以下章节中的实例中简单介绍，掌握了基本工具的使用方法,那么制作需要的效果将会更加得心应手。

4. 图像的特殊效果

Photoshop 处理图像的功能非常强大,其中滤镜是非常有用的工具。单个滤镜可以做出不同的图片效果,一般的滤镜可以通过它的名字得知其处理后的效果。如果对一幅图像使用多个滤镜,可以达到更好的图像处理效果。

【绘制动感火焰】

钢笔工具勾勒出路径后,通过"滤镜"的按顺序选择各种特殊效果,最终可以制作出动感十足的逼真火焰效果。类似的做法也可以做出其他预期的图像。

操作步骤:

(1) 新建图像文件。新建一个 500 像素×500 像素的文件背景,背景填充为黑色。

(2) 勾勒路径。用钢笔工具勾出图 2-49 所示的路径。

(3) 设置画笔。选择尖角,9 像素( ),前景色为白色。

(4) 设置模拟压力。新建一个图层,然后到路径面板,单击"工作路径"右键,选择描边路径,弹出的对话框(图 2-50),勾选"模拟压力",按 Ctrl+J 两次,复制两个图层。

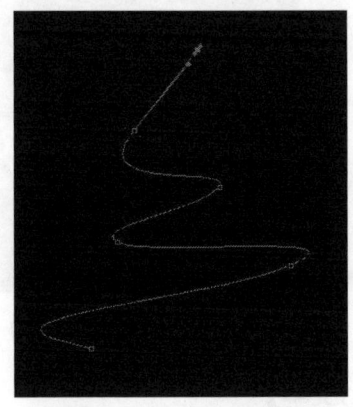
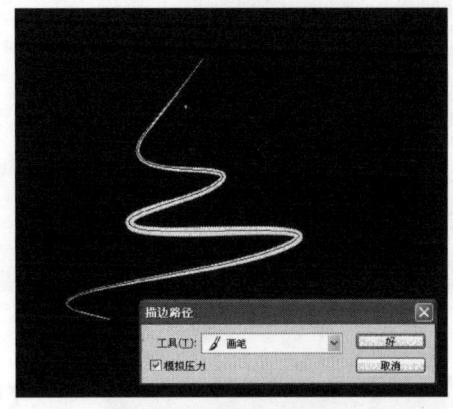

图 2-49 钢笔勾勒路径　　　　　图 2-50 模拟压力

(5) 设置高斯模糊效果。回到图层 1,执行"滤镜→模糊→高斯模糊",数值为 6,到图层 1 副本再执行"高斯模糊"数值为 3,按 Ctrl+Shift+E 合并所有图层。然后按 Ctrl+U 上色,选择着色:色相 40,饱和度 100,明度 0。着色效果,如图 2-51 所示。

(6) 设置极坐标和风效果。选择"滤镜→扭曲→极坐标",勾选"平面坐标到极坐标",然后选择"图像"→"旋转画布"→"逆时针 90 度"。最后选择"滤镜→风格化→风"(方法:风,方向:从左),再执行一次风(将方向改为从右),如图 2-52 所示。

(7) 旋转画布和设置扭曲效果。选择"图像→旋转画布"→"逆时针 90 度",然后选择"滤镜→扭曲→极坐标",勾选"极坐标到平面坐标"。再一次选择"滤镜→扭曲→海洋波纹"如图 2-53 所示。

（8）最终效果。新建一图层，填充白色，图层混合模式改为"叠加"，完成最终效果如图 2-54 所示。

图 2-51 着色效果

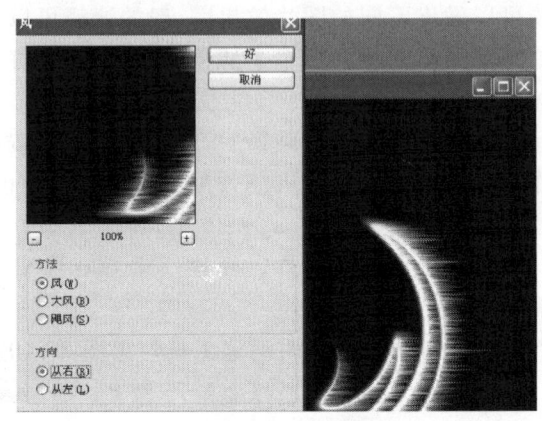

图 2-52 风格化

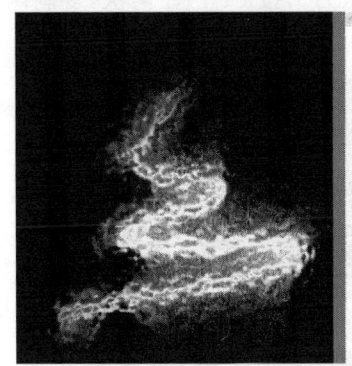

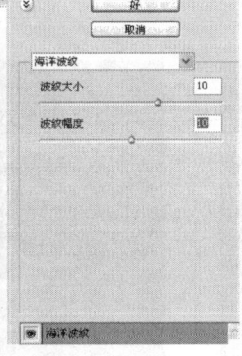

图 2-53 海洋波纹

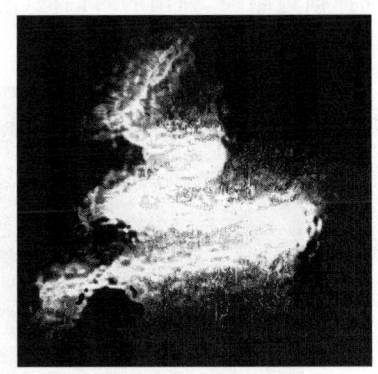

图 2-54 火焰效果图

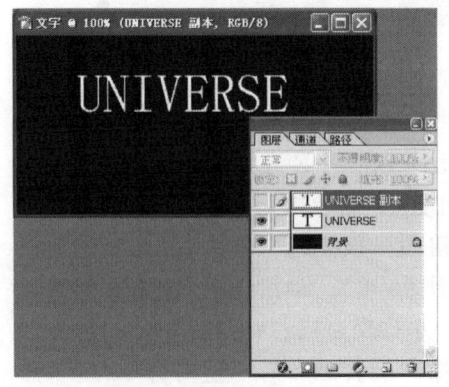

图 2-55 "文字"图像

【魔幻文字】

新建文字图层，通过"栅格化文字"转换为普通图层后，使用"风滤镜"和"波纹滤镜"为文字增添特殊效果，最后设置"渐变映射"得到魔幻文字的效果。

操作步骤：

（1）新建图像文件。新建图像文件命名为"文字"（宽度：400 像素，高度：200 像素，颜色模式：RGB 颜色，背景内容：背景色），并填充黑色背景。使用文本文字工具输入文字,如图 2-55 所示,然后按 Ctrl+J 键将文本层复制一层备用并隐藏。

(2) 添加"风滤镜"效果。在文字图层上点一下右键,选择"栅格化文字"转换为普通图层。选择"滤镜→风格化→风"(设置方法:风,方向:从右)。按 Ctrl+F 键重做一次,然后"图像→旋转画布→90 度顺时针",再按 Ctrl+F 键两次执行"风滤镜"。如此重复"旋转"与"风滤镜",直到转回原先的角度,得到效果图 2-56。

图 2-56 "风滤镜"效果

(3) 添加"波纹"效果。按 Ctrl+J 键将执行完"风滤镜"的图层复制一份,对其使用"滤镜→扭曲→波纹"效果(设定数量:100%,大小:中)。然后将混合模式改为"叠加",图像效果如图 2-57 所示。

按 Ctrl+J 键将执行完"波纹滤镜"的图层再复制一份,对其使用"滤镜→扭曲→波纹"效果(设定数量:100%,大小:大)。然后将混合模式改为"排除",图像效果如图 2-58 所示。

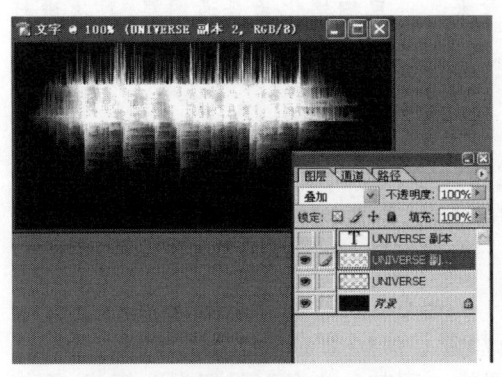

图 2-57 "波纹"-叠加效果

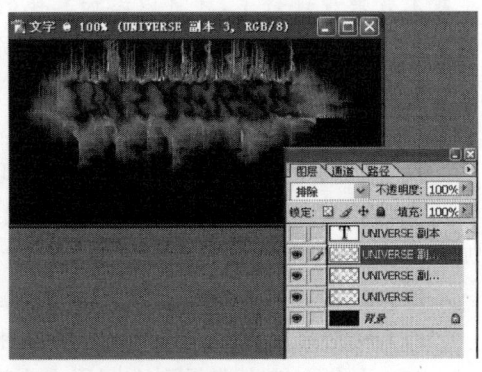

图 2-58 "波纹"-排除效果

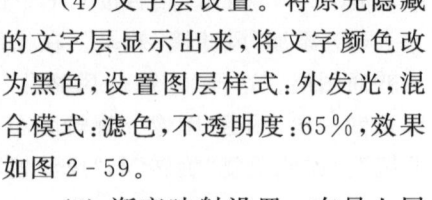

(4) 文字层设置。将原先隐藏的文字层显示出来,将文字颜色改为黑色,设置图层样式:外发光,混合模式:滤色,不透明度:65%,效果如图 2-59。

(5) 渐变映射设置。在最上层建立渐变映射调整层,渐变设定如图 2-60,图像效果如图 2-61。

图 2-59 文字层设置

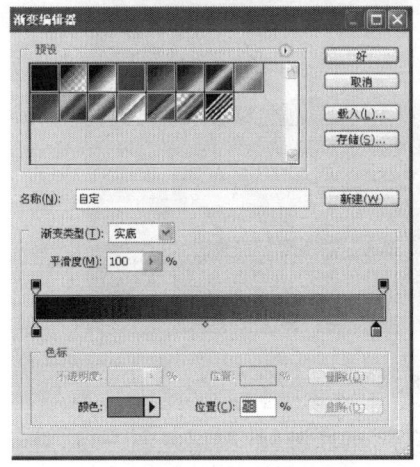

图 2-60 渐变映射设置　　　　图 2-61 魔幻文字效果图

文字图层:在文字图层上点一下右键,选择"栅格化文字"即可转换为普通图层。文字图层在栅格化为普通图层之前,可以随意变化,并且是矢量变化,不影响文字效果和清晰度,但只能依照文字变化的特效,不能添加滤镜等效果。因此,文字基本效果设计好了,才可以添加其他的效果。一旦栅格化为普通图层,再次进行例如放大,就会出现马赛克之类的不清晰。

5. 综合实例

【快乐的童年】

这个实例中,结合介绍过的图像处理技巧,将原本有些模糊的图像,使用"去色"、"滤镜"、"蒙版"、"混合模式"、"曲线"等方法,加深图像中儿童面部的轮廓,增加了图像的清晰度。

操作步骤:

(1) 复制背景图层。打开背景图片,按热键 Ctrl+J 把背景图层复制(图 2-62)。

(2) 去色。选中背景副本图层点击"图像→调整→去色",设置混合模式:叠加(图 2-63)。

(3) 高反差保留设置。选择"滤镜→其他→高反差保留"(半径:2.4 像素)。

图 2-62 背景图复制

图 2-63 图像叠加

(4) 蒙版设置。点击"图层"下面的"蒙版"(图 2-64),用黑笔将脸部以外不需要清晰的地方涂掉(图 2-65)。

图 2-64 图像蒙版

图 2-65 图像黑笔

将此图层连续复制到认为可以,这里复制了两个。点击"背景图层"并将其用曲线稍微调暗,如图 2-66。复制"背景图层",并将此图层推至最上面并将"混色"改为"滤色",如图 2-67 所示。

(5) 最终效果。用蒙版,调节黑笔的透明度:22%,将眼睛部分和其他需要清晰的地方涂一下。拼合图层,保存,最终效果对比如图 2-68 所示。

蒙版的作用:①实现一个 alpha 通道,即可实现背景透明;②可存储一个

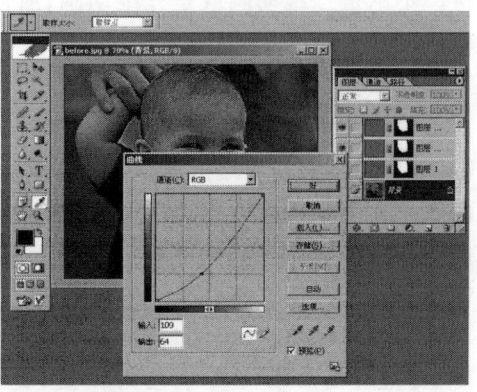

图 2-66 图像曲线

选择区域,以便于编辑和以后使用;③在手工绘图和修改的时候可作为保护层;④在印刷上可实现专色效果等。

图 2-67 图像滤色

图 2-68 图像增加清晰度效果图

2.5 动画、视频素材的获取、加工与处理

2.5.1 动画、视频素材的获取方法

1. 动画、视频定义

动画的一般定义是通过连续播放一系列的画面,在视觉上造成连续变化的图画,基本原理是视觉暂留效应。动画是课件中常用的一种形象、生动的素材,能反映事物发展变化的内在规律。

常见的动画形式有 Internet 上流行的 GIF 格式动画文件(可以用 Fireworks、Photoshop 或其他专用制作 GIF 动画的软件制作)、用 Flash 制作的 SWF 格式动画文件,以及用 3D MAX 制作而成的 AVI 格式文件。对于过程事实的描述只依赖于文本信息或图形图像信息是不够的,为达到更好地描述效果,需要利用动画素材。不论是二维动画或是三维动画,所创造的结果都能更直观、更详实地表现事物变化的过程。

视频是由一系列单独的图像组成的(一幅单独的图像成为一帧),每秒钟在屏幕上播放若干张图像,对于人的视觉就会产生动态画面的感觉,连续地播放就是电影、电视的画面。对于人眼来说,若每秒播放 24~30 帧就会产生平滑和连续的画面效果。多媒体课件中可以使用电视录像或 VCD 中的素材,这些素材就是视频。视频作为多媒体家族中的成员之一,在多媒体课件中占有非常重要的地位。因为它本身就可以由文本、图形图像、声音、动画中的一种或多种组合而成,利用其声音与画面同步、表现力强的特点,能大大提高教学的直观性和形象性。

Flash 动画在网页中应用广泛,是目前流行的二维动画技术。用它制作的 SWF 动画文件,可以嵌入到 HTML 文件里,也可以单独成页,或以 OLE 对象的方式出现在 Authorware 课件中。SWF 文件的存储量很小,但在几百到几千字节的动画文件中,却可以包含几十秒钟的动画和声音,使整个页面充满了生机。Flash 动画还有一大特点是,其中的文字、图像都能跟随鼠标的移动而变化,可制作出交互性很强的动画文件。

Flash MX 是美国著名多媒体软件公司 Macromedia 开发的矢量图形编辑和交互式动画制作软件的最新版本。在图形绘制以及二维动画制作方面有着强大的功能,而且易学好用,是较适合制作教育教学动画的软件。如物理学上的弹簧振子、透镜成像、波的演示;生物学上的尿液的形成、血液循环;地理学中的水循环、地球自转;化学上的分子结构图及实例装置等。用 Flash MX 制作的动画有着非常好的兼容性,可以在 PowerPoint、Authorware、FrontPage 等课件制作工具中使用。

三维动画是多媒体课件制作的常用素材,如化学分子结构模型、立体几何模型、地球模型等,它们有的可以从现成的素材库中获得,但大多数需要靠动手制作。3D Studio MAX 是 Autodesk 公司推出的三维动画制作软件,功能强大,被广泛用于电视广告、计算机游戏造型、电影特技、建筑装潢设计等各个领域,也常应用于多媒体课件制作领域。

2. 常见动画、视频文件格式

(1) Flash(.SWF)格式:是 Micromedia 公司的产品,严格说是一种动画(电影)编辑软件。实际上它是制作出一种后缀名为.swf 的动画,这种格式的动画能用比较小的体积来表现丰富的多媒体形式。Flash 动画其实是一种"准"流(stream)形式的文件,也就是说,在观看的时候,可以不必等到动画文件全部下载到本地再观看,而是随时可以观看,哪怕后面的内容还没有完全下载到硬盘,也可以开始欣赏动画。而且,Flash 动画是利用矢量技术制作的,不管将画面放大多少倍,画面仍然清晰流畅,质量也不会因此而降低。

(2) AVI(.AVI)格式:是音频视频交错(audio video interleaved)的英文缩写,是 Microsoft 公司开发的一种符合 RIFF 文件规范的数字音频与视频文件格式,允许视频和音频交错在一起同步播放,支持 256 色和 RLE 压缩。但 AVI 文件并未限定压缩标准,因此,只是作为控制界面上的标准,不具有兼容性,用不同压缩算法生成的 AVI 文件,必须使用相应的解压缩算法才能播放出来。常用的 AVI 播放驱动程序,主要是 Microsoft Video for Windows 或 Windows 95/98 中的 Video 1,以及 Intel 公司的 Indeo Video。AVI 文件目前主要应用在多媒体光盘上,用来保存电影、电视等各种影像信息,有时也出现在 Internet 上,供用户下载、欣赏新影片的精彩片断。

(3) Flic(.FLI/.FLC)格式:是 Autodesk 公司在其出品的 Autodesk Animator / Animator Pro /3D Studio 等 2D/3D 动画制作软件中采用的彩色动画文件格式,其中,.FLI 是最初的基于 320×200 分辨率的动画文件格式,而.FLC 则是.FLI 的

进一步扩展，采用了更高效的数据压缩技术，其分辨率也不再局限于 320×200。Flic 文件采用行程编码(RLE)算法和 Delta 算法进行无损的数据压缩。首先压缩并保存整个动画序列中的第一幅图像，然后逐帧计算前后两幅相邻图像的差异或改变部分，并对这部分数据进行 RLE 压缩，由于动画序列中前后相邻图像的差别通常不大，因此采用行程编码可以得到相当高的数据压缩率。

(4) QuickTime(.MOV/.QT)格式：是 Apple 计算机公司开发的一种音频、视频文件格式，用于保存音频和视频信息。QuickTime 文件格式支持 25 位彩色，支持 RLE、JPEG 等领先的集成压缩技术，提供 150 多种视频效果，并配有 200 多种 MIDI 兼容音响和设备的声音装置。新版的 QuickTime 进一步扩展了原有功能，包含了基于 Internet 应用的关键特性，能够通过 Internet 提供实时的数字化信息流、工作流与文件回放功能，此外，QuickTime 还采用了一种称为 QuickTime VR(简称 QTVR)技术的虚拟现实(Virtual Reality,VR)技术，用户通过鼠标或键盘的交互式控制，可以观察某一地点周围 360 度的景象，或者从空间任何角度观察某一物体。QuickTime 以其领先的多媒体技术和跨平台特性、较小的存储空间要求、技术细节的独立性以及系统的高度开放性，得到业界的广泛认可，目前已成为数字媒体软件技术领域的事实上的工业标准。国际标准化组织(ISO)最近选择 QuickTime 文件格式作为开发 MPEG 4 规范的统一数字媒体存储格式。

(5) RealVideo(.RM)格式：是 RealNetworks 公司开发的一种新型流式视频文件格式，它包含在 RealNetworks 公司所制定的音频视频压缩规范 RealMedia 中，主要用来在低速率的广域网上实时传输活动视频影像，可以根据网络数据传输速率的不同而采用不同的压缩比率，从而实现影像数据的实时传送和实时播放。RealVideo 除了可以以普通的视频文件形式播放之外，还可以与 RealServer 服务器相配合，在数据传输过程中边下载边播放视频影像，而不必像大多数视频文件那样，必须先下载然后才能播放。目前，Internet 上已有不少网站利用 RealVideo 技术进行重大事件的实况转播。

3. 采集动画、视频素材的途径

1) 下载

在 Internet 上有大量的视频素材可供下载，其方法与下载图像和声音素材相似。

2) VCD 光盘/录像带

影像素材大多数是来自 VCD 光盘或录像带。VCD 光盘中的信号可以使用超级解霸转换成 AVI，而录像带中的素材则需要专用的视频采集卡来采集。

3) 捕捉

用视频捕捉卡配合相应的软件(如 Ulead 公司的 Media Studio 以及 Adobe 公司的 Premiere)来采集录像带上的素材。录像带的使用在教学中比较普及，所以，用这种方法其素材的来源较广,缺点是硬件投资较大。

4) 截取

利用超级解霸等软件来截取 VCD 上的视频片段(截取成 mpg 文件或 bmp 图像序列文件),或把视频文件 dat 转换成 Windows 系统通用的 AVI 文件。这种方法的特点是无需额外的硬件投资,有一台多媒体电脑就可以了。用这种采集方法得到的视频画面的清晰度,要明显高于用一般视频捕捉卡从录像带上采集到的视频画面。

5) 编辑

对得到的 AVI 文件或 MPG 文件进行合成或编辑,可以使用 Adobe Premiere 软件。

6) 抓取

用屏幕抓取软件如 SnagIt/32、HyperCam 等来记录屏幕的动态显示及鼠标操作,以获得视频素材,但此方法对电脑的硬件配置要求很高,否则只能用降低帧速或缩小抓取范围等办法来弥补。

2.5.2 动画、视频素材的加工与处理

1. 制作视频短片

【镜头转换特效】

制作一个简单的 Adobe Premiere 视频短片,即一个从远处旋转着飘进来的电影镜头,接着出现字幕,淡入淡出效果转换成另一个电影镜头。通过这个实例可以了解 Premiere 应用的基本过程。

多媒体课件制作离不开对影像素材的制作和加工,Adobe 公司开发的 Premiere 软件,是目前较普及的视频编辑软件,集影像采集、编辑、创作于一体,不仅能对 AVI、MPG 格式的影视素材进行创建、录制、非线性编辑与合成,而且可以增加各种特技效果、字幕、音效。Adobe Premiere 软件是利用电脑对录像、声音、动画、照片、图画、文本进行采集、制作、生成和播放的过程。它是一款制作 Video for Windows 影像、QuickTime for Windows 电影、Real Player 视频流文件以及 VCD/DVD 的强大工具。

操作步骤:

(1) 准备视频素材。启动 Premiere 出现"Load Project(方案预设置)"对话框,每一个新的 Adobe Premiere 方案必须要预设,在预设中说明方案的时间基础、电影播放率、压缩类型选择、预演和输出等。

从预设表中选择"PAL Video for Windows",单击"OK",出现"项目窗口(输入视频)"、"时间标尺窗口(剪辑制作)"、"信息窗口(显示关于 Clips 的细节信息)"、"过渡窗口(选择特定效果在视频之间实现过渡)"、"预演窗口(在制作窗口汇集并

预演"。双击"Project(项目)"窗口的空白处,弹出"Import(输入)"窗口,选择视频的素材,单击"OK",确定。

双击"Project(项目)"窗口中的视频素材弹出"Monitor"窗口,单击播放标志,直到认为是影片开头的位置则单击停止标志,下面再单击"Mark In"按钮,播放到认为是这段视频素材结束的位置上单击"Mark Out"按钮。

图 2-69 电影剪辑制作

(2)剪辑制作。使用时间标尺窗口可以把视频的音频素材制作成一个电影(图2-69)。制作窗口包括多个通道,用来播放图像和声音,图像通道包括主要的 Video 1A 通道和 Video 1B 通道,T 通道是过渡通道,Video 2 通道和可以增加的通道是影像叠加通道,Audio 通道是声音通道,通道的左侧是控制栏。

将剪辑好的 1.avi 拖动一段视频到 Video 1A 通道,将另一段视频拖动到 Video 1B 通道中,设定长度(同 1.avi 的设置方法相同)并调整它们的位置,拖动 Video 1B 通道中的视频到与 Video 1A 通道中的视频有一部分重叠的位置上。

(3)添加转场。为了使两段视频素材衔接自然,可以使用各种过渡方式,Adobe Premiere 提供了 70 多种过渡方式,如:滑入、渐入、扩散、翻页、镶嵌等。

选择"Window→Show Transitions"弹出"Transitions(过渡)"设置窗口。点选"Cross Dissolve"淡进淡出过渡效果。

单击过渡项目类的扩展标志,拖住所选的过渡方式到 T 通道于两个 Clips 重叠部分,程序会自动确定过渡长度以适合过渡部分。在大多数情况下,当两个 Clip 放在制作窗口的不同通道时,Adobe Premiere 会自动设置过渡的正确方向,如图2-70所示。

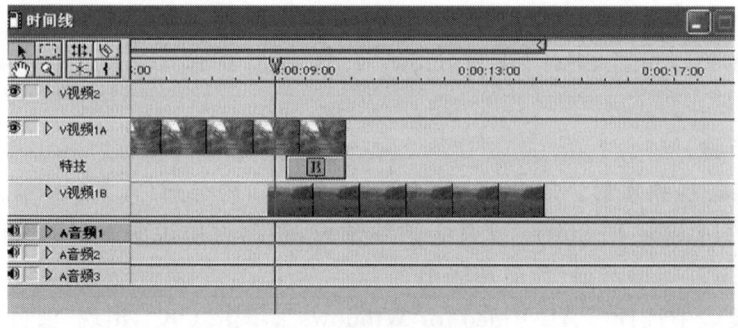

图 2-70 电影添加转场

(4) 应用过滤器。在电影制作过程中,利用过滤器对图像进行特殊处理是使画面产生逼真而奇妙的特技效果的重要方式之一。Adobe Premiere 提供了 70 多种电影和静态图像过滤器及 21 种声音过滤器,比如:糊模、波纹、镜子、风、幻影等多种效果的过滤器,并可根据需要定制过滤器。

选择"Window→Show Video Effect"弹出"Effect(效果)"设置窗口。单击"Effect(效果)"设置窗口中的 Adjust 项目扩展标志出现过滤器,选择"Brightness&&Contrast(对比与亮度)"过滤器到 Timeline(时间标尺)窗口中的 1.avi 视频上,再选择"Window→Show Effect Controls"弹出"Effect Effect Controls(效果控制)"窗口进行对比与亮度的调整,同时屏幕上会出现 Motion 显示窗口,可以观看调整的效果。并且在一个视频素材上可以施加几个滤镜效果。

远处旋转着飘进来的电影镜头效果就是使用过滤器制作出来的。在"Timeline(时间标尺)"窗口中,点选左上角的刀片状的切割工具,点击 Video 1A 通道中的 1.avi 的时间线的中间某个位置,将 1.avi 切割成两段。点中选择工具,选中 1.avi 中的前一段。单击并拖动"Effect(效果)"设置窗口中的 Transform 项目扩展标志出现过滤器,选择"Camera View(照相机视窗)过滤器"到"Timeline(时间标尺)"窗口中的 1.avi 视频的前一段上。

在弹出的"Effect Controls(效果控制)"窗口点按 Motion 右边的"Setup",出现运动设置窗口,按图 2-71 设置运动窗口:旋转改为 360,缩放改为 20%,失真度修改成菱形,将结束点拖到可见区域内,同时可以观看到调整的效果。确认无误后,按确定按钮。

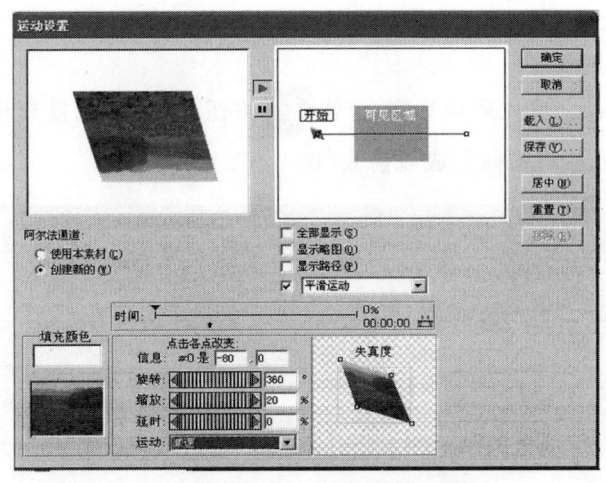

图 2-71 效果控制设置

(5) 添加文字和声音。单击"File→New→Title"弹出文字编辑器。选择 T 字按钮,在空白处单击,输入要输入的文字。在默认情况下,文字背景是透明的;但如果制作的是 NTSC 制式,还要在文字编辑空白处单击右键,选择字幕窗口选项,在 NTSC 安全色前面打勾;若是 PAL 制式,则不用打勾。

选择"File→Save"输入文件名单击"OK"保存。在 Project(项目)窗口中加入这个字幕项,将其拖动到 Timeline(时间标尺)窗口中的 Video 2 轨道,将鼠标放在字幕的后边缘,鼠标箭头变为反 E 的形状,拖动其长度为需要的长度。

双击 Project(项目)窗口中的空白处,选择一段 WAV 音乐的文件,并拖动到 Audio 1 轨道。

(6) 生成并播放视频。选择"File→Export Timeline→Movie"生成制作的作品。若是想生成适合在网上播放的 RealPlayer 格式电影,选择"File→Export Timeline→Advanced RealMedia Export",生成结束后弹出生成好的作品,单击播放按钮就可以观看作品了。

2. 片段截取

【截取视频片段】

有时需要把 DVD、VCD 的精彩部分视频截取下来作为课件素材,此时使用豪杰超级解霸,轻松点击几个按钮就可以实现。

超级解霸是一个简单易用、但功能强大的软解压工具软件,它独特的 DI-RECTDVD CD/CD 技术,HDFT 增益滤波高清影像技术能轻易读取各种质量不好的盘。同时,它具有全编码格式以及影音互动的全面解决方案,支持格式众多,新增 50 多种格式支持。它还拥有 SPDIF 输出技术,支持 AC-3 硬解码系统,可以从影音文件分离声音数据,轻松把卡拉 OK 制成 CD 或 MP3,还可随意提取电视电影主题曲。

操作步骤:

(1) 播放影碟。首先播放影碟,点击 按钮,可以看到播放进度条变为其他颜色(即为循环状态),图标变成双箭头(图 2-72)。

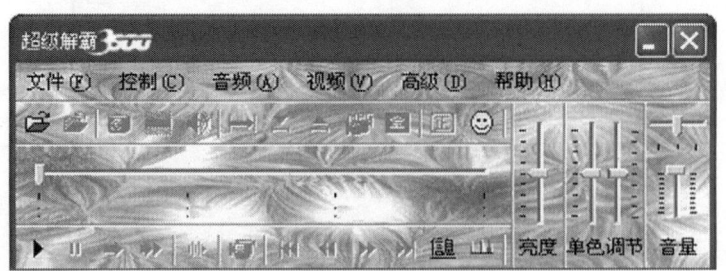

图 2-72 超级解霸播放

(2) 截取。拖动鼠标到欲截取的片断的起始位置,单击 按钮选定开始点,再将游标拖至录取区域的终止位置,单击 按钮,亮色的部分就是选定的要截取的片段(图 2-73)。

图 2-73　选定截取的片段

(3)格式。最后点击 MPG 按钮,将指定区域录制为 MPG 或 MPV(MPV 文件只有视频无音频)文件。系统会提示输入录像的文件名,请注意选择正确的文件类型。至此,一段自制的影音文件便完成了。

用以上方法转换成的 MPG 文件不是标准的 MPG 格式,如果需要刻录成 VCD 必须通过其他工具进行转换,可以使用豪杰视频通来完成。上述功能只支持 VCD、DVD 或者 MPEG1 标准的 mpg 以及 dat、vob 格式文件。

3. 视频片段的合并和视频文件的分解、合成

伴随着网络流媒体技术的不断成熟和发展,剪辑和编辑视频流文件已经不再是电影、电视工作者的专利,越来越多的网页设计者也开始尝试对视频流文件进行相关编辑和操作。当然无论对视频流文件进行剪辑还是合并,都离不开好的视频编码软件的支持,这里介绍一款视频编辑软件 TMPGEnc Plus(图 2-74),这种软件不但可以帮助快速进行视频编辑,而且还能用来压缩和转换 AVI、MOV 等格式的视频文件。

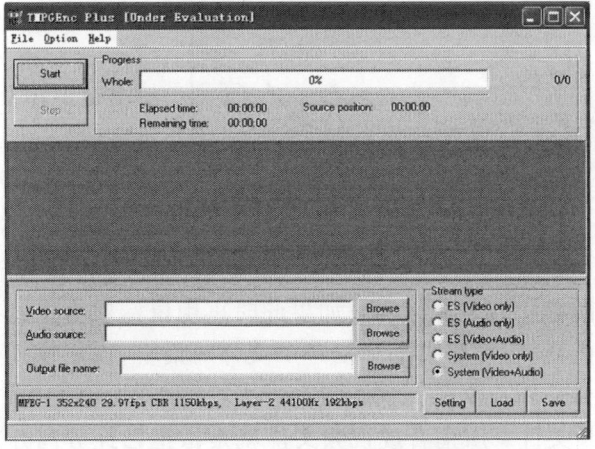

图 2-74　TMPGEnc Plus 界面

1) 视频片段的合并

使用 TMPGEnc Plus 程序可以将分散在不同视频文件中的几段视频片段合并起来,同时还能够重新排列各个视频片段之间的播放顺序,并且一段视频还可以多次导入。例如,现在想删除某一视频文件中的第 20~30 秒之间的视频片段,另外还要将该视频文件结尾的 20 秒视频片段移动到视频文件的开头。首先将该视频文件连续两次添加到文件列表中,然后用鼠标双击来打开第一个项目,在编辑连接项对话框将初始点和结束点分别设为第 20 秒和第 30 秒,将第二个项目的初始点和结束点分别设为倒数第 20 秒和结尾,然后再在 Output 设置栏中给这些截取下来的视频片段输入一个合适的文件名称,最后再单击一下"Run"按钮,就能将按照要求一次生成。

2) 视频文件的分解、合成

(1) 分解视频文件。分解视频,是指将一段视频文件中的图像内容或声音内容分隔开来,并将它们单独保存,这样就能单独使用指定视频文件中的图像或声音内容了。执行分解操作时,在 TMPGEnc Plus 程序的主操作界面中,用鼠标依次单击菜单栏中的"Tools"→"MPEG Tools"命令,然后在弹出的属性对话框中单击"De-multiplex"标签,将看到如图 2-75 所示的界面。

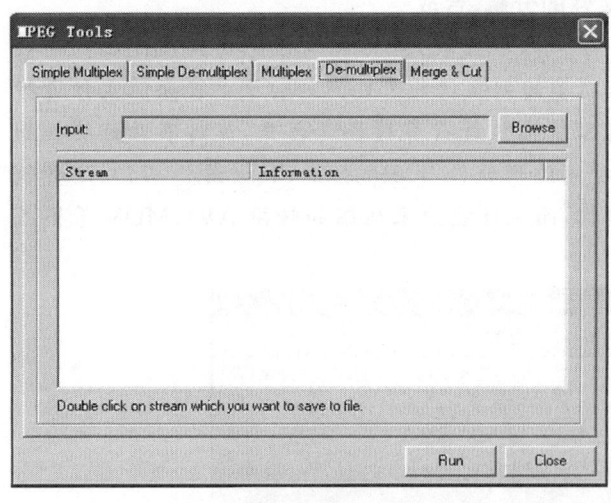

图 2-75 De-multiplex 对话框

在该界面的"Input"设置栏中,可以单击设置栏右边的"Browse"按钮,并在随后打开的文件选择对话框中选择好需要分解的视频文件,再单击文件选择对话框中的"打开"按钮,程序将自动检测该视频文件中的流码信息,同时以音频流和视频流的方式显示在图中界面中的列表框中,此时只要再用鼠标单击图中界面下面的"Run"按钮,就能把指定视频文件分解成同名的声音流和视频流,并且分别以 MP2 和 M1V 这两种扩展名来区别。如果此时再用鼠标双击上述列表中的声音流或者视频流项目的话,程序将自动弹出一个文件对话框,以便输入合适的文件名来单独保存声音文件或图像文件。

(2) 合成视频文件。所谓合成视频文件就是指把已经分离开来的视频流文件和声音流文件再结合在一起,使它们重新组合成一段新的视频文件,其合成的具体步骤与前面提到的分解操作类似，在此就不再赘述了。

4. 视频格式转化

1）3GP、MP4 视频转换

目前，很多网络上的 3GP、MP4 视频，可以在手机以及 MP4 等设备上播放，但是下载的文件不能在其他设备上播放，这就需要进行格式转换，可以使用转换软件明基 BENQ AV Converter。

这个是明基官方的视频压缩工具，兼容性高，软件界面简单，在电脑上能看的电影，一般都能用它来压缩成 3GP 视频格式或 MP4 格式的电影。BENQ AV Converter 软件虽小，但免费、全中文操作界面、兼容大部分视频格式、截取与转换一次性完成且支持源文件格式广泛，如 AVI、MPEG、WMV、RMVB、RM、VCD、DAT 等。主界面如图 2-76 所示。

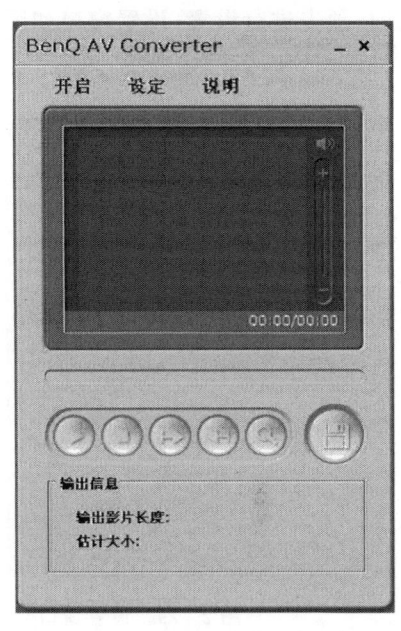

图 2-76 BENQ AV Converter 界面

操作步骤：

（1）打开窗口。点击"开启"，出现"打开"窗口，如图 2-77 所示。

（2）转换预览界面。可以打开媒体文件进行转换，BenQ AV 转换器支持的媒体文件有 wmv 文件、mpg 文件、mpeg 文件、mpe 文件、dat 文件、avi 文件、mp4 文件、3gp 文件等。打开文件后在转换器的主窗口就会出现预览界面，如图 2-78 所示。

图 2-77 "打开"窗口

图 2-78 打开视频文件

（3）声音调节。通过"开始"、"结束"按钮来剪辑影片中的某些片段，也可以拖动影片下方的进程来寻找确切位置，影片右边还有一个声音调节。在开始转换之前,预先进行设置,设置窗口如图 2-79 所示。

(4) 转换。按确定后回到主界面,点击最后的"转换"按钮 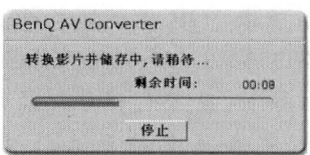,在另存为窗口中输入文件名,选择文件类型和位置,点击保存就可以开始转换了(图 2-80)。

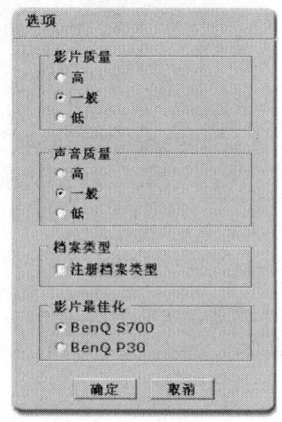

图 2-79　设置窗口　　　　图 2-80　转换过程

2) MOV 格式转换为 MPEG(MPEG-1)格式

MOV 格式转换为 MPEG 格式,需要 Adobe Premiere 软件和 Panasonic MPEG 软件的协同工作。首先安装好 Adobe Premiere 和 Panasonic MPEG 驱动程序,运行 Adobe Premiere 后,新建一个 Project(项目),用导入命令导入一个 MOV 文件(如果不能导入文件的话,请先安装 Quicktime Player),然后将之导出 MPG 文件,注意文件类型选择为"Panasonic MPEG1"。这里所说的 MOV 格式是指用 Apple 的 Quicktime 做出来的 MOV 格式。

3) AVI 格式转换为 MPEG(MPEG-1)格式

AVI 和 MPEG 是很常见的视频格式,所以格式转换的软件较多,有 bbMPEG、Honestech MPEG Encoder、TMPGEnc beta 等。其中 Honestech MPEG Encoder 软件由于使用了一种特殊的编码算法,使得转换文件的工作能够快而准。虽然编码特殊,但不必担心制作步骤过于复杂,因为该软件有着简单的操作界面,只要选择想要转换的 AVI 视频文件,接着设置转换文件的存档名称和保存路径,就可以开始转换文件。

另一种 Panasonic MPEG1 Encoder 软件,是日本松下公司所研制的 AVI 转换 MPEG-1 软件,如果有重要的科教录影带,可以事先转换成 AVI 格式,再用此套软件将它转换成 MPEG-1 格式,然后用刻录器将 MPEG-1 格式文件刻录光盘片,得到的就是普通的 VCD 光盘了,可以拿到 VCD 播放器上播放。

4) MPEG(MPEG-1)格式转换 AVI 格式

常用的软件有 Honestech MPEG Recoder、VCDGear (GUI)等。软件 Honestech MPEG Recoder,可以在播放影像文件的时候记录和捕捉活动的图像数据，而且在保证高质量的情况下实现从 MPEG 到 AVI 文件之间的转换,为磁盘节省了不少空间。如果要求稍高一点,可以试用一下 VCDGear,它在从 VCD 中转换出 MPEG 影像时可以修正 MPEG 中含有的错误。

　　5) ASF 格式转换 MPEG(MPEG-1)格式

　　把 ASF 视频流格式的影像文件转换成 MPEG 格式的影像文件需要借助 AVI 格式这个"桥梁",推荐使用以下软件组合:DVMpeg、VirtualDub 和 Windows Media Tools。首先启动 Windows Media Tools 和 DVMpeg,再运行 VirtualDub,打开想转换的 ASF 文件,处理后将生成的 AVI 文件保存到一个文件夹,然后 DVMpeg 就会自动把它转换成 MPEG 文件。

　　6) MPEG(MPEG-1)格式转换 ASF 格式

　　要把 MPEG-1 格式的影像文件转换成微软的 ASF 视频流格式文件,所需要的软件工具有 Sonic Foundry Stream Anywhere 和 Windows Media Toolkit 等。因为需要 ASF 压缩编码驱动库的支持,首先必须安装 Windows Media Toolkit。然后运行 Sonic Foundry Stream Anywhere,从中打开 MPEG 文件,将之另存为 ASF 文件就可以了。注意设置一下生成 ASF 的参数,最佳的是在 320×240 和 30 帧/秒的情况下。

　　7) MPEG-4 格式转换 MPEG-1 格式

　　将 MPEG-4 格式文件转换成 MPEG-1 文件可以使用 Panasonic MPEG Encoder 和 Divx-Codecs。首先要安装 Divx-Codecs 驱动程序,这个就是 DivX 的压缩编码器,然后启动 Panasonic MPEG Encoder,选择待转换的 DivX 文件,接下来可以调整视频文件的尺寸和压缩比例,甚至还可以控制是否加入交错平滑处理和为视频文件加入黑边等等,可以按照实际需要来选择。最后确认压缩就完工了。

　　8) DVD(MPEG-2)格式转换 VCD(MPEG-1)格式

　　首先将 DVD 影片转换成 MPEG-1 格式的视频文件,然后刻成 VCD 光盘。DVD 转 VCD 的软件有 DivX DVD 影像编码软件,它是一个出色的影像压缩转换程序,能够将 DVD 影像复制并压缩为标准 650MB CD-ROM 格式的影像压缩软件。不过这可能会引起 DVD 的版权的问题。

　　9) VCD(MPEG-1)格式转换 MPEG-4 格式

　　(1) 把 VCD 的 DAT 文件转成一般视频软件都接受的 MPEG-1 格式,最简单直接的方法就是利用"超级解霸"转录功能,将所需部分转录成 AVI 文件,并保存起来备用。

　　(2) 需要用到的软件是 VirtualDub,在进行 MPEG-4 的编码压缩工作之前,事先需安装 DIVX MPEG-4 的压缩编码驱动程序,否则不可以进行 MPEG-4 的转换。

第 3 章　多媒体课件制作

本章主要内容
- 教学幻灯片的制作
- Flash 课件的制作
- 视频课件制作

3.1　教学幻灯片的制作

3.1.1　教学幻灯片的设计

PowerPoint 是目前最常用的演示文稿设计软件,它内置了丰富的动画、过渡效果和多种声音效果,并有强大的超级链接功能,可以直接调用众多外部文件,能够满足一般教学要求。但是,初学者也常常存在一些误区,例如演示文稿的内容结构层次不清晰、幻灯片中加入过多与教学内容无关的图片和动画、选用了不恰当的模板和色彩搭配等。制作 PowerPoint 课件,需要注意以下几个原则:

1. 突出课程内容,尽量少用无关的多媒体元素

有些初学课件制作的人,喜欢把手头搜集的图片、动画、声音等堆砌在课件之中,而不管与教学内容有没有关系,是不是有助于学生理解和掌握知识。课件是为教学服务的,过多的多媒体元素会形成信息干扰,反而会分散学生的注意力。

在摄影作品中,构图的基本原则是"减法",即尽量把主题无关的元素从画面中减去。课件的制作也可以借鉴这个原则,先用"加法"把平时搜集的,跟教学内容有相关的素材放到幻灯片中,然后再做"减法",把重复和相关性不大的素材剔除掉。

2. 注意版面布局,把握呈现节奏

单张幻灯片中文字的字数以 30~60 个汉字为宜,讲的时间以 3~5 分钟为宜,如果一个问题或概念的内容比较多,一张幻灯片放不下就拆分为两张,切忌强行把文字堆积在一张幻灯片上。心理学的研究表明,学生的注意力集中的时间大约为 15~25 分钟,有经验的教师在发现学生注意力分散的时候,往往会插入一个"包袱",把学生分散的注意力重新集中到课堂上来。在制作 PowerPoint 课件时,要有意识的在学生容易走神的时间段,插入一段动画、声音或者能引发学生注意的素材。

3. 注意色彩与字体的搭配

在设计制作教学幻灯片时要注意颜色与字体的搭配,过多的颜色会显得杂乱,并分散学生的注意力。一般来讲,除了黑色和白色外,最多搭配 3 种颜色。蓝底白字的搭配适合在环境光线比较强的情况下使用,这种色彩搭配既能让学生看清文字,又不易产生视觉疲劳。白底黑字则适合在较暗的环境下使用,因为白色的底版让学生可以看清教师的"身体语言"。

☆颜色与字体搭配知识

字体可传递微妙的信息,在制作教学幻灯片时要仔细选择字体。在整个幻灯片演示中应使用统一的字体,补充字体不要超过两个。不管使用哪种字体,都必须保证在后排座位能看得清楚。文字的字号要尽量大,字体要醒目,一般宜采用宋体、黑体和隶书等。对于文字内容中关键性的标题、结论、总结等,要用不同的字体、字号、字形和颜色加以区别。版面排列忌满、花、繁。一页的行数控制在 5~6 行为宜,使用颜色不宜超过 3 种,层次不宜超过 3 层,字体不宜超过 3 种(图 3-1)。

图 3-1 选择合适的字体

要搭配出美观、大方的颜色来,可以从认识颜色盘开始。颜色盘包含 12 种颜色,在图 3-2 的颜色盘上,12 种颜色被分为三个组:

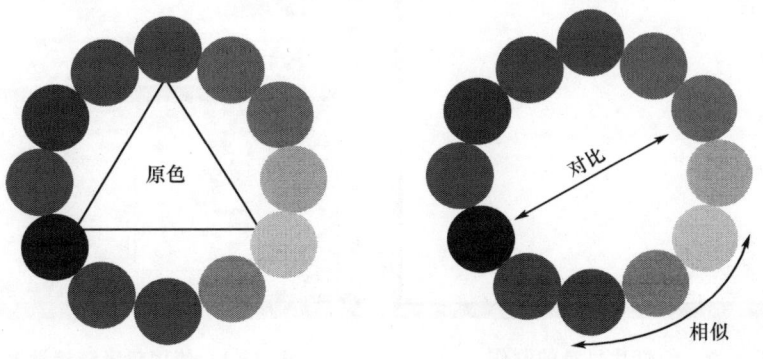

图 3-2 颜色盘与对比色

(1) 原色:红、蓝和黄。从理论上讲,所有其他颜色都是由于这三种颜色混合产生的。

(2) 间色:绿、紫和橙。这些颜色通过混合原色形成。

(3) 复色:橙红、紫红、蓝紫、蓝绿、橙黄和黄绿。这些颜色通过混合上述六种颜色构成。

根据在颜色盘上的位置,颜色之间存在特定的关系的颜色被称为补色,补色的强烈对比可产生动态效果。相邻的颜色被称为近似色,每种颜色具有两种(在颜色盘上位于其两侧的)近似色。使用近似色可产生和谐统一的效果,因为两种颜色都包含第三种颜色。在图3-2中,第一种颜色(黄)通过过渡色(黄绿)过渡到第三种颜色(绿)。

目前在电脑显示器中使用的RGB色彩模式是工业界的一种颜色标准,是通过对红(R)、绿(G)、蓝(B)三个颜色通道的变化以及它们相互之间的叠加来得到各式各样的颜色,RGB即是代表红、绿、蓝三个通道的颜色,这个标准几乎包括了人类视力所能感知的所有颜色。RGB是从颜色发光的原理来设计定的,通俗点说它的颜色混合方式就好像有红、绿、蓝三盏灯,当它们的光相互叠合的时候,色彩相混,而亮度却等于两者亮度之总和,越混合亮度越高,即加法混合。有色光可被无色光冲淡并变亮。如蓝色光与白光相遇,结果是产生更加明亮的浅蓝色光。

3.1.2 教学幻灯片制作技巧

1. 在幻灯片中使用超链接

【制作目录】

幻灯片在放映过程中,通过设置的超链接,可以方便地跳转到所需要的位置。目标位置可以是当前幻灯片文稿中的某一张幻灯片、其他幻灯片文稿、Word文档、Excel电子表格等(图3-3)。

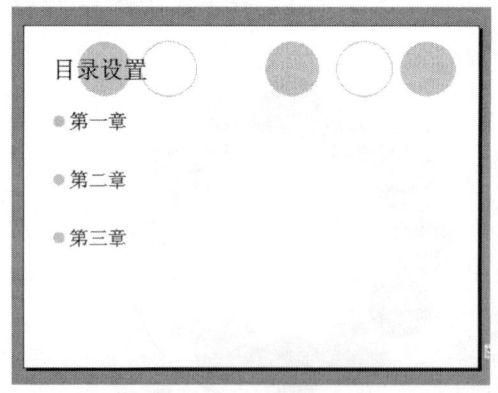

图3-3 幻灯片目录的制作

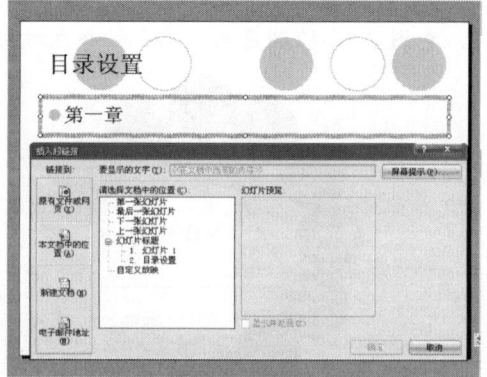

图3-4 使用超级链接设置目录

制作步骤:

(1) 新建幻灯片。

(2) 添加文本框,并在文本框中输入目录的文本内容。

(3) 插入"超级链接"。选择输入的文本内容,插入"超级链接"(图 3-4)。注意在设置超级链接时,不要选中文字,而选中文字所在的文本框,这样就可以避免使超链接文本带有下划线,而且其颜色不受母版影响。

☆灵活运用"屏幕提示"功能

在插入"超级链接"时,有一个"屏幕提示(P)"选项,点击该选项弹出屏幕提示文字输入栏(图 3-5),在屏幕提示文字输入栏内输入提示的文字。例如,点击某个图片对象链接一段影像的播放,可以在屏幕提示文字输入栏内输入"点击图片,观看影片"。

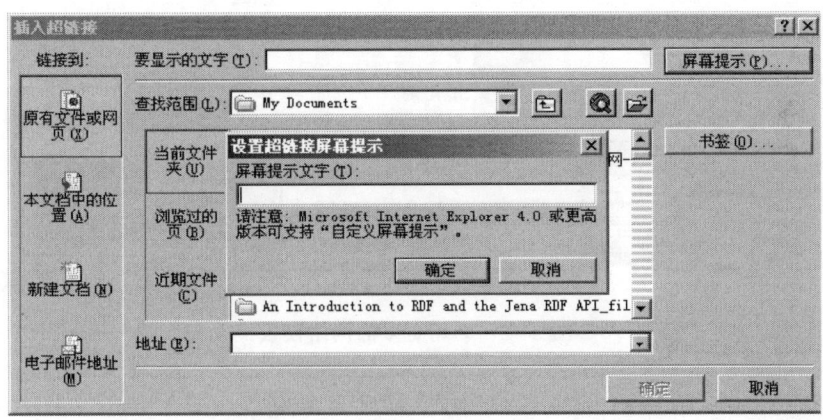

图 3-5 灵活运用屏幕提示功能

2. 使用设计模板

【制作个性化幻灯片】

我们经常需要制作风格、版式相似的幻灯片,这时就要使用或者制作设计模板,以达到统一设计风格、美化幻灯片的目的。PowerPoint 提供的模板非常丰富,可以根据需要灵活选用。

操作步骤:

(1) 使用设计模板新建幻灯片文件。在新建文件时,选择"根据设计模板"方式,根据现有的设计模板创建幻灯片文件。

☆套用更多的网络模板

PowerPoint 自身携带的模板总是有限的。不过,可从微软公司的站点免费下载更多的网络模板,选择"文件→新建",然后单击打开的任务窗格下方的"Microsoft.com 上的模板"按钮,即可打开该站点上的中文模板库。它包括了"出版和教育"、"办公"、"简报"等十四大类共二百多个模板(图 3-6)。只要单击网页上的模板类型链接(如"出版和教育"),就可以在网页上看到该类模板的名称和提供商等内容。按下"预览"按钮即可进行预览,而单击某个模板名称,就会显示"模板最终许可协议",在接受协议后单击"在 PowerPoint 中编辑",IE 就会将模板下载到你的硬盘中,并会自动用 PowerPoint 打开该模板。如果你对模板的效果满意,可以用"另存为"将它保存为模板,以后就可以像普通模板那样方便调用了。

图 3-6 套用更多的网络模板

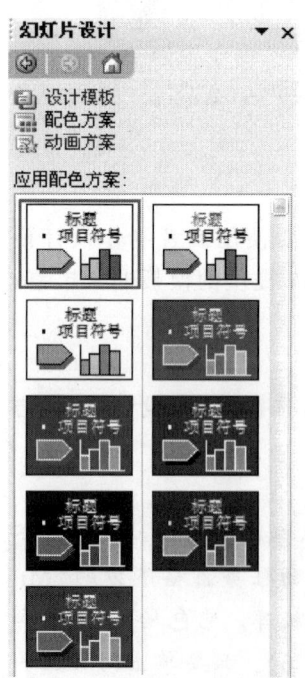

图 3-7 配色、动画方案

(2) 配色、动画方案设置。对新建的文件分别进行模板、配色方案与动画方案的设置。

在 PowerPoint 中的配色、动画方案其实是一种特殊的模板,如果想将某个配色方案应用于多个幻灯片,可以按住 Ctrl 键选中"幻灯片"窗口中的多个幻灯片,然后单击"幻灯片设计"任务窗格中的"配色方案",最后单击任务窗格中你喜欢的"配色方案",则所选幻灯片就会使用这个配色方案。如果你想将设计模板、动画方案或文字版式快速应用于多个幻灯片,也可以使用这个技巧(图 3-7)。

(3) 个性化模板设置。除了可以使用当前的模板来制作幻灯片外,如果需要把当前的幻灯片保存为模板,只需要删除新模板中不需要的文本、幻灯片或设计对象,然后选择另存为"演示文稿设计模板(＊.pot)"即可。

(4) 在幻灯片中应用多个设计模板。在菜单中选择"幻灯片设计",这时在主窗口的右边会出现一个"幻灯片设计"任务窗格,将鼠标移到希望应用的模板上(请不要着急单击模板),此时在模板右边会出现一个向下的箭头,单击此箭头,在弹出菜单中执行"应用于选定幻灯片"(图 3-8)。这样,这个幻灯片就具有一个和其他页面不同的模板了。

3. ActiveX 控件的使用

【在 PPT 中播放 Flash 视频】

利用 Flash ActiveX 控件在 PowerPoint 中整合 Flash,可以为课件加入动画和互动效果。从而使 PowerPoint 课件兼备 Flash 动画的优点,大大增强其表现力。

☆ActiveX 控件

ActiveX 是微软公司开发的一套叫做 COM 的窗口"控制"技术(Component Object Model)。该技术用来拓宽视窗及 Explorer 浏览器的视频、声频回放和 Flash 动画的播放。针对各种功能需要,ActiveX 用一种控件来响应。当该控件对某种回放功能响应时,它会自动下载并安装自身,然后运行。ActiveX 控件的优点在于尽管通常情况下它们都被应用于浏览器中,但一旦它们加载后,任何支持 COM 协议的应用程序均可使用。在 Office 2000 以后的版本中,Microsoft 已将 Active X 控件集成到 World、Excel、PowerPoint 等软件中,使得这些软件又上了一个新的台阶。

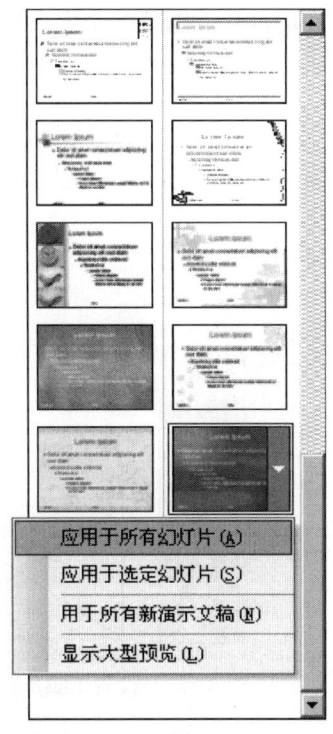

图 3-8 应用多个模板

在使用 Flash 资源以前,必须先确定你的电脑已经安装了 Flash ActiveX 控件,一般情况下如果系统有 IE 4.0 或更高版本并可播放 Flash 动画,则可以确定 ActiveX 控件已被安装。倘若没有则可到 http://www.macromedia.com/ 网站,安装该控件的最新版本。

操作步骤:

(1) 新建幻灯片文件。新建幻灯片文件,并将待播放的 Flash 文件与幻灯片文件放在一起,这样可以在简化 Flash 文件的路径设置。

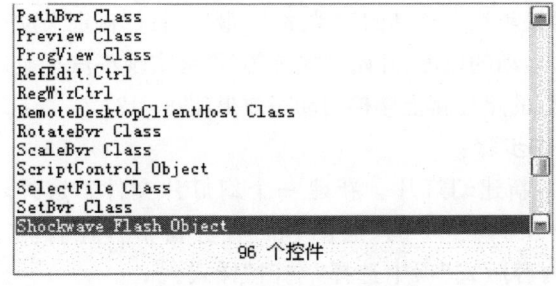

图 3-9 插入 ActiveX 控件

(2) 打开"控件工具箱"面板。选择菜单栏"视图"下的"工具栏",打开"控件工具箱"面板。

(3) 设置 Flash 动画的播放区域。在"控件工具箱"面板中用鼠标单击"其他控件",打开系统安装的 ActiveX 控件清单(图 3-9),选择 "Shockwave Flash Object",用鼠标在幻灯片上拖出一个大小适当的区域，Flash 动画将在其中播放。如图 3-10 所示。

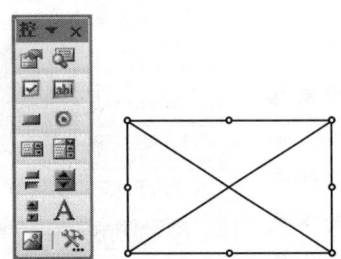
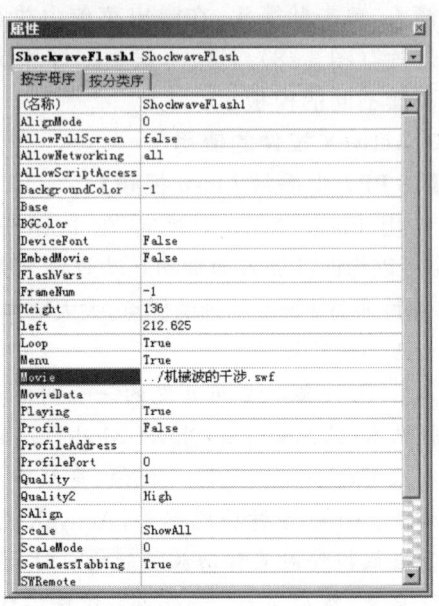

图 3-10　设置 Flash 的播放位置　　图 3-11　设置 Flash 动画的属性

（4）设置 Flash 动画的属性。在上一步所拖出的区域中，单击鼠标右键打开"属性"面板（图 3-11）。在弹出的对话框中设置 Flash 动画播放的路径、大小、播放品质等属性。

设置完成后，放映幻灯片，就可以看到 Flash 在幻灯片中的播放效果了。如果看不到 Flash 播放，可能的原因是设置不正确，或者 Flash 文件的路径输入错误，或者文件名输入不正确，或者其他设置选择不对。在确保设置正确的前提下，本机安装的 Flash 播放器控件版本较低，也有可能导致 Flash 无法正确播放。

4. 动画设计

【制作小汽车爬楼梯动画】

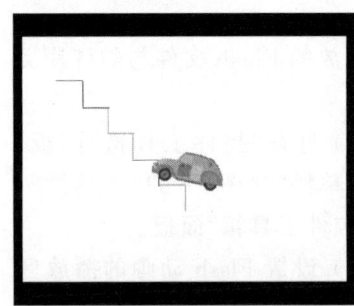

图 3-12　小汽车爬楼梯动画

主要通过绘图工具，绘制出楼梯，然后使用"自定义路径"设置小汽车运动的运动路线，最后通过"自定义动画"设置运动的速度、开始方式等等，最终实现小汽车按照规定好的路径爬上楼梯的动态效果（图 3-12）。

制作步骤：

（1）新建幻灯片。新建一个幻灯片文件。选择"视图→工具栏"中的"绘图"和"任务窗格"，在右侧打开的"幻灯片版式"任务窗格中的"内容版式"项中选择"空白"样式。

（2）设置网格和参考线。选择"视图"，打开"网格线和参考线"对话框（图

3-13),在"网格设置项"中把间距设为1cm,并把"屏幕上显示网格"勾选上。

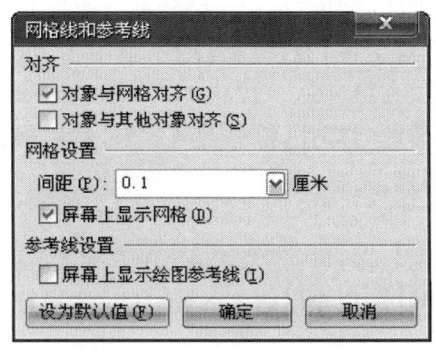

图 3-13 设置网格和参考线

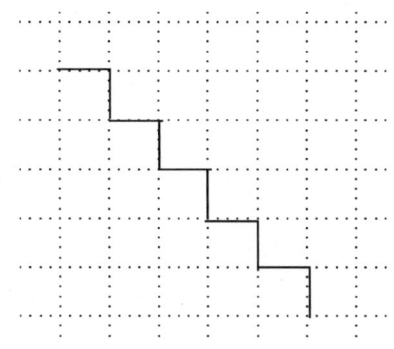

图 3-14 绘制楼梯

(3) 绘制楼梯。单击绘图工具栏中的"直线"按钮,以网格为参照物,在 Power-Point 工作区的左上角处,分别画出1厘米长的一条横线和一条竖线组成一个楼梯台阶。单击"竖线",按住一个 Ctrl 键,再按住鼠标左键拖动竖线到下一台阶需要竖线的地方,利用此方法把所有楼梯台阶的竖线都画好;用同样的方法把每个台阶的横线也画好,这样楼梯就画出来了(图 3-14)。

(4) 插入小汽车图片。插入图片,在打开的"剪贴画"任务窗格中"搜索文字框"内输入"车"字,点"搜索"按钮,选择一辆小汽车,并把小汽车放置在楼梯的最下级台阶处(图 3-15)。

(5) 绘制自定义路径。右键单击小汽车,选择"自定义动画",在打开的"自定义动画"任务窗格中,单击"添加效果",选择绘制自定义路径,然后绘制动作路径。

操作步骤如图 3-16 所示。

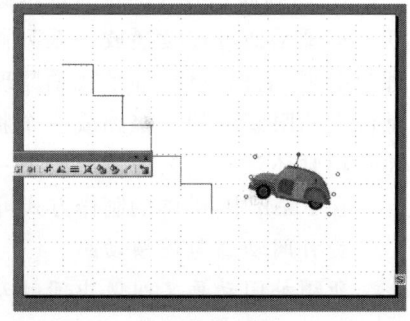

图 3-15 插入小汽车图片

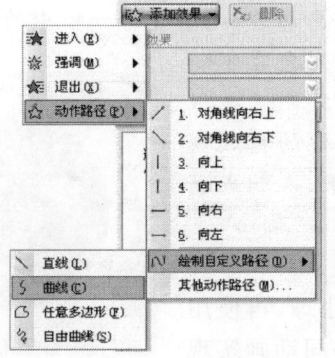
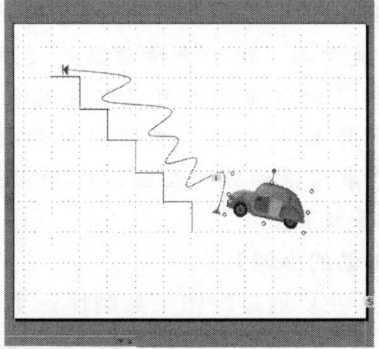

图 3-16 绘制自定义路径

图 3-17　自定义动画设置

(6) 设置动画播放的速度和触发方式。在右侧"自定义动画"任务窗格中的"速度"框中,选择"非常慢",再打开"网格线和参考线"对话框,在"网格设置"项中把"屏幕上显示网格"前面的勾去掉(图 3-17)。

设置完成后,播放幻灯片,检验动画效果,然后根据放映效果再作适当调整。

3.2　Flash 课件的制作

Flash 是美国的 Macromedia 公司于 1999 年 6 月推出的动画设计软件,是一种交互式开发工具,用它可以将音乐、图像、动画等多媒体元素融合在一起,方便快捷地制作动画效果。使用 Flash 制作课件,可以将很多抽象的过程以生动活泼的动画形式展现出来,从而改善教学效果。

3.2.1　Flash 基础知识

1. 动画原理及 Flash 的基本概念与操作

动画是通过连续播放一系列画面,给视觉造成连续变化的图画。它的基本原理与电影、电视一样,都是视觉原理。医学已证明,人类具有"视觉暂留"的特性,就是说人的眼睛看到一幅画或一个物体后,在 1/24 秒内不会消失。利用这一原理,在一幅画还没有消失前播放出下一幅画,就会给人造成一种流畅的视觉变化效果。

在 Flash 中,动画的制作方式可分为两种,一种是逐帧动画,另一种是补间动画。

☆补间动画与逐帧动画

所谓补间动画又叫做中间帧动画,渐变动画,只要建立起始和结束的画面,中间部分由软件自动生成,省去了中间动画制作的复杂过程,这正是 Flash 的魅力所在,补间动画也是 Flash 中最常用的动画效果;逐帧动画则是另一种常见的动画手法,它的原理是在"连续的关键帧"中分解动画动作,也就是每一帧中的内容不同,连续播放而成动画。由于逐帧动画的帧序列内容不一样,不仅增加了制作负担而且最终输出的文件量也很大,但它的优势也很明显,因为它与电影相似的播放模式,很适合于表演很细腻的动画,如 3D 效果、人物或动物急剧运动等效果。

【制作滚动的小球】

这个例子主要通过绘图工具制作一个小球,再使用颜色填充工具对小球填充颜色,最后使用补间动画实现小球滚动的动画效果(图 3-18)。

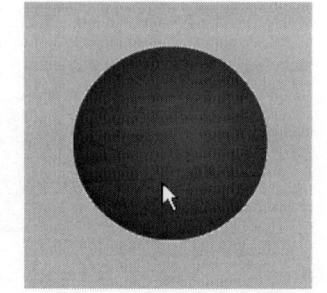

图 3-18　滚动的小球

操作步骤：

(1) 新建 Flash 影片文档。

☆图层与时间轴

在 Flash 动画中，图层的概念与 Photoshop 中的类似，每一个层面上可以有不同的画面，将这些图层叠在一起就组成一幅比较复杂的画面。Flash 中的每个图层都是相互独立的，拥有自己的时间轴。

Flash 的图层和时间轴如图 3-19 所示，图中左侧区域为图层，右侧为时间轴。时间轴上方的编号为帧编号，下方的 4 个按钮是 Flash 的洋葱皮按钮。在时间轴窗口的底部，还有一个状态栏。该栏显示的是当前帧数，以及当前动画所设置的帧速率。另外，在时间轴中，有一条红色的标记线，称之为播放磁头。播放磁头可以在时间轴中左右移动，指示显示在舞台上的当前帧。如果要定位到时间轴中的某一帧，既可以单击时间轴中的帧，也可以拖动播放磁头。

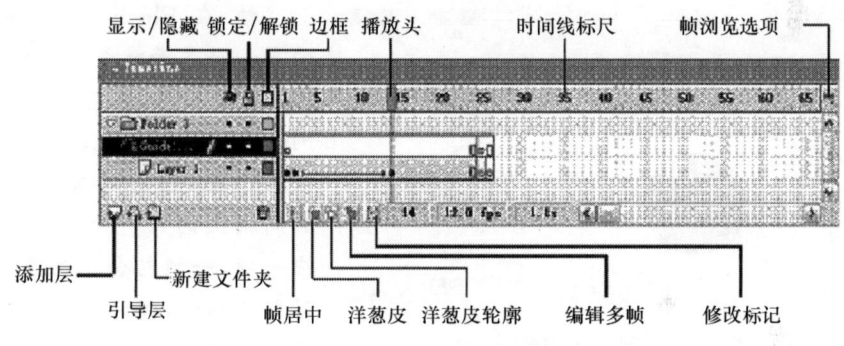

图 3-19 图层与时间轴

(2) 绘制圆形。使用工具栏中的"椭圆工具"绘制出一个圆形(图 3-20)。

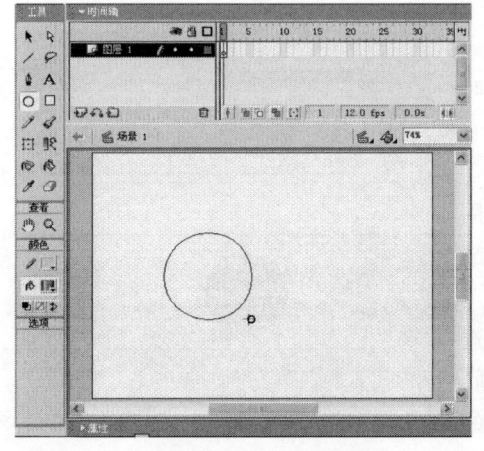 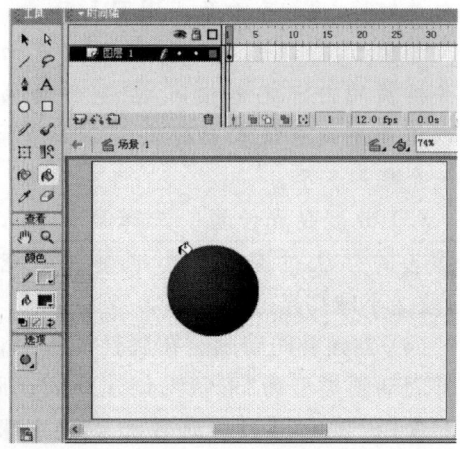

图 3-20 绘制圆形　　　　图 3-21 填充颜色

（3）填充颜色。使用工具栏中的"颜料桶工具"，选择颜色填充面板最下面的渐变填充色，对圆形进行颜色填充（图3-21）。

☆描边工具和填充工具的使用

墨水瓶工具的主要作用是对Flash舞台中一个封闭的区域进行描边。在使用墨水瓶工具的时候，首先选取工具栏中的"墨水瓶工具"，然后选择颜色，最后在舞台中的封闭区域的框线上点击一下鼠标左键就完成了描边操作。

与墨水瓶工具相似，油漆桶工具用于对Flash舞台中一个封闭的区域填充颜色。首先选中"油漆桶工具"，然后选择填充颜色，再在舞台中的封闭区域点击鼠标左键完成填充操作。

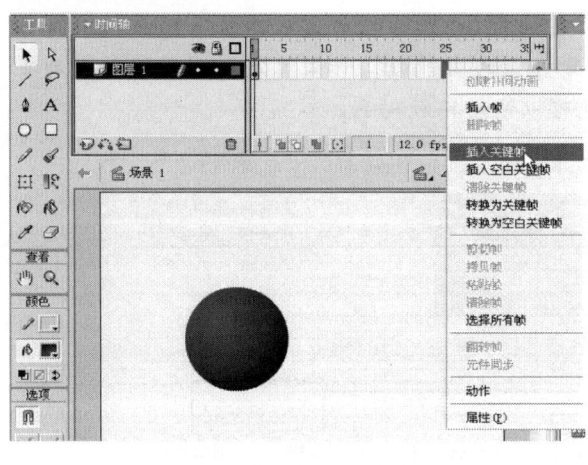

图3-22 插入关键帧

（4）插入关键帧。在"时间轴"的第25帧处，插入关键帧（图3-22）。

帧：在Flash中，组成动画的每一个画面就是一个帧，帧是Flash动画中最基本的单位。Flash动画大都是由很多个帧构成的。在Flash的工作界面中，时间轴上的每一个小方格都对应一帧，一帧包含了动画中某个时刻的画面，帧分为关键帧和普通帧两种。

关键帧：关键帧主要用于定义动画的变化环节，是动画中呈现关键性内容或变化的帧。如果关键帧中有内容，时间轴上用一个实心黑圆圈表示；反之，该帧称为空白关键帧，用一个白色小圆圈表示。

普通帧：普通帧中的内容与它前面一个关键帧的内容完全相同，在制作动画时可以用普通帧来延长动画的播放时间，它用一个矩形表示。

（5）改变高光位置。选择第25帧，用步骤③的办法对该帧的小球重新填充颜色，改变小球高光位置。

（6）创建补间动画。在属性面板中，选择补间动画类型为"形状"，创建补间动画。同时使用"选择"工具移动第25帧处小球的位置，产生小球向前滚动的效果（图3-23）。

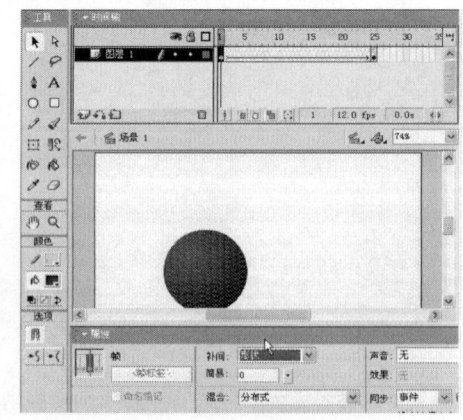

图3-23 创建补间动画

2. 图形及形状变化

【制作魔幻图形】

动画先呈现出一个圆形,然后通过形状变化,变为正方形。这个例子需要在起始和终结两处分别绘制圆形和正方形,中间的形状变化则由 Flash 的形状补间动画自动生成。如图 3-24 所示。

操作步骤:

(1) 新建 Flash 影片文档。

(2) 绘制圆。在时间轴上单击第一个关键帧,选择工具栏中的椭圆工具,并设置好填充颜色,然后按下 Shift 键绘制一个正圆。如图 3-25 所示。

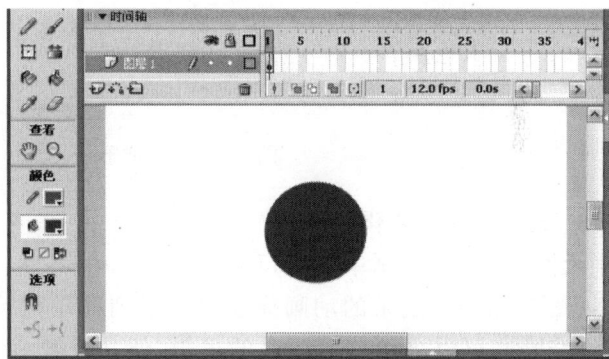

图 3-24 魔幻图形　　　　图 3-25 圆形帧

(3) 插入关键帧。在时间轴的第 30 帧处插入空白关键帧。

(4) 绘制正方形。在空白帧中使用矩形工具,并按下 Shift 键绘制一个正方形。如图 3-26 所示。

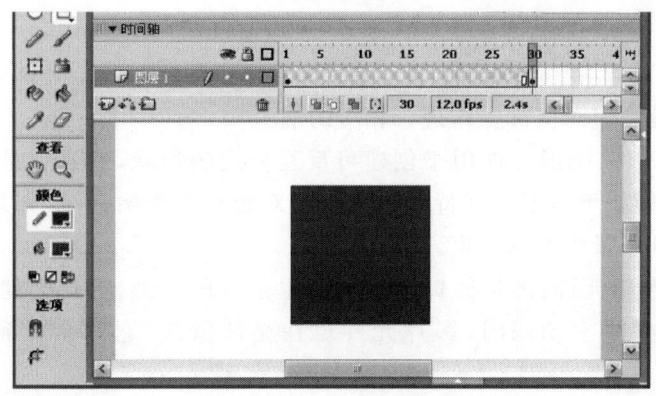

图 3-26 绘制方形

(5) 生成形状变化动画。打开属性面板,选择其中一个帧,设置补间动画类型为"形状",生成形状变化动画(图3-27)。

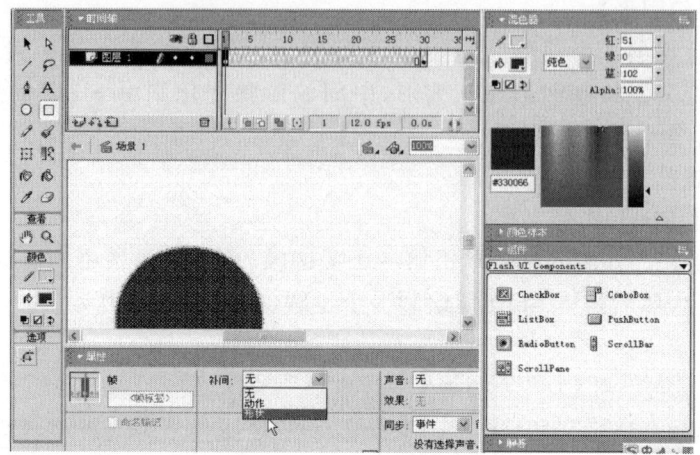

图3-27 生成形变动画

3. 元件与动作变化

元件是Flash动画中可以反复使用的一种部件,它可以是图形、按钮或影片剪辑(图3-28)。复杂的动画往往由一系列简单的元件构成,换言之,对于比较复杂的动画,可以采用分而治之的思想,使其分解为一个个简单的元件。元件类型有以下几种:

图3-28 元件类型

（1）按钮元件:按钮元件用于创建动画的控制按钮,以响应鼠标的按下、单击等事件。按钮元件包括"弹起"、"指针经过"、"按下"和"点击"等4种状态。根据需要,可以在按钮元件的不同状态上创建相应的动画,以使按钮对鼠标操作进行相应的响应。

（2）图形元件:图形元件用于创建可反复使用的形状,通常它是静止的图形,因此只需一个帧就可以了。其特点是拥有相对独立的编辑区域,如果将其调用到场景中,会受到场景中帧的约束。

（3）影片剪辑元件:影片剪辑元件本身也是一段动画,有自己的时间轴,可以独立播放。当播放主动画时,影片元件也在循环播放,它不会受到场景中帧的约束。

要使用元件可以在"窗口"菜单中打开"库"面板,将元件拖放到场景中,这个过程称为建立了该元件的一个实例,场景中的元件就称为一个实例。由于一个元件可以调用多次,且调用一次就产生一个实例,因此一个元件可以产生多个实例。

【制作转动的齿轮】

利用 Flash 中的绘图工具,首先建立一个齿轮元件;然后创建齿轮元件的转动动画。在设计动画时,首先创建图形元件,然后使用绘图工具栏和变形工具制作齿轮元件,最后利用 Flash 的运动补间动画,实现齿轮转动的转动效果(图 3-29)。

图 3-29 转动的齿轮

操作步骤:

(1) 新建 Flash 影片文档。

(2) 创建图形元件。单击插入菜单,选择"新建元件",创建图形元件,并将元件重命名为齿轮(图 3-30)。

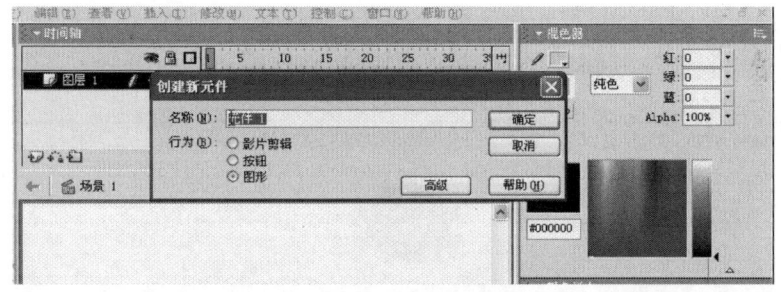

图 3-30 创建图形元件

(3) 绘制齿轮部件。使用绘图工具栏中的直线和矩形工具绘制齿轮的部件,然后进行组合和变形,最后使用颜料桶工具将部件填充为蓝色(图 3-31 和图 3-32)。

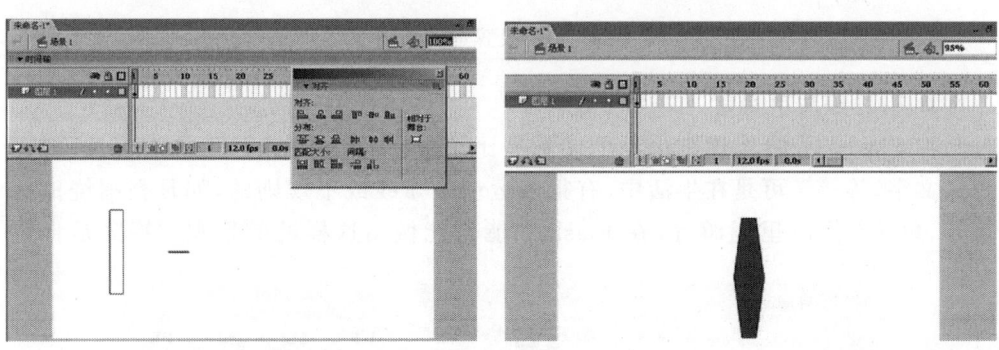

图 3-31 绘制齿轮的部件　　　　图 3-32 对部件着色

(4) 组合齿轮部件。选中制作好的齿轮部件,选择窗口菜单中的"设计面板"中的"变形"命令,设置旋转角度为 36 度,对齿轮部件进行变形(图 3-33),最后反复添加四个齿轮部件。使用椭圆工具绘制一个蓝底的圆,使用对齐命令将圆与齿轮部件组合起来,完成齿轮的绘制,操作过程如图 3-34 所示。

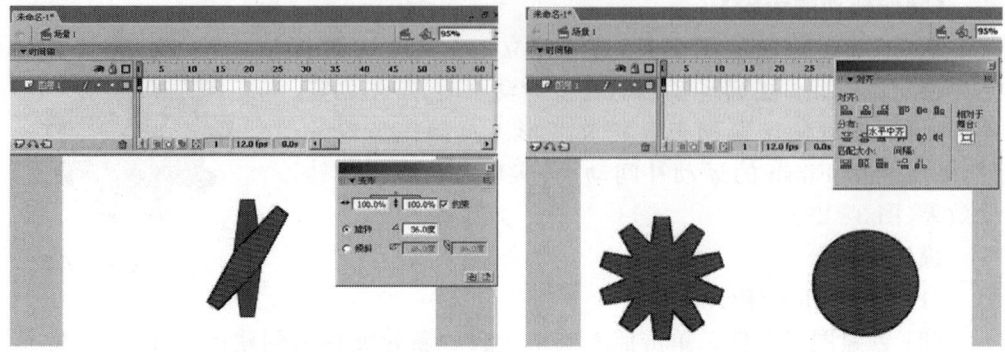

图 3-33　设置变形旋转角度　　　　图 3-34　组合齿轮部件

（5）设置运动动画。选中第一帧,在属性面板中选择补间动画类型为"动作",并将旋转方向设置为"顺时针",完成运动补间动画(图 3-35)。

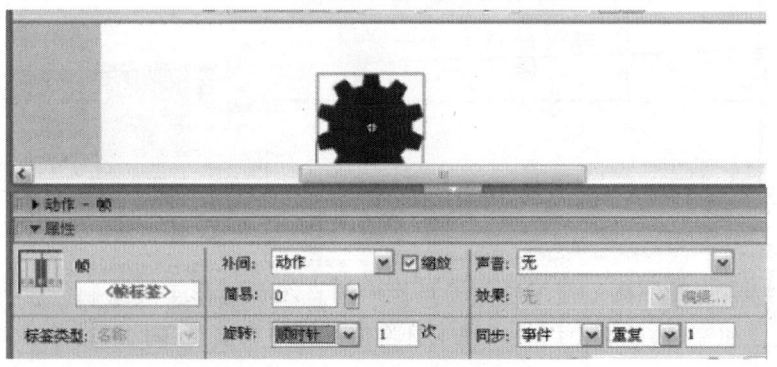

图 3-35　设置运动动画

4. 引导线与引导层

在 Flash 中,制作规则运动的动画是比较容易的,如飞机从山峰上飞过、辉光掠过文字,等等。可是在生活中,有很多运动是弧线或不规则的,如月亮围绕地球旋转、鱼儿在大海里遨游等,在 Flash 中能不能做出这样的效果呢？答案是肯定

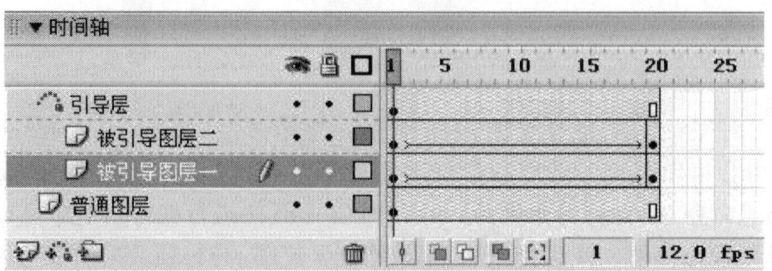

图 3-36　引导层与引导线

的,这就是"引导路径动画"。所谓的引导路径动画就是将一个或多个层链接到一个运动引导层,使一个或多个对象沿一条路径运动的动画形式(图 3-36)。这种动画可以使一个或多个元件完成曲线或不规则运动。

【制作旋转小球】

先前曾经制作过滚动的小球,在那个例子中小球是沿着一条规则的直线运动,这样的运动轨迹通常并不符合实际情况,怎样才能制作出不规则的运动路径的动画呢? 这个例子我们就通过 Flash 中引导层的设置来设计小球的运动路径从而完成一个弧线运动的旋转小球(图 3-37)。

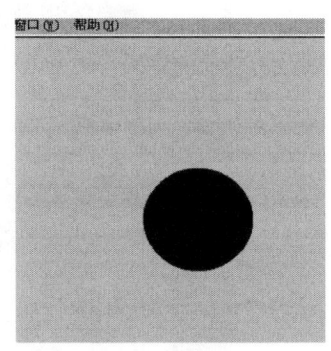

图 3-37 曲线运动的小球

制作步骤:

(1) 新建 Flash 影片文档。

(2) 制作小球的运动动画。制作一段小球自左至右运动的动画(图 3-38),具体步骤可参考【滚动的彩色小球】。

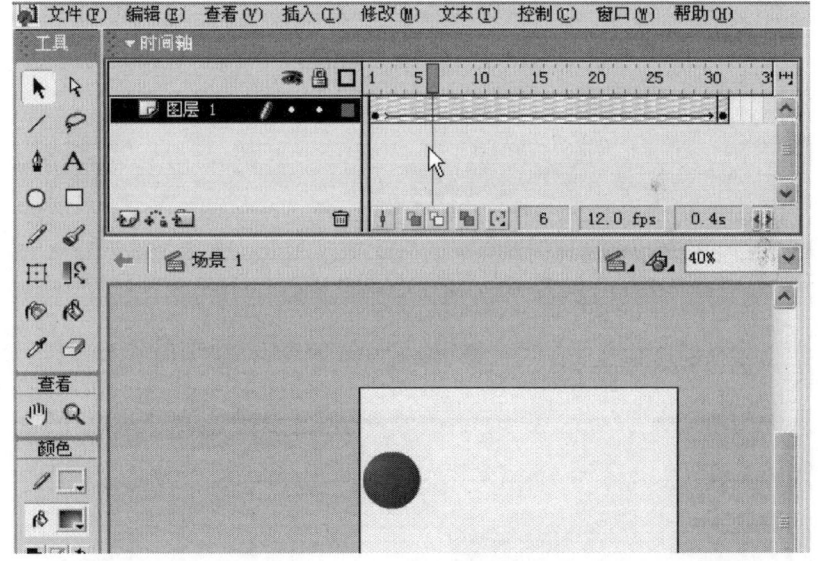

图 3-38 制作小球运动动画

(3) 插入引导层。点击图层与时间轴窗口下侧的插入引导层按钮,加入一个引导层(图 3-39)。

(4) 设置引导线。在插入的引导层里,绘制引导线(图 3-40)。

(5) 设置小球的起始位置。分别在第 1 帧和第 30 帧设置小球的位置,完成动画设置(图 3-41)。

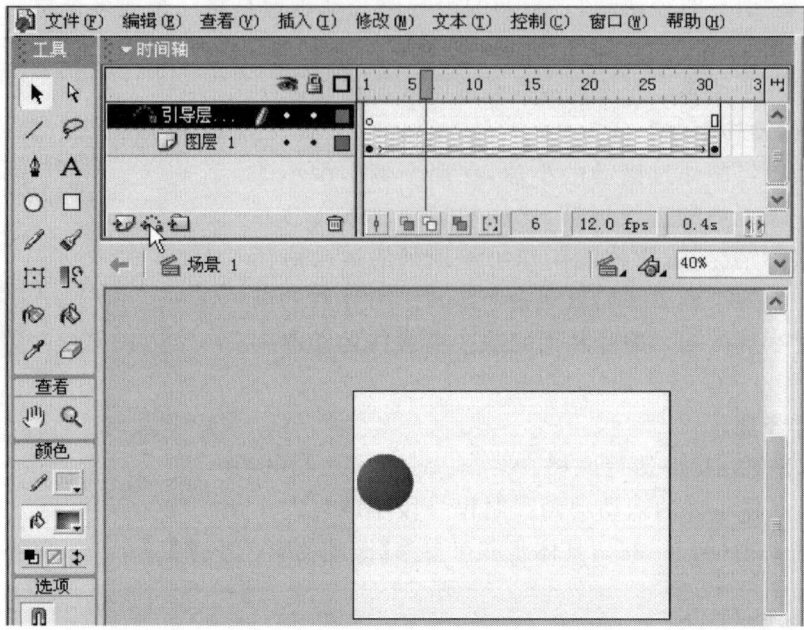

图 3-39 插入引导层

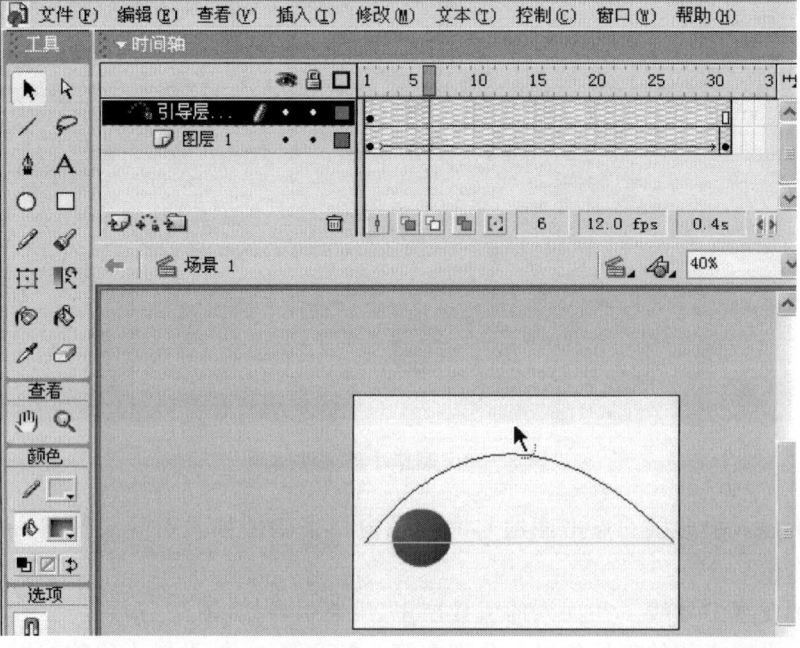

图 3-40 绘制引导线

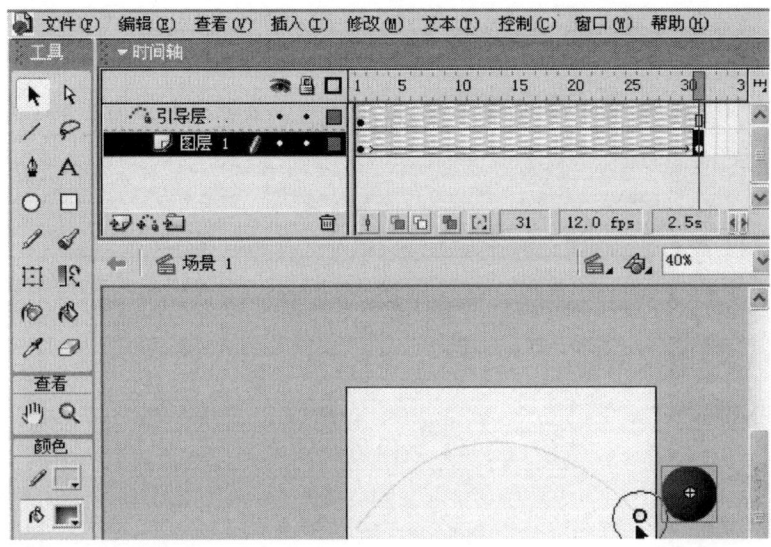

图 3-41 设置小球的起始位置

5. 遮罩与遮罩层

遮罩动画是 Flash 中的一个很重要的动画类型，很多特效动画都是通过遮罩动画来完成的。在 Flash 的图层中，有一种图层类型叫做遮罩层，为了得到特殊的显示效果，可以在遮罩层上创建一个任意形状的"视窗"，遮罩层下方的对象可以通过该"视窗"显示出来，而"视窗"之外的对象将不会显示。在 Flash 动画中，"遮罩"主要有两种作用，一种是用于整个场景或一个特定区域，使场景外的对象或特定区域外的对象不可见，另一种是用来遮罩住某一元件的一部分，从而实现一些特殊的效果。

【制作探照灯效果】

遮罩层的基本原理是透过该图层中的对象看到"被遮罩层"中的对象，从而实现特殊的动画效果。下面这个例子我们就通过遮罩层来设计一个文字的探照灯效果的动画。这个例子主要是将遮罩层加载在被遮罩层上面（文字图层），通过遮罩层的运动来实现动画效果（图 3-42）。

制作步骤：

（1）新建 Flash 影片文档。

（2）创建文字图层。创建图层 1，输入文字"祝福你新年快乐"（图 3-43）。

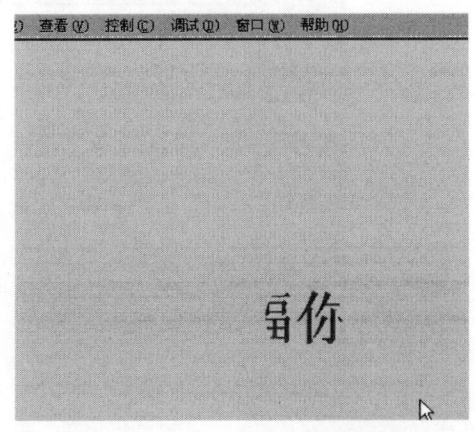

图 3-42 探照灯效果

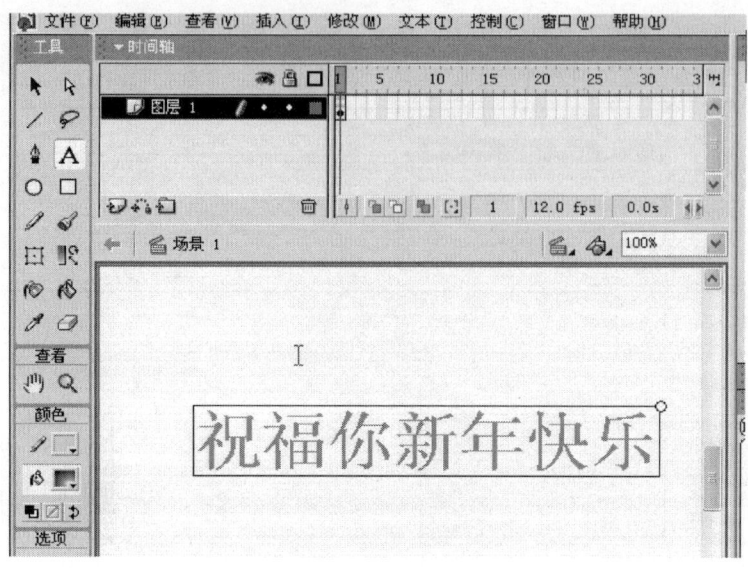

图 3-43 创建文字图层

（3）设计运动动画。新建图层 2，在图层中绘制一个圆，填充为绿色，并采用形变动画的方式设计圆的运动动画（图 3-44）。

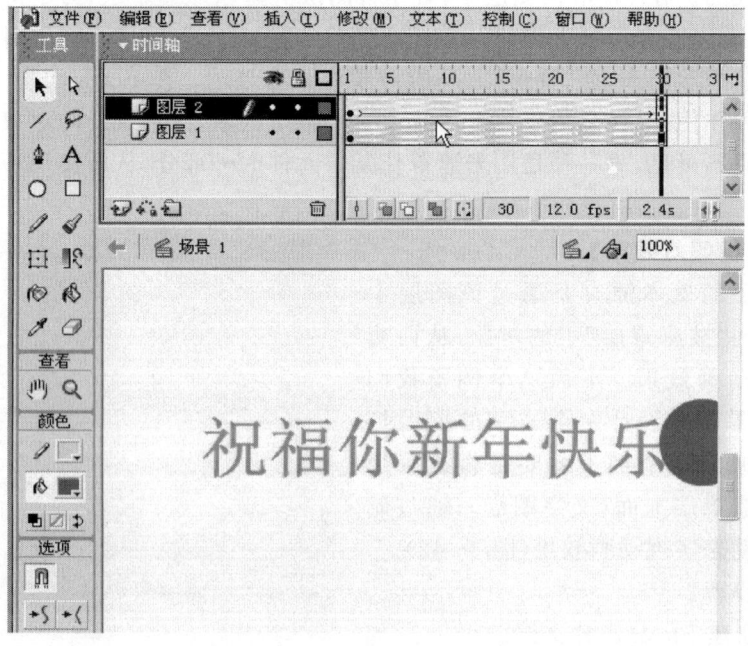

图 3-44 创建圆形的运动动画

(4) 设置遮罩层。选择图层 2，通过右键菜单创建遮罩层(图 3-45 和图 3-46)。

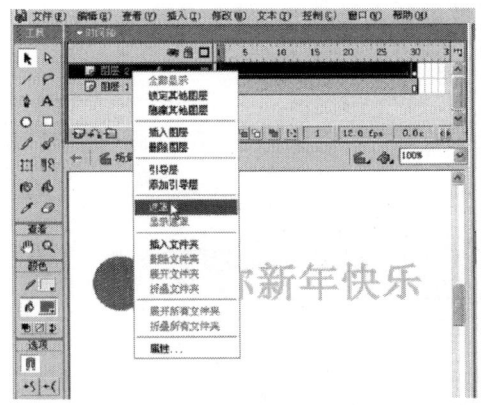

图 3-45　创建遮罩层

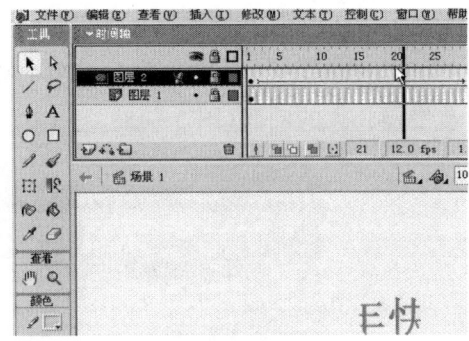

图 3-46　遮罩层效果

应用遮罩时的技巧：① 遮罩层的基本原理是能够透过该图层中的对象看到"被遮罩层"中的对象及其属性(包括它们的变形效果)，但是遮罩层对象中的许多属性如渐变色、透明度、颜色和线条样式等却是被忽略的。比如，我们不能通过遮罩层的渐变色来实现被遮罩层的渐变色变化。② 要在场景中显示遮罩效果，可以锁定遮罩层和被遮罩层。可以用"Actions"动作语句建立遮罩，但这种情况下只能有一个"被遮罩层"，不能用一个遮罩层试图遮蔽另一个遮罩层。③ 在制作过程中，遮罩层经常挡住下层的元件，影响视线，无法编辑。可以按下遮罩层时间轴面板的显示图层轮廓按钮，使遮罩层只显示边框形状，在这种情况下，你还可以拖动边框调整遮罩图形的外形和位置。

6. 脚本简介

ActionScript 是 Flash 的脚本语言，ActionScript 是一种基于对象的编程语言。在 Flash 中，通过使用 ActionScript 给动画添加交互性。

在简单动画中，Flash 按顺序播放动画中的场景和帧，而在交互动画中，用户可以使用键盘或鼠标与动画交互。例如，可以单击动画中的按钮，然后跳转到动画的相应部分继续播放；可以移动动画中的对象；可以在表单中输入信息等。使用 ActionScript 可以控制 Flash 动画中的对象，创建导航元素和交互元素，扩展 Flash 创作交互动画和网络应用的能力。

【制作小苗生长的动画】

一个动态展示小苗生长的例子，点击一下按钮，小苗就长高一点。这个动画利用 Flash 的 ActionScript 脚本，使用按钮对动画进行交互控制。首先通过动作脚

图 3-47　小苗的生长

本使得小苗长大的动画每播放一帧都自动停止,然后设置按钮动作使用户每点击一下按钮,动画就跳转到下一帧,从而实现最后的动画效果(图3-47)。

制作步骤:

(1) 新建Flash文档。

(2) 创建小苗长大的动画。首先创建三个图层,利用形变补间动画,制作一个小苗慢慢长大的动画(图3-48)。

图3-48 小苗长大的动画

(3) 加入动作脚本。新建一个图层,右键单击该图层,选择"动作",在调出的动作属性窗口选择"stop"命令(图3-49)。

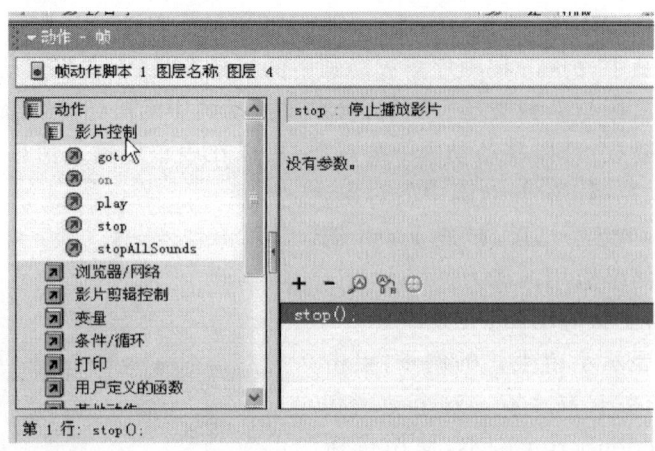

图3-49 设置动作属性

☆Flash 中的常见动作

gotoAndPlay(x)跳转并播放,它的作用是跳转到指定的帧并播放。参数 X 为要跳转到的帧,如 gotoAndPlay(1)就是跳至第一帧并播放。

play():开始播放影片。

stop():停止播放影片。

print(target,type):打印影片剪辑,其中 target 为内容名称,type 为类型。

if(〈表达式〉):如果……则……,条件判断语句,当条件成立时执行后面的语句。

else:与 if 联用,如果表达式正确则执行 if 后面的语句,如果表达式不正确则运行 else 后面的语句。

ifLoaded():判断动画是否已经加载。

return():在循环函数中返回值。

(4) 加入按钮。选中图层 4,点击窗口菜单中的公用库按钮,选择一个按钮加入(图 3-50 和图 3-51)。

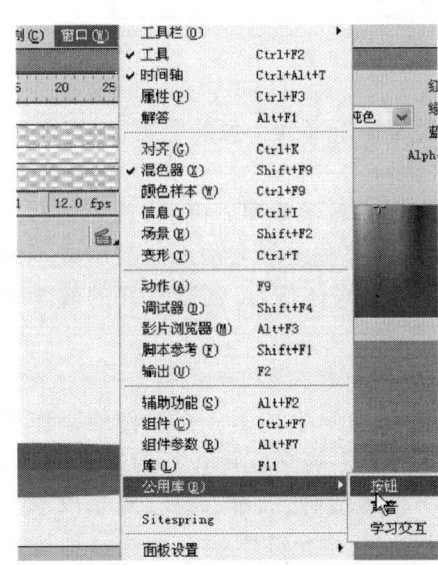

图 3-50 加入按钮一   图 3-51 加入按钮二

(5) 设置按钮动作属性。选中刚刚插入的按钮,加入动作脚本并对其进行设置。如图 3-52 所示。

3.2.2 Flash 课件制作方法

1. Flash 课件的制作原则

在使用 Flash 制作课件时,课件设计的实用性与适用性是设计者需要优先考

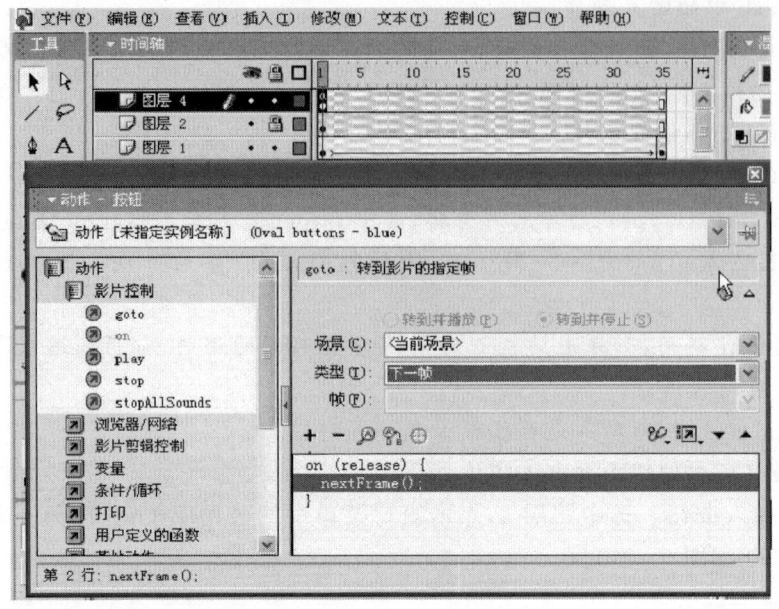

图 3-52 设置按钮动作

虑的。因此,在使用 Flash 设计制作课件一般要遵循下面几个大的原则:

1) 教学性原则

课件应用的目的是优化课堂教学结构,提高课堂教学效率。因此,首先关心的是利用 Flash 课件进行教学是否有必要。应当选取那些常规方法无法演示或不易演示、演示观察不清的内容,通过提供与教学相关的媒体信息,创造良好的教学情境,扩大学生的知识面、信息源。

2) 可操作性原则

课件的操作要尽量简便、灵活、可靠,便于教师和学生控制。在课件的操作界面上设置寓意明确的菜单、按钮和图标,避免层次太多的交互操作。为便于教学,尽量设置好各部分内容之间的转移控制,可以方便地前翻、后翻、跳跃;对于以学生课堂练习为主的课件,要对学生的输入做即时应答,并允许学生自由选择训练次数,训练难度;对于演示课件,最好要可以根据现场教学情况改变演示进程。

3) 科学性原则

科学性无疑是课件评价的重要指明之一,尤其是演示模拟实验,要符合科学性。课件中显示的文字、符号、公式、图表及概念、规律的表述式力求准确无误。但在科学性的评判上要做具体分析,科学性的基本要求是不出现知识性的错误,但是如果片面强调科学细节就会束缚人的手脚,不利于 Flash 课件的开发。所以,演示模拟原理要正确,要反映主要的机制,细节可以淡化,要尊重事实,允许必要的夸张。

4) 艺术性原则

一个课件的展示不但要取得良好的教学效果,而且要使人赏心悦目,以美的形式激发学生的兴趣。优质的课件应是内容与美的形式的统一,展示的对象结构对称,色彩柔和,搭配合理,有审美性。

2. 综合课件实例

【制作枫桥夜泊语文教学课件】

枫桥夜泊是小学语文课本中的教学内容,为了达到更好的教学效果,以生动活泼的动画形式展现诗歌的内容是很有必要的。主要设计思想是使用遮罩层对文本图层进行遮盖,从而实现诗歌动态展示的效果,其中涉及运动补间动画、形变补间动画、遮罩层动画的设置和多个图层动画之间的综合使用,是一个综合性较强的课件设计实例。

图 3-53　枫桥夜泊语文教学课件

制作步骤:

(1) 新建 Flash 影片文档。新建一个 Flash 影片文档,将其宽度设置为 500,高度设置为 382。

(2) 创建 bg 图层。选中图层 1,把该层重命名为 bg,将背景图片导入到工作区中。

图 3-54　设置 title 图层

(3) 创建 title 图层。新建一个 title 图层,点击 title 层第一帧,在工作区中输入"枫桥夜泊"。选择 title 图层第 1 帧,将该图层转换为图形元件。在 title 图层第 30 帧处创建关键帧,在 bg 层第 30 帧处插入帧。选择 title 层第 1 帧,使用任意变形工具把文字拉大,并且在 title 层 1 到 30 帧之间任何一帧双击鼠标,创建动作动画(图 3-54)。

(4) 创建 author 图层(图 3-55)。新建 author 图层,在该层第 30 帧插入关键帧,选择文字工具,字体选择为"文鼎古印体"(没有这个字体可以选用其他字体),文字大小为 20,颜色设置为红色,在工作区输入"张继",选择工具栏中矩形工具在"张继"旁边拉一个边框。选择箭头工具,在参数栏中点击变形图标,把图形旋转变形,并把图形移到如图 3-53 的位置。

(5) 创建 text 图层。新建 text 图层,在该层第 42 帧插入关键帧,在 bg 层第 42 帧插入普通帧。在工作区中纵向输入诗句内容,输入完成后用箭头工具选中刚刚输入的诗文,对文字进行"分离"操作(图 3-56)。

图 3-55　创建 author 图层　　　　图 3-56　创建 text 图层

（6）创建遮罩层。新建 mask 图层，在第 42 帧处创建关键帧。选择工具栏中矩形工具，在工作区中拖出一个红色边框，把诗句全部覆盖。在 mask 图层第 72 帧处创建关键帧，并在 text、bg 层第 72 帧处插入普通帧。单击 mask 第 42 帧，选择箭头工具，在红色边框周围拉一个框，选中这个红色边框绝大部分，使用菜单"编辑"中的"清除"选项，把选中的部分删去（图 3-57）。

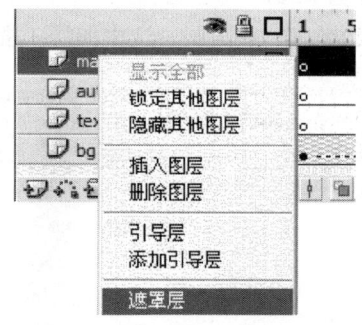

图 3-57　创建遮罩层　　　　图 3-58　把 mask 层设置为遮罩层

（7）设置遮罩动画。在 mask、text、bg 层第 75 帧处，插入普通帧将各层延长至 75 帧处。最后选择 mask 图层从第 42 到第 72 帧中任意一帧，创建形变补间动画，最后将 mask 层设置为遮罩层，完成整个课件的设计与制作（图 3-58）。

3.3　视频课件制作

3.3.1　视频课件的设计

1. 视频课件的分类

视频课件指的是可以利用信息技术进行传播，并直接可应用于课堂教学的视频教材，或与教学课程配套的视频参考资源。根据视频课件的制作方式可以把视频课件分为以下三类：

1) 基于屏幕录制制作的视频课件

通过屏幕截取制作视频课件是通过软件截取、录制屏幕录像，并将其输出为多种格式的视频文件。采用屏幕录制技术得到的视频课件具有所需硬盘空间小、录制方便、简单直观的优点，特别适合用于计算机软件操作类教学。

☆常用的屏幕录像软件

常用的屏幕录像软件有Snaglt、屏幕录像专家等，其中屏幕录像专家是一款共享的专业屏幕录像软件，使用它可以轻松地将屏幕上的软件操作过程录制成Flash、AVI、ASF以及自播放的exe文件等多种格式（图3-59）。

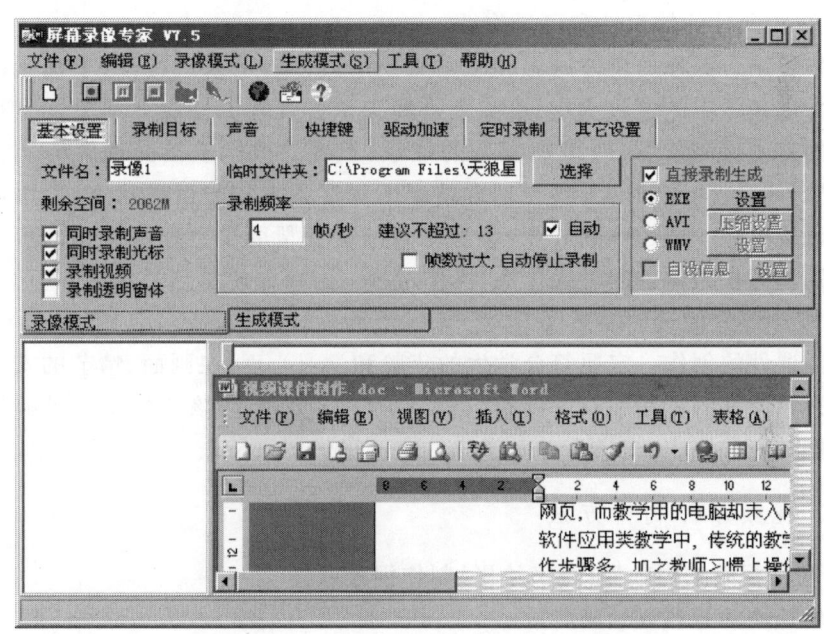

图3-59 使用屏幕录像专家捕捉视频

2) 基于影像资料制作的视频课件

基于影像资料制作的视频课件具有效果生动、易于实现的特点，适用于营造课堂教学气氛。而视频素材的采集方法也很多，最常见的是用视频采集卡配合相应的软件（如Adobe公司的Premiere、友立公司绘声绘影、微软的MovieMaker等）来采集录像带、DV带上的素材。采用这种方法素材的来源较广，缺点是硬件投资较大。另一种方法是利用软件截取VCD或者DVD上的视频片段（截取成*.mpg文件或*.bmp图像序列文件），或把视频文件*.dat转换成Windows系统通用的AVI文件。这种方法的特点是无需额外的硬件投资，有一台多媒体电脑就可以了，用这种采集方法得到的视频画面的清晰度,往往要高于用一般视频采集卡从录像带上采集到的视频画面。

3)基于 Flash、3DMax 等软件制作开发的视频课件

使用 Flash、3DMax 等软件开发的视频课件,具有效果生动美观、互动性强的优点。特别适用于将一些抽象的变化过程形象化,如化学课程中的分子运动等,缺点是实现起来需要了解相关的软件知识,实现难度相对比较大。

2. 视频课件设计原则

视频课件将语言、文字、声音、图形等多种媒体有机地集成一体,有助于提高教学信息传播效率,增强教学的积极性、生动性和创造性。为了使视频课件更有效地发挥作用,在设计视频课件时应注意以下两点:

1)注意课件的知识性和可操作性

创作要结合课程的具体内容和教学大纲的具体要求来进行,对于视频课件的创作要力求在学生的学习重点、难点上有所突破。视频课件应有利于学生在教师指导下的自主探究学习,应该把复杂的抽象、不容易被学生接受理解的知识直观化,把受时间、空间限制的不易在正常情况下观察到事物的运动状态,运用信息技术直观显现出来。通过声画并茂、动静结合的课件帮助学生理解课程内容。创作时要特别注意视频课件的可操作性,操作过程一定要简便易行。

2)视频课件的选题要适度

视频课件的创作一定要符合学生的年龄和学习心理,在画面、情节的安排上要适度。视频课件的主题和长度要符合课堂教学的实际,应该让学生有足够的时间和空间接受所学课程的内容,并对学生的交互提供切入量。

3.3.2 视频课件制作方法

1. 利用视频编辑软件(绘声绘影)制作视频课件

☆线性编辑与非线性编辑

线性编辑(linear editing):是传统的视频编辑方式。线性编辑系统由一台放像机、一台录像机和编辑控制器组成,也可以由多台录、放像机加特技设备组成复杂系统。通过放像机选择一段合适的素材,然后把它记录到录像机中的磁带上,再寻找下一个镜头,然后再记录,如此反复,直到把所有的素材都按顺序剪辑记录下来。通常完成一个视频的剪辑要反复更换录像带,寻找需要的部分,整个制作过程非常繁琐,而且经过多次的重复编辑还会降低视频质量。传统的线性编辑在编辑时也必须顺序寻找所需要的视频画面。用传统的线性编辑方法在插入与原画面时间不等的画面,或删除节目中某些片段时都要重编,而且每编一次视频质量都要有所下降。

非线性编辑(non-linear editing):是针对线性编辑而言的,简称非编。非线

性编辑系统实际上是扩展的计算机系统,由一台高性能计算机和一套视频、音频输入/输出卡(即非线性编辑卡),配上一个大容量 SCSI 磁盘阵列便构成了一个非线性编辑系统的基本硬件。非线性编辑系统直接从计算机的硬盘中以帧或文件的方式存取素材、进行编辑。它是以计算机为平台的专用设备,可以实现多种传统视频制作设备的功能,对素材可以随意地改变顺序,随意地缩短或加长某一段,添加各种效果等。数字化的存储方式则使文件剪辑、复制等操作不再出现损耗。使用非线性编辑系统,可以尽情发挥想象力,不再受线性编辑系统的束缚。

【制作电子相册】

使用会声会影来制作电子相册,需要把照片作为图片素材导入视频,在不同照片之间加上转场特效和视频滤镜特效。在视频的开始和结束部分还要添加上合适的字幕,最后加入背景音乐并将视频选择合适的格式输出(图 3-60)。

制作步骤:

(1) 新建项目文件。打开会声会影软件,选择文件菜单下的"新建项目",创建项目文件(图 3-61)。

图 3-60　制作电子相册

图 3-61　新建项目文件

（2）插入照片。选中编辑菜单，然后选择素材类型为图像（图 3-62），插入图像素材至素材库中，并将图像素材拖动到时间轴上（图 3-63）。

图 3-62　插入照片素材一

图 3-63　插入照片素材二

（3）加入转场特效。给刚刚加入的图像素材之间，添加上转场特效（图 3-64）。

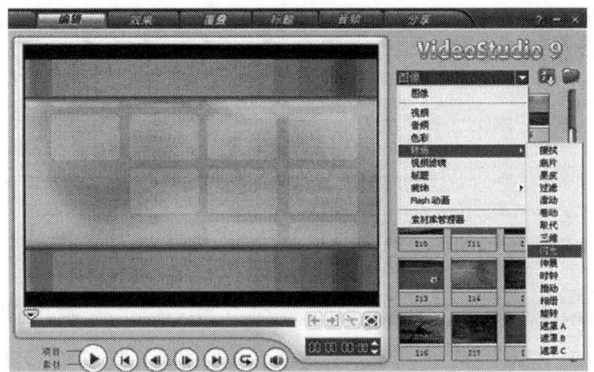

图 3-64　加入转场特效

（4）加入视频滤镜。添加所希望的视频滤镜效果（图 3-65）。

图 3-65　加视频滤镜特效

（5）加入字幕。在视频的开始和结束加入字幕，并选择字幕的播放效果（图 3-66）。

图 3-66　加入字幕

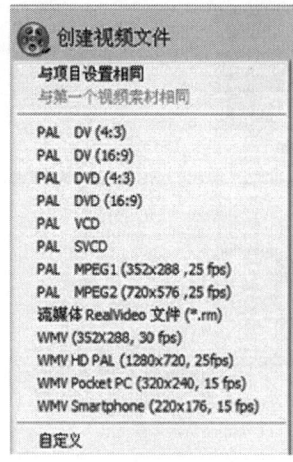

图 3-67　选择视频输出格式

(6) 输出视频。完成相册的创建之后，可以选择"分享"菜单下的"创建视频文件"，选择我们所需要的视频格式用以输出（图 3-67）。

2. 使用脚本语言与流媒体技术制作视频课件

近年来随着流媒体技术的发展和网络视频的普及，使用脚本语言（如 SMIL、RealText、RealPix 等）对视频文件进行整合和处理逐渐开始流行起来。使用脚本语言处理视频具有交互性好、实现速度快、无须购买安装软件的特点。目前相当多的在线视频网站，如美国的 youtube、国内的土豆网等都大量使用脚本语言对视频进行处理、整合。在教学课件尤其是网络课程中，使用脚本语言与流媒体技术同样可以大大提高用户开发视频课件的效率。

☆流媒体简介

流媒体定义很广泛，简单地说就是一种数据传输方式，现在主要应用在语音合成技术和网络传送媒体技术。当网络传送媒体（如视频、音频）的时候，因为 A/V 文件都较大，需要的存储容量也较大，而由于网络带宽的限制，下载常常要花数分钟甚至数小时，采用传统的数据处理方法时间延迟很大。使用流式传输技术，用户不必等到整个文件全部下载完毕，而只需经过几秒或十数秒的数据缓存即可进行观看。当多媒体在客户机上播放时，文件的剩余部分将在后台从服务器内继续下载。流式传输技术实际上是边处理数据边获取数据的一种同步数据处理方式。

1）使用 SMIL 制作、处理视频课件

SMIL（synchronized multimedia intergration language，同步多媒体集成语言）是一种简单易于理解的多媒体语言。其主要标记见表 3-1。它可以集成到其他 XML 语言中，其他 XML 语言也能集成到该语言中，从而强化 XML 的"可扩展"特征。SMIL 能用于控制从源流进的媒体，如 RealAudio 和 RealVideo 以及各种其他媒体格式，包括图像、文本、声音和视频等。

表 3-1　SMIL 主要标记

标记名称	作用
Seq	顺序播放多媒体片断，在这个标记之间的多媒体片断按照先后顺序播放
Par	同时播放两个或更多的多媒体片断。在这个标记之间的多媒体片断并行播放。在需要的时候，可以嵌套使用<Seq> 和<Par> 标记
Video	用来指定视频源
Layout	用来规划可视媒体的布局
Begin、End	定义文件的开始与结束
Transition	设置转场效果

SMIL 文件的扩展名为 smil 或 smi,如果你使用过 HTML,就可以很快的熟悉 SMIL 语法,创建基本的 SMIL 文件就像创建一个简单 HTML 页一样简便,我们可以使用任何文本编辑器创建 SMIL 文件。

【使用 SMIL 制作转场特效】

转场效果,在演示视频片断时是经常需要使用到的,例如:一段视频演示完了,该接着演示下一段。两段视频中间需要有一个过渡,这个过渡我们就称为转场效果。

制作步骤:

(1) 新建文件。使用记事本新建一个文本文件。

(2) 输入流媒体代码。在记事本中输入以下代码,并将文本文件以.smil 为扩展名进行保存。注意要将该文件和代码中用到的视频文件放置在同一个文件夹下。

```
<smil xmlns="http://www.w3.org/2001/SMIL20/Language">
<head>
<transition id="fade1" type="fade" subtype="fadeToColor" dur="4s"/>
<transition id="fade2" type="fade" subtype="fadeFromColor" dur="4s" />
</head>
<body>
<video src="test.rm" transIn="fade2" transOut="fade1"dur="4s"/>
</body>
</smil>
```

在这个例子中,transition 标记中声明要设置转场效果。id="fade1"设置了该转场效果的 id 号,type 设置了转场效果的基本类型为 fade("淡入淡出型"),subtype 设置了转场效果的具体类型(子类型)为 fadeToColor,dur="4s"设置了该场效果完成的时间。

2) RealText 制作流式文本文件

和 Smil 语言一样,RealText 语言是纯文本类型的标记性语言,因此我们可以在任何文本编辑器中打开和编辑 RealText 文件。和 SMIL 语言一样,RealText 语言与 HTML 语言有很多相似之处,但两者之间也存在一些重要的不同,特别需要提醒读者的是,RealText 编写的文件一定要以".rt"为后缀名进行保存。RealText 文件可以通过 SMIL 语言和其他流媒体文件(如视频、声音、Flash 动画等)组成流式多媒体节目。其主要标记见表 3-2。

RealText 的基本格式如下:

```
<window...options...>
...RealText 的其他标记...
</window>
```

表 3-2　RealText 主要标记

标记名称	作用	主要属性
Window	定义文件的开始与结束	Type、duration、bgcolor 等
Time	定义文字内容的开始与结束时间	Begin、end
Clear	清除存留子用户系统缓存中的文字内容	
Pos	定义后面文字段的显示起始点	X、Y

注：更多的 RealPix 和 RealText 标记请访问：http://service.real.com/help/library/guides/realpix/realpix.htm

【使用 RealText 制作流媒体文本】

通过使用 RealText 来设置流媒体文本出现的时间、字体、样式、切换效果，最终制作出一段幼儿故事流媒体文本视频（图 3-68）。

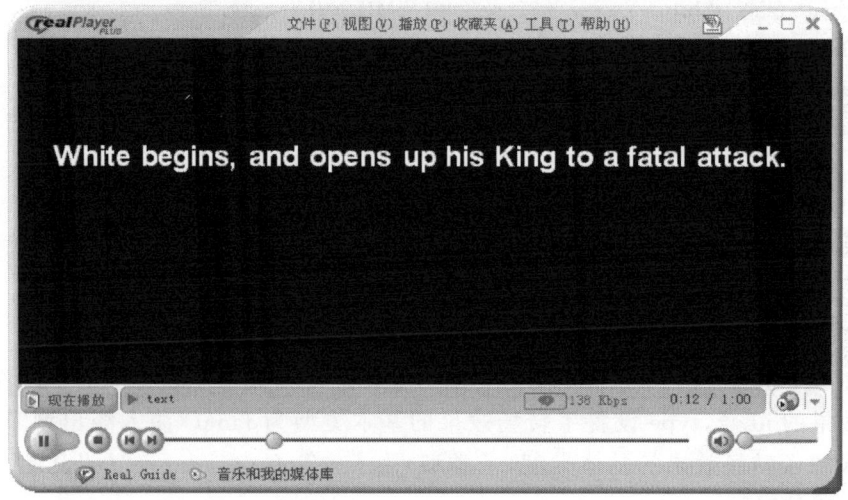

图 3-68　RealText 实例

制作步骤：

（1）新建文件。使用记事本新建一个文本文件。

（2）输入流媒体代码。在记事本中输入以下代码，并将文本文件保存为 .rt 格式。

＜window width＝"560"height＝"100"bgcolor＝"black"/＞
＜font color＝"white" face＝"arial" size＝"＋2"＞
＜b＞
＜center＞
＜time begin＝"00:00:00.00"/＞＜clear/＞
The Fool's mate is often tried on new comers to the game of chess.

\<time begin="00:00:05.00"/>\<clear/>

White begins, and opens up his King to a fatal attack.

\<time begin="00:00:12.50"/>\<clear/>

Black moves a pawn to give her Queen room to move out.

\<time begin="00:00:19.50"/>\<clear/>

White moves the other pawn forward, leaving a clear line of attack on the King.

\<time begin="00:00:31.46"/>\<clear/>

Black checkmates using her Queen.

\<time begin="00:00:34.90"/>\<clear/>

It is rarely a good idea to move the pawns on f2, g2 and h2 so early in the game as the King normally castles on this side. If the pawns have been moved, they can no longer offer him adequate protection.

上述的源代码主要通过<time></time>标记设置流式文本的播放开始时间和转场关系，通过<windows>标记来设置窗口的大小、颜色、背景等，<font>标记设置流式文本的字体、字号、颜色等。其中 Windows 标记是必不可少的、其他的 RealText 标记择是可选的。

3) 用 RealPix 制作流式图像文件。RealPix 是由 Real Networks 开发，进行媒体点播或广播的流媒体文本文件的标记性语言，属于扩展性标记语言的范畴（XML）。其主要标记见表 3-3。只有通过 Real 服务器才能真正地测试 RealPix 文件的网络发布效果。由于 RealPix 文件的网络发布需要消耗比 RealText 多的传输带宽，所以实际测试网络发布效果非常重要。

RealPix 的基本格式如下：

<imfl...options...>
...RealPix 的其他标记...
</imfl>

表 3-3　RealPix 主要标记

标记名称	作用	主要属性
Imfl	定义文件的开始与结束	
Head	定义文件的头部信息如作者、标题等	Timeformat、Duration、Birate
Fill	在 RealPix 中显示一个带有颜色矩形区域	Start、color
Fadein/fadeout	产生图像切换的效果	Start、duration、target
Crossfade	两个图像的替换效果	Start、duration
ViewChange	使图像在显示窗口发生上下左右移动或缩小	Start、duration、maxfps

注：更多的 RealPix 和 RealText 标记请访问：http://service.real.com/help/library/guides/realpix/realpix.htm

【使用 RealPix 制作流式图像文件】

通过 RealPix 来对多张图片进行缩放、移动、转场等设置，最终实现图片切换变化的动态视频（图 3-69）。

图 3-69　RealPix 实例

制作步骤：

（1）新建文件。使用记事本新建一个文本文件。

（2）输入流媒体代码。在记事本中输入以下代码，并将文本文件保存为 .rp 格式。

<imfl>
<head title ="RealPix(rm) Sample Effects" duration ="46" birate="12000" width="256" Height="256" aspect="true" url="www.real.com">
<！－设定图像文件的操作数－－>
<image handle="1" name="jbeans.jpg">
<image handle="2" name="pappers.jpg">
<image handle="3" name="elephant.jpg">
<image handle="4" name="hippo.jpg">
<image handle="5" name="interior.jpg">
<！－设定 fadein 和 crossfade 效果>
<fill start="0" color="black">
<fadein start="1" duration="2" target="1"/>

＜crossfade start="4" duration="3" target="2"/＞
＜!－图像缩放与移动－－＞
＜fadein start="29" duration="3" target="5"/＞
＜viewchange start="32" duration="3" srcx="0" srcy="0" srcw="160" srch="160"/＞
＜viewchange start="35.5" duration="3" srcx="96" srcy="0" srcw="160" srch="160"/＞
＜viewchange start="39" duration="3" srcx="96" srcy="96" srcw="160" srch="160"/＞
＜viewchange start="42.5" duration="3" srcx="0" srcy="0" srcw="160" srch="160"/＞
＜/imfl＞

在这段源代码中，我们可以看到 RealPix 图像文件可用＜fadein/＞和＜viewchage/＞等标记设置与制作图像文件的转场效果、移动与放缩等。其中＜viewchange/＞标记所产生的效果是使图像文件发生上下左右移动或者是缩小放大。如上例源代码中所示＜viewchange start="32" duration="3" srcx="0" srcy="0" srcw="160" srch="160"/＞是指一个自 32 秒开始，持续 3 秒的图像移动过程，srcx、srcy、srcw、srch 分别指图像变化效果的图像区域的大小和位置，如果这一组属性缺省，则源区域为整个图像。

第4章 学习网站的设计与开发

本章主要内容
- ■ 学习网站设计开发的前期准备
- ■ 静态网页制作
- ■ 动态页面制作
- ■ 学习网站的发布

4.1 学习网站设计开发的前期准备

4.1.1 知识准备

1. 学习网站的设计原则

学习网站是基于网络资源的一种专题研究、协作式学习系统。它通过网络学习环境向学习者提供专题学习资源和协作交流工具,提供一种区别于传统课堂的网络化教学平台。作为一种服务于特定教学目的的网站形式,它的设计一般要遵循如下一些原则:

1) 主题性原则

网站的创作和文章的创作一样,都需要有一个鲜明的主题,这样才使得网站页面之间有很好的凝聚力。同样对于访问者来说,这也是一种很好的导航。

2) 风格统一原则

整个网站的设计要采取统一的风格,这样使网站看起来更专业。风格要突出自己的个性,无论是文字、色彩的运用,还是版式的设计。

3) 导航清晰原则

对于栏目众多的网站,为了防止访客的迷航,清晰的导航结构将显得尤为重要,它可以明确地提醒访客所处的位置或者引导访客下一步的走向。

4) 教学性原则

专题学习网站最终是为了教学的需要,因此无论是确定主题,选择内容,还是设计交互,制定评价指标,都要围绕这个教学需要这个中心而展开。

5) 对象特定性原则

学习网站的对象相对比较单一,主要是处在一定知识水平、一定能力阶段的学习者。这一原则要求在网站的设计和规划过程中充分考虑特定阶段学习者的个性心理特征和知识准备等特点。

6) 教学设计的原则

教学设计是在现代教育理论指导下,为了促进学生的学习和发展而设计的解决教与学问题的一套系统化程序。特别是在新的网络环境下开展基于网络的自主、探究式学习,教师直接控制减少,因此恰当的教学设计更显出了其自身的重要性。

2. 网站的开发流程

总的来说,网站建设要经历网站需求分析、规划设计、资源收集、开发测试、发布、管理和维护等循序渐进的几个过程。学习网站建设也是如此,应在遵循上述网站建设原则的基础上依次展开。

在具体的实施过程中,每个过程又有更加细化的任务,网站的开发流程如图4-1所示。

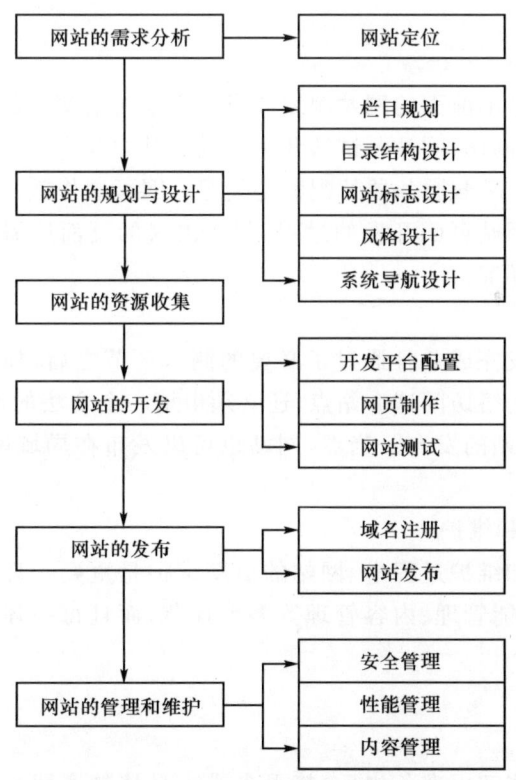

图 4-1 网站的开发流程

1) 网站的需求分析

需求分析就是要完成网站定位的任务,即要确定网站的建设目标、网站的访问对象、网站的服务内容等。明确一点来说,就是要通过需求分析来回答"为什么要建设这个网站？为哪一类用户群体开发这个网站？将来的网站平台应该提供哪些方面的内容与服务？"这几个问题。

2) 网站的规划与设计

网站的规划和设计的具体任务主要体现在栏目规划、目录结构设计、网站标志设计、风格设计、导航系统设计等几个环节。其中栏目规划在于形成一个网站的整体逻辑结构；目录结构设计要考虑的是如何更好地规划网站文档和资源的存放路径问题；网站标志设计通常指的是网站的 Logo 设计；风格的设计在于确定网站的总体基调，它一般涵盖色彩搭配、字体设计、布局设计、动画设计、图标设计、交互设计等多个方面；导航设计的目的在于实现网站的信息导航功能，其中导航栏和路径导航标识是经常采用的形式。

3) 网站的资源收集

这是网站正式动工之前的素材准备过程。可以通过网络获取素材，也可以自己创作所需的素材。

4) 网站的开发

网站的开发就是把前面的网站规划和设计方案付诸实践的过程。具体要经过开发平台配置、网页制作、网站测试这几个流程。其中开发平台配置主要是指软件平台的配置，而其中 Web 服务器的配置是关键。网页制作就是利用一些专门的网页制作工具来进行网站页面开发的过程，制作出来的页面还需经过网站测试工作才能真正进入发布环节。

5) 网站的发布

当网站最终开发完成并且通过了必要的测试环节之后，如果要想让所有的因特网用户可以通过网络访问这个站点，还必须申请一个合法的域名，然后对外发布这个站点，这就是网站的发布。当然，网站也可以发布在局域网内，供特定的学习者访问。

6) 网站的管理和维护

在网站的管理和维护过程中，网站的更新维护是重要一环。网站的管理和维护分为安全管理、性能管理、内容管理等多个环节，而且每一环节通常都贯穿在网站运行的始终。

4.1.2 前期规划

有了前期的一些知识准备之后，接下来进入具体的实践环节。本章的活动脉络就是按照学习网站开发流程，设计和开发一个小学英语学习网站。

在进行具体的网站开发之前，需要经过网站的需求分析、规划设计以及资源收集等几个阶段。对于一个具有丰富教学经验的一线教师来说，需求分析，资源搜集的工作应该并不太难。所以在前期的规划准备过程中，应把重点放在了栏目的规划工作上。图4-2是小学英语学习网站的栏目设置示例。

根据小学生的认知特点和个性心理特征,本示例网站规划了单元课堂、故事乐园、趣味测试和视听长廊四个主栏目,然后对每个栏目又进行了细化形成了下一级的栏目集合,最终得到树状网站逻辑结构图(图4-2)。

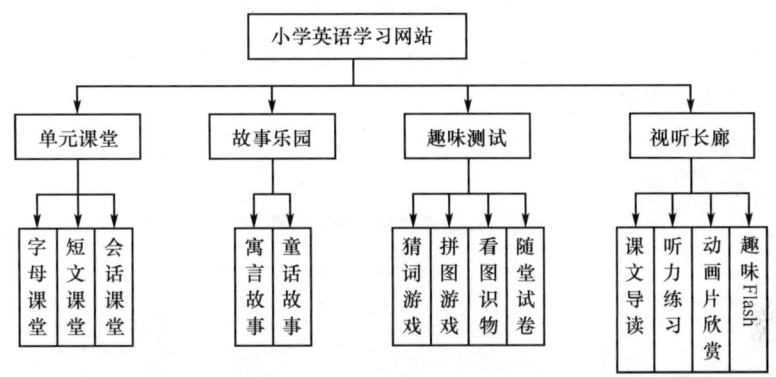

图4-2 示例网站栏目规划

有了这个网站的整体架构,就相当于拟定了网站的建设图纸。接下来将进入具体开发过程,逐步丰富和完善这个网站的骨架,最终完成这个英语学习网站的建设任务。

4.2 静态网页制作

4.2.1 建立站点

通俗的理解,站点其实就是围绕于某个特定主题的一批网页及其相关的文档、多媒体素材、程序等的集合。有经验的网站开发者会有组织、有层次、分门别类地规划这些文件。FrontPage作为一个集网站开发、管理功能于一身的集成开发环境,也提供了方便的站点管理工具。这个管理工具不仅能帮助开发者方便地管理本地文档的集合,同样也可以管理文档与文档之间的链接关系,同时对于网站测试和发布等一整套流程也提供完美的支持。

【英语学习网站建站】

为了管理文档的方便,在开发此英语学习网站之前需要先建立一个与之对应的站点。FrontPage的网站模板功能提供了多种创建站点的方式,如创建个人网站、项目网站、讨论型网站、展示型网站等。这里选择最简单、最灵活的一种方式——创建一个单网页站点,任务完成后将在指定的位置生成站点的目录结构,包括一个主页和相应的文件夹。

操作步骤：

(1) 新建站点。启动 FrontPage 主程序后，选择"文件→新建"命令，打开如图 4-3 所示的"新建"任务窗格。

(2) 选择网站模板。在图 4-3 中选择"由一个网页组成的网站"选项，打开如图 4-4 所示的"网站模板"对话框，在"常规"选项卡中选择"只有一个网页的网站"选项，同时在右边的"指定新网站的位置"处，输入站点的存放位置。这里以"D:\webRoot\"为站点根目录。

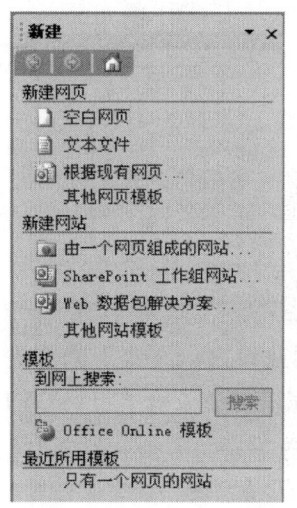
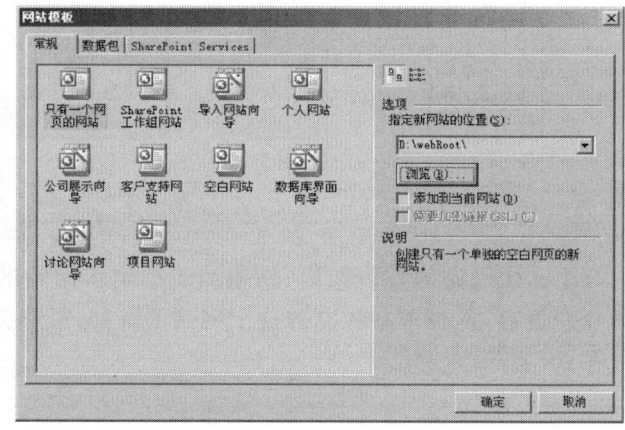

图 4-3 "新建"任务窗格　　　图 4-4 "网站模板"对话框

单击"确定"按钮后，FrontPage 将自动在"D:\webRoot\"的位置生成如图 4-5 所示的站点结构。

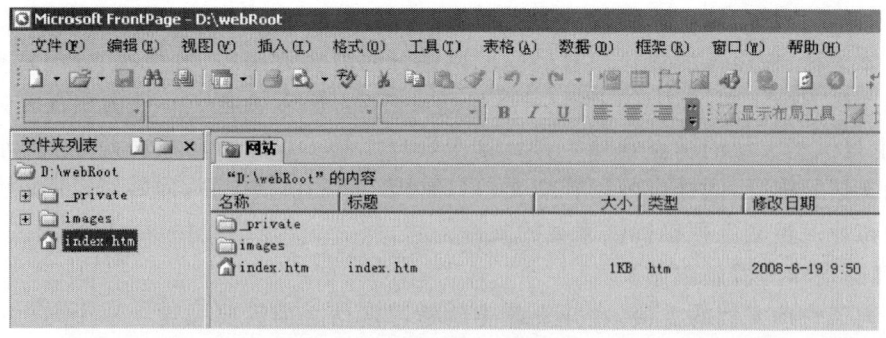

图 4-5 新建的站点结构

从中可以看到，新建的站点中已经自动生成了网站主页文件（index.htm），以及分别用来存放图片和其他专用文件的"images"、"_private"文件夹（图 4-5）。

到此，一个简单的站点就已经建成了。

刚才的几个步骤建立了一个结构简单的站点。在网站文件夹视图下还可以进一步完善站点的目录结构，增删或修改目录的操作与资源管理器中的操作类似。

下面列举了目录结构设计的一些常规方式：① 根据栏目规划来设计目录结构；② 在各个目录下建立独立的 images 子目录来管理网页图片或多媒体素材；③ 目录的层次不要太深；④ 不要使用中文目录名；⑤ 可执行文件和不可执行文件分开存放；⑥ 数据库文件单独放置。

4.2.2 页面设计

1. 页面布局设计

利用 FrontPage 建立好了一个站点之后，接下来的第一个任务就是设计并实现网站的首页。首页是一个网站的门户，当访问一个站点时，如果没有指定要访问的具体网页时，默认打开的是网站的首页页面。

一个网站的首页可能非常简单，如仅仅包含一个醒目的 Logo 和简单的栏目链接，也可能比较复杂，浓缩了网站的所有栏目，以规整的方式组织起来。但总体上网站的首页通常具有下面几个特征：

(1) 网站的首页通常以 index 或 default 来命名，虽然这不是强制的，但这是一条不成文的规范。

(2) 网站的首页具有良好的导航结构，其他的所有网页资源理论上都能够从网站的首页通过超链接直接或间接地访问到。

(3) 网站的首页要具有良好的版面规划和设计，以体现一个网站门户的特点。

在图 4-5 所示的网站文件夹试视图中，可以看到站点根目录下已经存在了一个默认的首页文档 index.htm，但这还只是一个空的首页文档，在规划设计首页内容之前，首先要实现首页的排版布局，这时通常要用到 FrontPage 中的一项重要元素——表格。

表格是 HTML 中的一项非常实用的标签元素，与 Word 中的表格相似，它也是由行列交错的单元格组成。可用表格来显示如文本、图像之类的内容，但更多的时候，表格被用来组织数据，组织网页，从而实现网页排版布局的任务。表格与表格之间可以嵌套，从而可以实现更为精细的排版布局。

在 FrontPage 中有以下几种常见的方式可以创建表格：

(1) 执行"表格→绘制表格"命令；

(2) 执行"表格→插入→表格"命令；

(3) 用"绘制表格"工具绘制表格。

【规划首页版面】

实现网页布局可以有多种方式，表格、框架页都是经常采用的布局形式。考虑到表格布局的灵活性,这里采用表格来实现首页的布局。任务重点在利用的表格行列单元格来规划首页的各个区域,如标题区、导航区、内容主题区、页脚区等,任务完成后将形成一个等待完善内容的首页框架。

操作步骤:

(1) 设置网页属性。打开首页文件 index.htm,然后切换到网页设计视图,在网页编辑区内单击右键,弹出的快捷菜单中选择"网页属性"命令,打开如图 4-6 所示的网页属性对话框。在"常规"选项卡内设置"标题"为"小学英语之家","关键字"为"小学英语",在"高级"选项卡内设置"上边距"值为 0 像素。

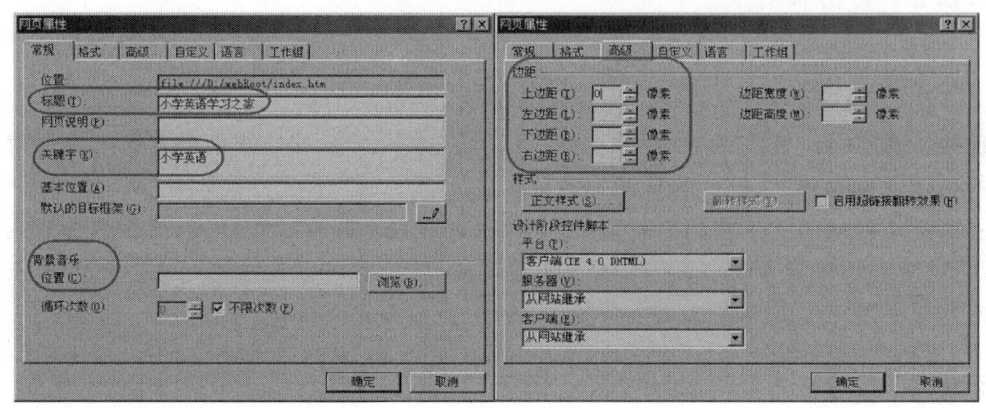

图 4-6 "网页属性"对话框

☆网页属性

"网页属性"选项卡中的一些重要的属性:

① "常规"选项卡中,可以设置网页的"标题",即用浏览器打开网页后,在浏览器最左上角显示的文本内容。同样可以为设置"关键字",从而方便网络搜索引擎的搜索。最底边的"背景音乐"选项组可以让用户设置网页背景音乐功能。

② "格式"选项卡中可以设置网页的背景图片或背景颜色。

③ "高级"选项卡中可以设置合适的网页四周边距。比如说设置网页的上边距为 0 可以消除网页顶端空白,合适的网页左右边距实现网页两边留白效果。

(2) 绘制表格。选择"视图→工具栏→表格"命令,打开如图 4-7 所示的"表格"工具栏。点击"表格"工具栏上的"绘制表格"按钮,光标会变成铅笔形状。按住鼠标左键,同时拖动光标设置表格的轮廓,在表格大小合适时就可以松开鼠标左键,这时将绘制成只有一个单元格的表格。

(3) 划分表格区域。在表格内将铅笔光标在水平

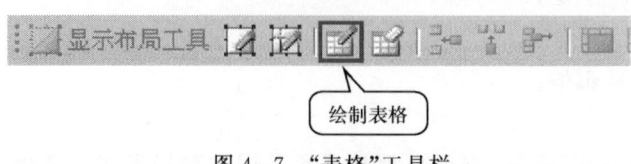

图 4-7 "表格"工具栏

方向上拖动,将出现一条虚线,待虚线撑满单元格时松开鼠标左键就会增加一新行,如图4-8所示。重复上述步骤,绘制成如图4-9所示的一个四行表格。其中第一行作为标题区,第二行作为导航区,第三行作为内容主体区,最下面放置网站附加信息。

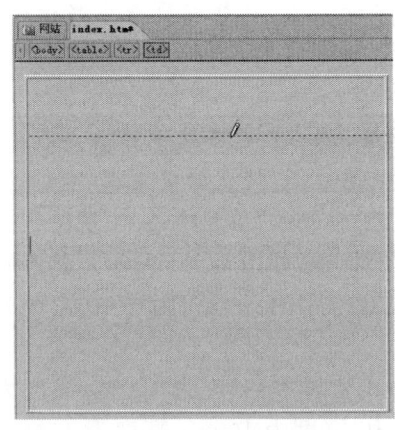

图4-8 划分表格区域

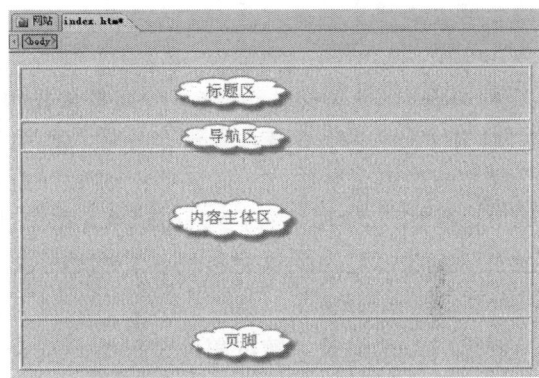

图4-9 完成分区后的表格

(4) 调整表格属性。右键单击表格,在出现的快捷菜单中选择"表格属性"命令,打开"表格属性"对话框,如图4-10所示。在其中设置对齐方式为居中、宽度为800像素,高度为100%,边框粗细为0。

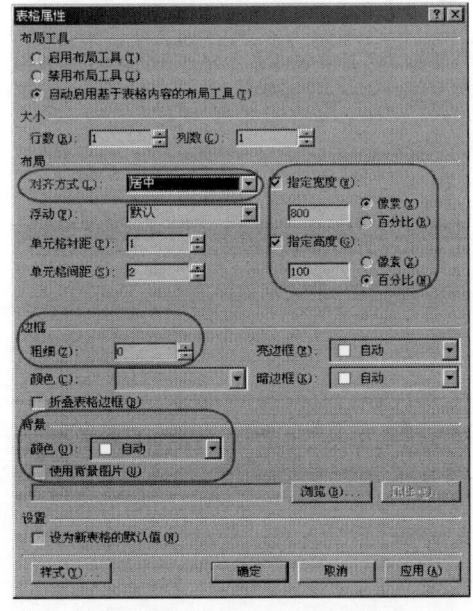

图4-10 "表格属性"对话框

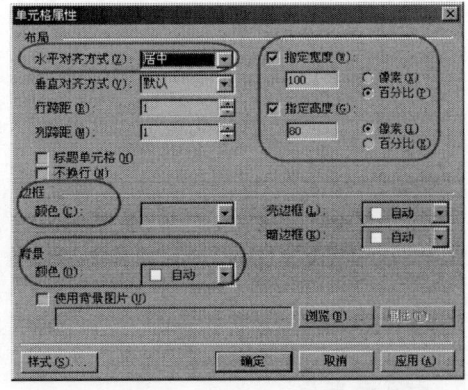

图4-11 "单元格属性"对话框

☆表格属性

① 对齐方式：设置表格在网页中的对齐方式，可以选择居中、左对齐、右对齐。用表格布局时，网页的所有内容都嵌套在表格之中，所以通常应用"居中"值以使网页所有内容居中对齐。

② 表格的宽度、高度：通常设置宽度为 800 像素左右，这样网页居中显示时，两边会有大小适中的留白区域，以使页面更美观。至于高度，如果无法确定，可以设为 100%。

③ 边框：设置如图 4-8 所示的表格边框的宽度，值为 0 时不显示边框。

④ 背景：可以给表格设置一个背景颜色或背景图片，以使页面更美观。

(5) 调整单元格属性。右键单击图 4-9 所示的"标题区"单元格，在出现的快捷菜单中选择"单元格属性"命令，打开"单元格属性"对话框，如图 4-11 所示。其各属性含义与表格相似，在"单元格属性"对话框中，设置水平对齐方式为居中、宽度为100%，高度为 80 像素。

同样的方式设置导航区单元格的水平对齐方式为居中、宽度为 100%，高度为 22 像素；内容主题区单元格的水平对齐方式为居中、宽度为 100%，高度为 100%；页脚区单元格的水平对齐方式为居中、宽度为 100%，高度为 50 像素。设置完成后，得到图 4-12 所示的简单首页布局效果。

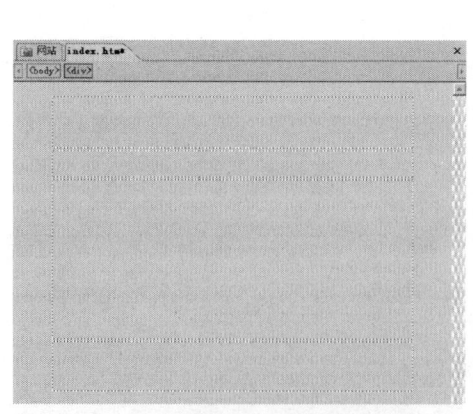

图 4-12 调整单元格属性后的表格

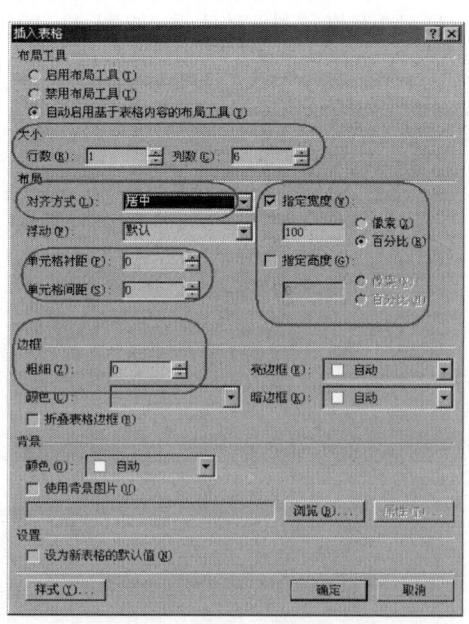

图 4-13 "插入表格"对话框

☆页面布局

不同的网站通常采用不同的页面布局形式，以下介绍几种常见的页面布局

类型:

① "同"字型:一些大型网站常用的类型,最上面是网站的标题,下面是网站的主要内容,分三栏,中栏是主体,与左右两栏一并延伸到底,最下面附注网站联系方式、版权声明等信息。

② 上中下型:上面是标题或广告条一类的内容,中间是正文,下面为网站的辅助信息。一些文章页面或注册页面常采用这种类型。

③ 左右框架型:这是由两页构成的框架结构,一般左面是导航链接页,右面是正文页。这种类型结构非常清晰,但容易影响搜索引擎的检索结果。

④ 整幅效果型:这种类型也常在企业网站首页中应用,采用大幅图片或 Flash 动画,在其中设置进入内容页面的链接。这种页面非常美观,适于展示企业形象,下载速度慢是其最大的缺点。

(6) 细化首页导航栏。对于导航区单元格,可以嵌套表格做进一步的划分。把光标定位到导航区单元格,选择"表格→插入→表格"命令。打开"插入表格对话框",如图 4-13 所示。在"插入表格"对话框中设定新插入表格的行列数分别为 1 和 6。对齐方式居中,宽度为 100%,边框、单元格间距和衬距都为 0,最终形成如图 4-14 所示的布局效果。

图 4-14 用表格规划的最终布局结构

这里"插入表格"对话框的属性设置和前面"表格属性"对话框的属性设置完全一致,其中"单元格间距"设置单元格与临近单元格之间的距离,"单元格衬距"设置单元格内容与单元格边框之间的距离。

2. 页面图文设计

在 Internet 上，文本和图片是信息的主要载体，也是网页中最基本的元素。作为一个所见即所得的网页编辑器，在图文编辑方面，FrontPage 更像是一个字处理软件，如果用户已经熟悉了 Word 等软件的使用方法，那么可以方便地在 FrontPage"设计"视图中输入和编辑文本信息。

【填充首页内容】

首页布局设置后，接下来将完善网页的文本内容。其中包括标题文本，导航文本、内容主体区，以及页脚，等等。其中牵涉到一些文本编辑或排版技巧，这些和 Word 类似。因为首页文本大都嵌套在表格的单元格之中，所以 Word 中表格操作的部分知识，可以很好地迁移到这里。

操作步骤：

(1) 排版导航文本。把光标定位到导航区相应的单元格内，输入"首页"、"单元课堂"、"故事乐园"、"趣味测试"、"试听长廊"、"教师在线"等导航文本。这时表格中各单元格长度随文本长度各异。选定导航区内嵌套的整个表格，然后选择"表格→平均分布各列"命令，等分导航栏单元格。如图 4-15 所示。

图 4-15 等分导航栏后的导航文本

除了等分单元格之外，还可以对导航文本格式做进一步设置。选定该行文本，然后选择"格式→段落"，打开"段落"对话框，如图 4-16 所示，设置其中的对齐方式为"居中"。最终效果如图 4-17 所示。

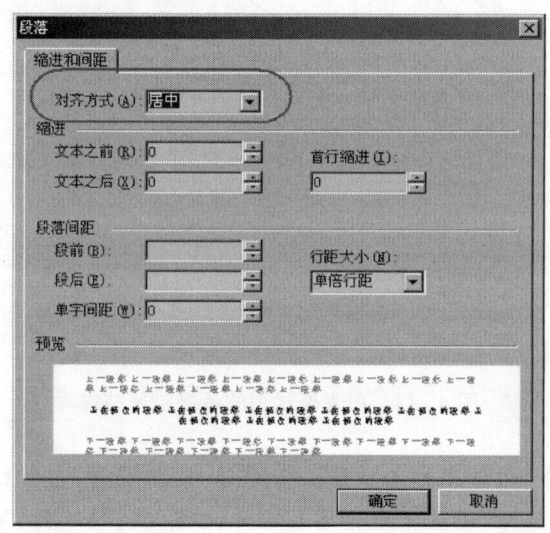

图 4-16 "段落"设置对话框

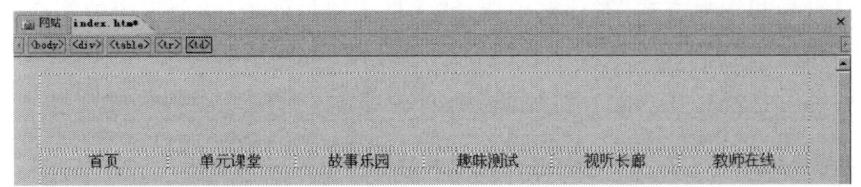

图 4-17　导航栏设置效果

这里"段落"对话框中各选项的含义与 Word 中"段落"对话框相应选项的含义基本相同。

对齐方式:设置文本的居中、左对齐、右对齐等对齐方式。

缩进:设置段落的前后缩进距离及首行缩进距离。

段落间距:设置段前、段后间距和行间距等。

(2) 设置首页标题区、内容主体区及页脚文本。首页的标题区、内容主体区以及页脚输入相应的文本内容。如图 4-18 所示。

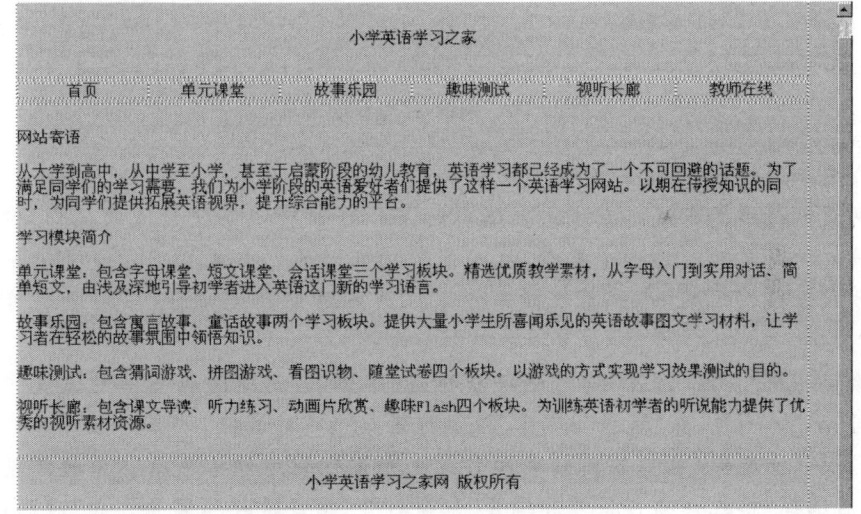

图 4-18　编辑、排版前的首页

格式化标题区文本:选定文本后利用图 4-19 所示的"格式"工具栏对字体、字号、颜色、对齐方式等各种字体格式作相应设置。

图 4-19　"格式"工具栏

同样的方法格式化内容主体区的文本内容,并进行排版:分别选中"网站寄语"和"学习模块"下面的段落文本,然后应用"格式"→"项目符号和编号"命令,在出现的"项目符号和编号方式"对话框中选择"无格式项目列表"选项卡中的实心圆点列表样式,再应用"格式"工具栏设置恰当的文本格式,最后利用图 4-16 所示的"段落"对话框对各段设置合适的段落间距。最终得到如图 4-20 所示的网页效果。

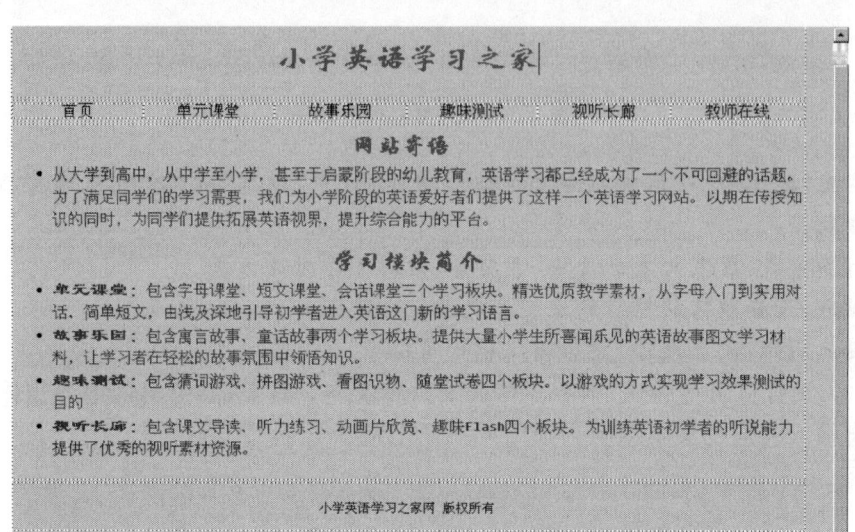

图 4-20 编辑、排版后的首页

☆文本编辑技巧

网页设计视图下进行大段文本编辑时,Enter 键可以实现分段的操作,但这样在分段的同时自动产生一个空行,从而使段间距过大。如果用 Shift+Enter 组合键的方式分段(即 Word 中的软回车方式),则可避免产生空行,从而使段落更为紧凑。

除了利用"格式"工具栏外,还可以利用"字体"对话框进行更多的设置。具体操作与 Word 一样,从"格式→字体"命令打开"字体"对话框。

与 Word 类似,也可以用列表的形式更为条理化地组织段落。先选定段落文本,然后选择"格式→项目符号和编号"命令打开"项目符号和编号方式"对话框,具体设置与 Word 中类似操作相同。

网页中的一些特殊字符的插入:选择"插入→符号"命令,打开"符号"对话框,从中可以选择各种键盘上无法输入的字符插入网页,如版权符号©等。

【美化首页】

图片在网页中能增强网页的视觉效果,呈现更多信息,同时可以丰富网页的文字内容。接下来将利用图片来美化图 4-20 的网页。

网页中嵌入图片有多种方式,可以作为背景图片插入,也可以作为网页图片元素插入。为了更好地融合图片和文本,这个任务里主要采用背景图片来修饰主页内容。

操作步骤：

（1）准备图片素材。从互联网收集，或者借助图片处理软件制作图片素材，并存放到站点的"D:\webRoot\images"文件夹中，得到如图4-21所示的目录结构。

（2）设置单元格背景。定位光标至"标题区"的单元格内，然后右键选择"单元格"命令，在弹出的"单元格属性"对话框内，勾选上"背景"选项组中"使用背景图片"复选框，然后通过"浏览"按钮指定相应的图片来源。

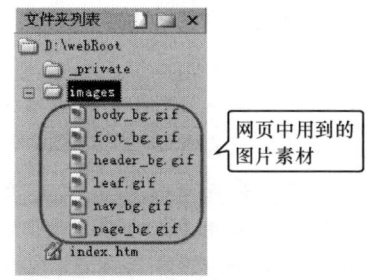

图4-21 "文件夹列表"窗格

同样的方法为"导航区"单元格、"内容主体区"单元格以及"页脚区"单元格设置合适的背景图片。插入了这些背景图片之后将得到如图4-22所示的网页效果。

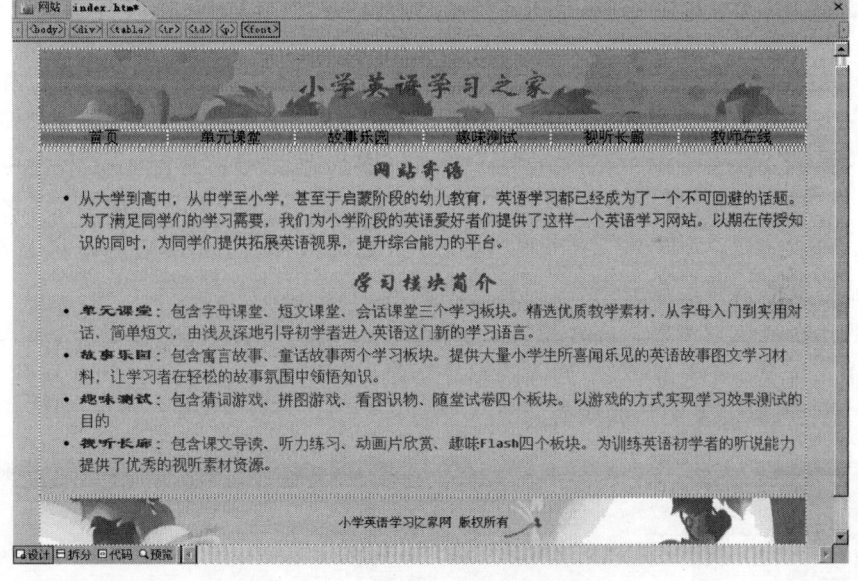

图4-22 插入背景图片后的首页

☆图片的设计技巧

在网页中插入图片时，图片的宽、高像素大小要恰当，否则可能会破坏原本设计好的网页布局。在本节中插入的背景图片都是严格按照图片所在单元格或表格的实际尺寸定制的。比如说"标题区"单元格的尺寸为800像素×80像素，则标题区的背景图片尺寸也为800像素×80像素或略小几像素，以免撑大所在表格。

当图片作为背景时，如果实际尺寸小于所在区域尺寸大小时，在默认设置下，图片会在水平或垂直方向重复原图延伸,直至填满整个区域。利用这一特点,"导航区"的背景图片设为1像素×20像素尺寸的图片,该图片在水平方向重复原图平铺,直至充满整个800像素×20像素大小的"标题区",具体显示效果与插入一个800像素×20像素尺寸大小的背景图片一样,但是极大地缩小了图片的大小,从而间接提高了网页下载速度。同样在"内容主体区"也应用了这一原理。

为了提高网页的下载速度,在满足显示效果的条件下,通常要尽量减少图片的大小。比如用 PhotoShop 图片编辑软件自制好图片之后,最好选择"文件→存储为 Web 所用格式"进行存储,这样可以在很大程度上减少图片的大小。

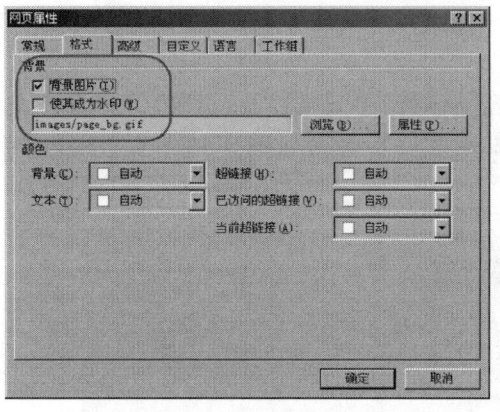

图 4-23 "网页属性"对话框

(3) 设置网页背景。不仅可以针对表格单元格,同样也可为整个网页设置统一的背景。设计视图下,打开"网页属性"对话框。然后选择"格式"选项卡,如图 4-23 所示。在该选项卡的"背景"选项组中勾选"背景图片"复选框,然后选择准备好的网页背景图片。

(4) 网页文本中嵌入图片。除了以背景图片的形式插入图片之外,同样可以嵌入图片元素至网页文本之中。在"网站寄语"和"学习模块简介"之间嵌入修饰性图片,可以把两个栏目隔离,这样显得页面内容层次分明。

把光标定位到待插入图片位置,选择"插入→图片→来自文件"命令,插入选定的图片。与 Word 类似,双击插入的图片会弹出如图 4-24 所示的"图片属性"对话框,在其中可以设置图片的属性。

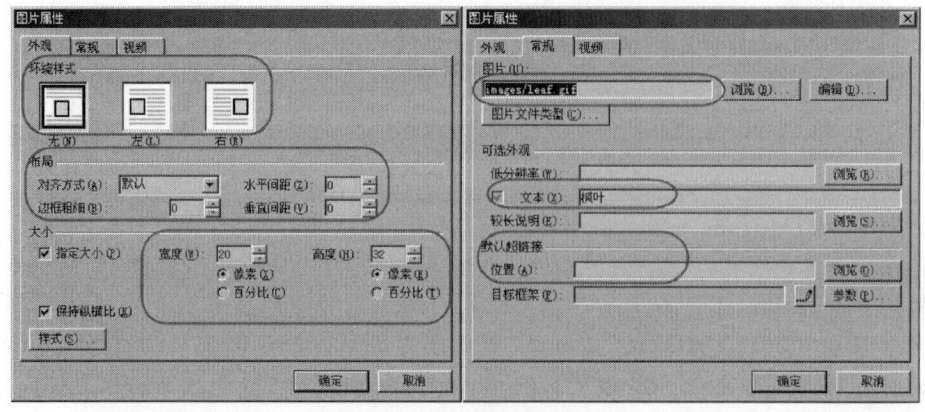

图 4-24 "图片属性"对话框

☆图片属性

一般情况下，插入的图片是以其原始属性显示在网页中，要使其与网页中的其他元素相搭配，通常需要在"图片属性"对话框中对进行属性设置。主要包括以下几项：

① 图像外观设置：在"外观"选项卡内可以设置图片与周围文本的整体布局方案。其中"环绕样式"栏用于设置图片在文本中的具体位置，如左环绕、右环绕或无环绕。"布局"栏用于设置图像与文本的对齐方式，水平、垂直间距以及图像边框粗细等。"大小"栏用于设置图像的宽度、高度像素大小。

② 图片格式转换：在"常规"选项卡内点击"图片文件类型"按钮，弹出的对话框中可对原始图像进行 gif、jpeg、png 格式之间的转换。

③ 图片简单编辑：在"常规"选项卡内点击"编辑"按钮，弹出的编辑窗口内可对原始图片作简单编辑，如旋转、裁剪、颜色、亮度对比度调整等。

④ 图片可选外观设置：在"常规"选项卡内的"可选外观"栏中用户可分别设置低分辨率图片和替换文本。其中低分辨率图片是指目标图片下载过程中预先显示的替代图片，替换文本是图片无法显示时的替代文本。

在图 4-24 所示的"图片属性"对话框内进行了属性设置之后，用复制、粘贴的方式可在网页中插入更多的图像拷贝，这样就得到如图 4-25 所示的页面。

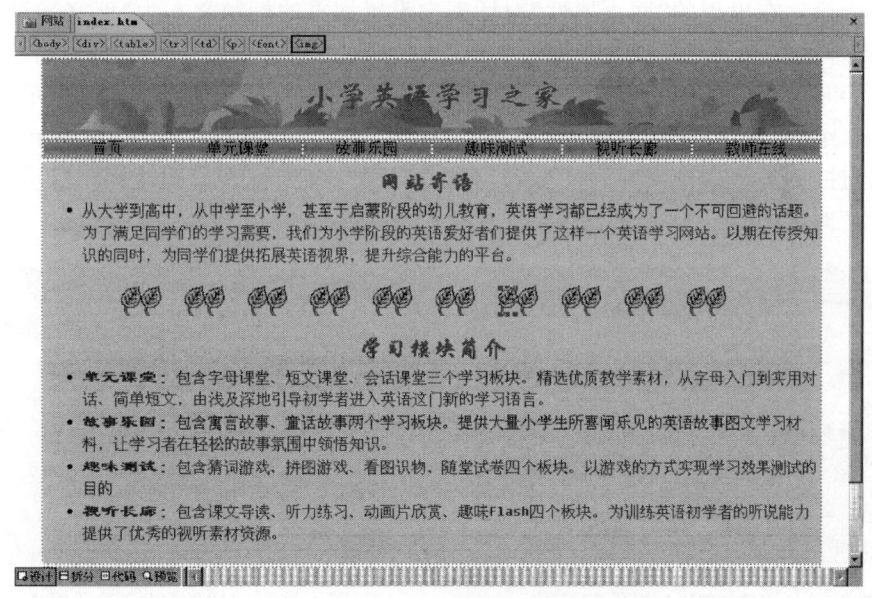

图 4-25　插入修饰图片后的首页

3. 页面多媒体设计

在网页制作中，与网页内容相匹配的音频和视频能增强网页的感染力，丰富网页的内容。特别是在学习网站中，丰富多样的多媒体教学材料能极大地增强教学效果,这是传统的课堂所无法比拟的。FrontPage 在多媒体网页设计方面为用户提供了极大的方便。

【制作听力练习页面】

课文导读页面的主要任务是在页面中嵌入相应的多媒体音频资源。首先,要准备好网页支持的音频格式素材,如 mp3、wav、midi 等。然后把音频素材以背景音乐或音频插件的形式插入网页。

以背景音乐形式插入的音频是不可控制的,网页打开时自动播放。而以插件形式插入音频素材,会在网页中显示播放控制条,因而对音频素材有更多的控制能力。这里准备嵌入的是音频学习资源,故采用后者的形式。

操作步骤:

(1) 准备音频素材。在站点的"文件夹列表"窗格内右键单击空白区域,在快捷菜单中选择"新建→文件夹"命令,将其命名为"audio",用以存储所有的音频材料,然后把所有的音频文件存入其中。

(2) 新建空白网页。选择"文件→新建"命令,打开"新建"任务窗格,选择其中的"空白网页"选项,产生一个新的空白网页,并进入网页编辑状态。

(3) 设置网页属性。在网页设计视图下,右键点击网页编辑区域,选择"网页属性"命令。在出现的"网页属性"对话框中设置网页的标题文本为"课文导读",同时设置合适的背景图片或背景颜色。

(4) 插入音频插件。选择"插入→Web 组件"命令,打开如图 4-26 所示的"插入 Web 组件"对话框,在"组件类型"列表框中选择"高级控件"选项,然后在"选择一个控件"列表框中选择"插件"选项,单击"完成"按钮,打开如图 4-27 所示的"插件属性"对话框。

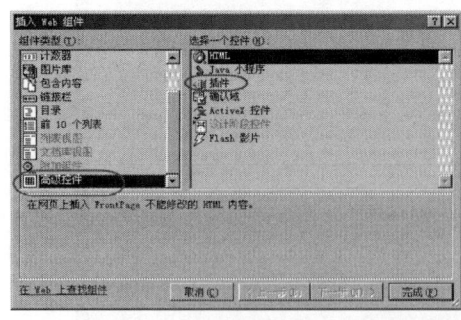
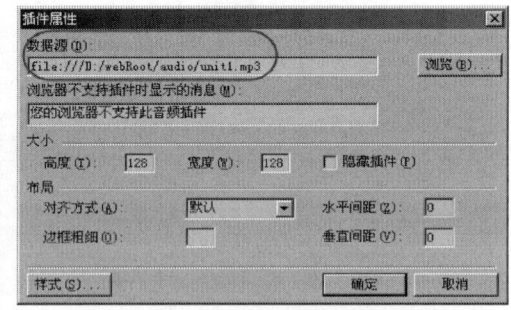

图 4-26 "插入 Web 组件"对话框　　　　图 4-27 "插件属性"对话框

(5) 设置插件属性。在"插件属性"对话框中,通过"浏览"按钮指定"数据源"(即待插入的音频文件)的位置。考虑到一些浏览器不支持网页中的插件类型,可以在"浏览器不支持插件时显示的消息"文本框中输入相应的提示信息。这样,当不支持插件的浏览器浏览此网页时将显示这里指定的文本。

单击"确定"按钮,网页中便插入了相应的音频插件,如图 4-28 所示。在该网页设计视图下,可以继续为其添加相应的辅助文本、图片,也可以拖动其插件图标边框以改变其显示尺寸大小,或通过"格式"工具栏进行段落属性方面的设置,如设置"居中对齐"。

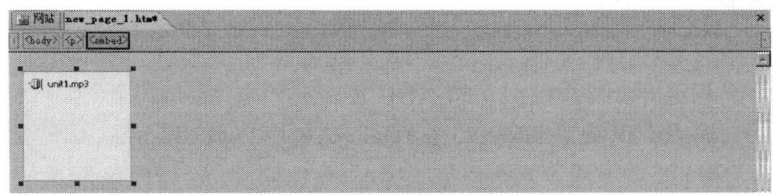

图 4-28　插入的音频插件

这里对插件的显示尺寸做些许调整,并设置其格式为居中对齐,然后添加相应的音频材料提示性文本。同样的方式,同一个页面插入其他的音频素材,最终得到如图 4-29 所示的页面效果。

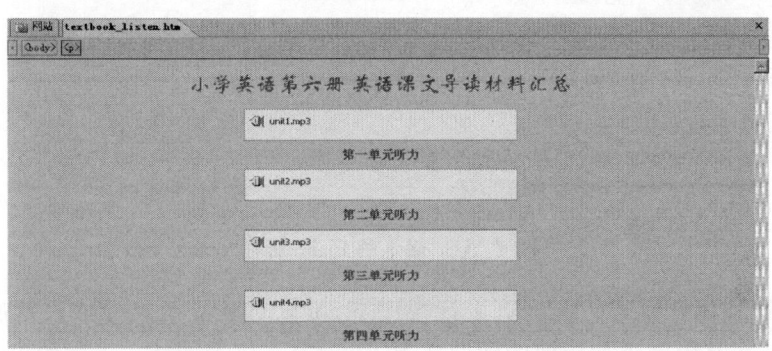

图 4-29　"课文导读"页面的设计视图效果

(6)预览效果。保存相应文档,切换到网页的"预览"视图,可以看到"课文导读"页面的实际效果,如图 4-30 所示,这时该页面基本设计完成。

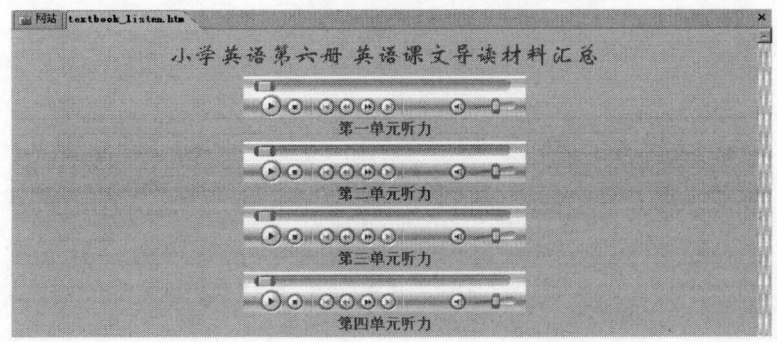

图 4-30　"课文导读"页面的预览效果

【制作动画课件页面】

Flash 动画因其文件小、传输快、交互性强等特点在网页中得到了越来越广泛的应用。这个任务将主要围绕 Flash 动画的插入及其属性的设置过程，讲述"趣味 Flash"动画页面的制作过程。具体操作与插入音频素材相似，主要区别在于相关属性的设置上。

操作步骤：

(1) 准备 Flash 动画素材。在站点的"文件夹列表"窗格内新建一个名为"video"的文件夹，用以存储视频材料，并把 Flash 文件存入其中。

(2) 新建网页，设置网页属性。新建一个空白网页，并设置该网页的标题文本为"趣味 Flash"，同时设置合适的背景图片或背景颜色。

(3) 插入 Flash 影片。选择"插入→图片→Flash 影片"命令，在出现的"选择文件"对话框中选择需要插入的 Flash 影片文件，即可插入指定的 Flash 影片，如图 4-31 所示。

图 4-31　插入的 Flash 影片

(4) 影片属性设置。在网页设计视图下，可以对其显示尺寸或段落属性做相应设置，并在其周围添加相应的辅助文本、图片等。双击图 4-31 中的 Flash 影片图标将弹出"Flash 影片属性"对话框，如图 4-32 所示，在其中可以进行可视化的属性设置。

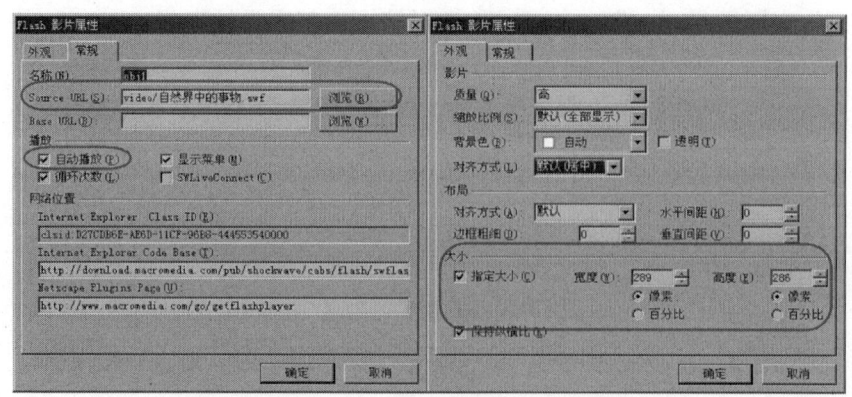

图 4-32　"Flash 影片属性"对话框

☆Flash 影片属性

在 Flash 影片属性对话框中，可以设置一些重要属性：

① 影片源设置：在"常规"选项卡内，通过"Source URL"文本框右边的"浏览"按钮，可以对播放的 Flash 影片的文件路径进行设置。

② 播放设置：默认设置下，在网页打开后，插入的 Flash 文件将自动播放，如果希望手动控制 Flash 动画的播放，在"常规"选项卡内，去掉"播放"栏的"自动播放"选项即可。

③ 外观设置：在"外观"选项卡中可以对影片的大小、对齐、边框以及水平、垂直间距等属性进行设置。

这里对 Flash 影片的显示尺寸做些许调整，并设置其格式为居中对齐，然后插入相应的提示性文本。同样的方式，在同一个页面插入其他的 Flash 影片，最终得到如图 4-33 所示的页面。

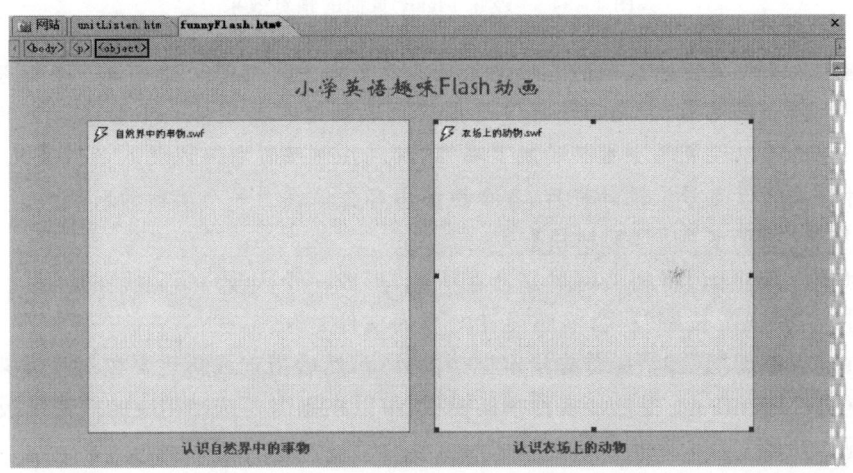

图 4-33 "趣味 Flash"页面的设计视图效果

(5) 预览效果

保存相应文档后，切换到网页的"预览"视图，可以看到"趣味 Flash"页面的实际效果，如图 4-34 所示，这样，该页面的设计就完成了。

4. 框架及其应用

在网页制作中，表格是网页布局的最常用方式，另一种方便易用的页面布局方式是利用框架。框架能够将一个页面分割成相互独立的几个部分，其中每个部分可以显示一个独立的网页，页面与页面之间可以通过超链接相联系，所以经常用来实现目录式结构的页面布局。

☆框架网页

框架网页本身并不包含任何可见内容，它只是一个容器或者说是子框架的集合，

图 4-34 "趣味 Flash"页面的预览效果

用于指定要在框架页中显示的其他网页及其显示方式。框架网页中每一个框架内装载了一个独立的网页,因此设计每一个框架内容的过程与设计一个普通网页的过程完全一致。可以设置各个框架的网页属性,插入任何网页中可以插入的网页元素,进行各种样式的设置等。设计好后,各个框架内容会保存为一个单独的网页。

【整合"视听长廊"学习栏目】

利用框架页面,将相关网页整合在一起,形成一个表现一定主题的栏目。下面将创建包含"视听长廊"栏目前面设计的页面文件。

在建立框架网页时,应首先指定框架的外观,然后指定或新建要在每个框架中显示的网页。FrontPage 提供了多种框架模板,可以根据需要选择相应的框架模板。

操作步骤:

(1) 新建框架页。选择"文件→新建"命令,打开"新建"对话框,单击其中的"其他网页模板"命令,打开"网页模板"对话框。然后选择"框架网页"选项卡,如图 4-35 所示。这里有预设的模板类型。选择一种类型后,右下角的"预览"栏内将显示框架外观预览图。

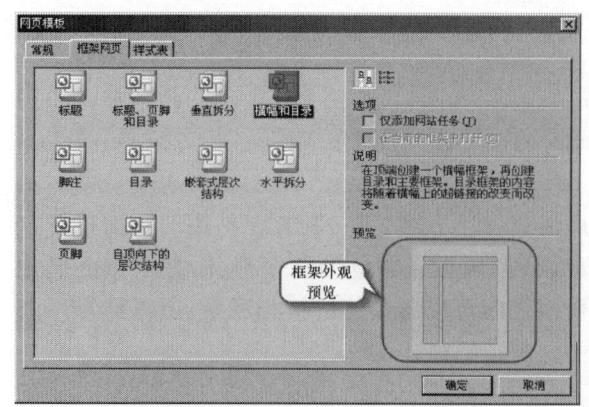

图 4-35 "网页模板"对话框

(2) 选择框架模板。根据网站的具体需要,这里选择"横幅和目录"框架模板,建立如图 4-36 所示的框架网页。其中有三个子框架,可以将顶层框架作为标题区,左框架作为栏目导航区,右框架作为栏目内容区。

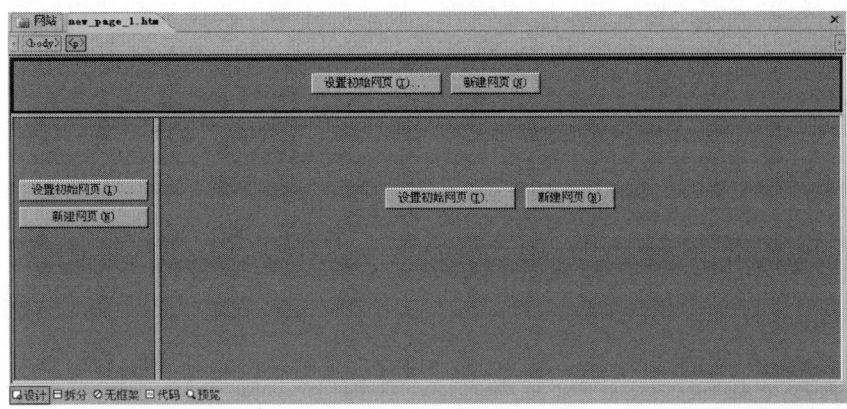

图 4-36 框架网页

☆关于框架

框架创建之初,每个框架都包括两个按钮,即"设置初始网页"按钮和"新建网页"按钮。"设置初始网页"按钮用于将所在框架中显示的网页指定为一个已经存在的网页;"新建网页"按钮则为相应的框架创建一个新的空白网页。注意对此空白网页编辑完成之后,要存储为一个独立网页文档。

框架网页与框架载入的内容页面不是一个概念,前者只是提供一个显示框架,后者才包含真正的网页内容。这也就是为什么在框架内新建一个网页后,应该将其储为一个独立网页文档。

框架网页中各子框架的大小,可以通过拖动分区之间的边框进行调整。

(3)编辑标题区、导航区。点击标题区框架的"新建网页"按钮,这时该框架变为可编辑状态,在其中编辑标题页面,然后保存为一个单独的标题网页。同样的方式,在左框架内新建、编辑栏目的导航页面,然后保存为一个单独的导航页面,结果如图 4-37 所示。

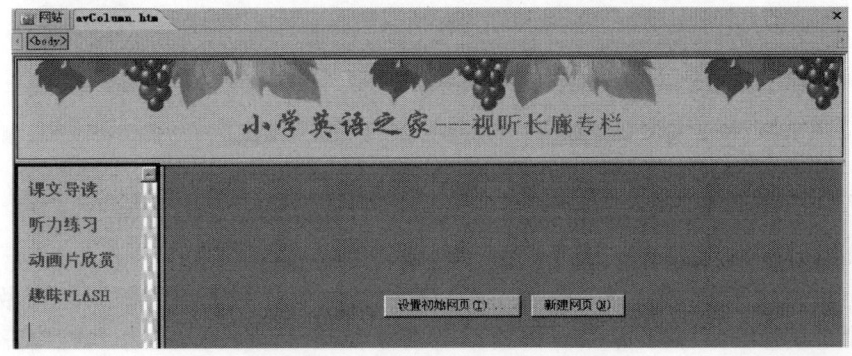

图 4-37 具有横幅和目录的框架网页

(4) 设置初始栏目内容页面。栏目内容区将显示以前建立好的栏目子页面，如"课文导读"页面、"趣味 Flash"页面等。因此在该框架内无需新建内容页面，只要初始化框架为这些已经存在的页面即可。

在栏目内容区内点击"设置初始网页"按钮，出现"插入超链接"对话框，如图 4-38 所示，在其中可以设置框架的初始页面。这里选择已建好的"课文导读"页面作为初始页面，此时将看到如图 4-39 所示的页面效果。

图 4-38 "插入超链接"对话框

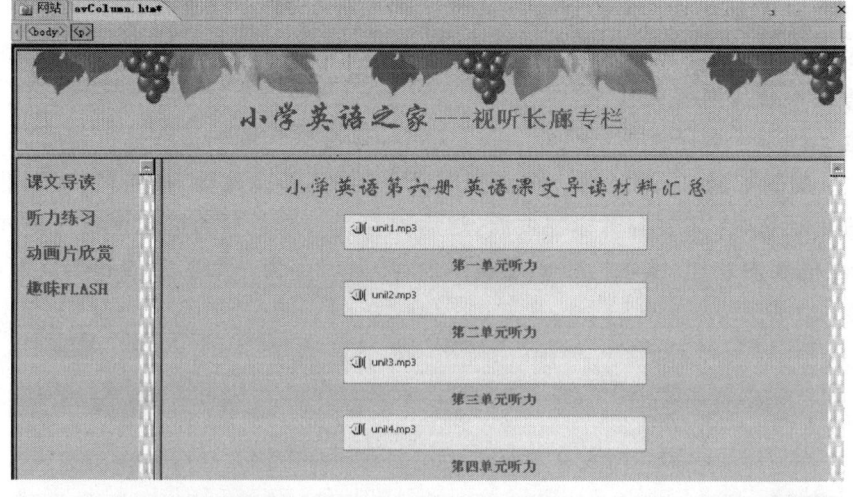

图 4-39 最终形成的框架网页

(5) 设置框架属性。

至此，整个框架页的创建基本完成。对框架集内各个单独的框架属性做进一步的设定或修改，只需在某个分区内单击鼠标右键，然后选择"框架属性"命令，就可打开与该框架对应的"框架属性"对话框，其中可以进行设置的主要属性如图

4-40所示。

☆框架属性

① 框架名称设置：通过"名称"文本框指定。在一个框架集内，可以通过这个唯一的名称标识来指定其中的任何一个框架。

② 初始网页设置：通过"初始网页"文本框右边的"浏览"按钮指定框架的初始网页。

③ 可调整性设置："可在浏览器中调整大小"复选框用于设置分区之间的大小可否通过拖动分区边框进行调整。

④ 滚动条设置："显示滚动条"下拉列表框可以设置滚动条是否显示或何时显示。

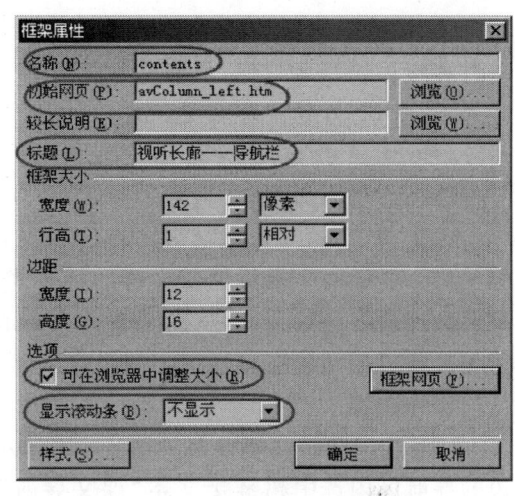

图4-40 "框架属性"对话框

5. 页面导航设计

导航设计的目的就是要给每一位使用者提供一种引导机制，使他们能快捷地在网站中找到自己所需的信息。导航最常用的方法就是导航条。在导航条中，所有的超链接所链接的网页在网站层次结构中都是并列的，通过它可以快速地切换到其他网页。

除了普通的导航条之外，导航的另一种非常重要的实现方式就是路径导航——网站地图，即在网页上显示自身在网站层次结构中的位置。通过路径导航，不仅可以了解当前所处的位置，还可以快速返回到当前网页的上层网页。

☆网页超链接

网站导航是通过页面与页面之间的链接来实现的，其中链接的形式可以是文本，也可以图片。但不管采用哪一种形式，每个链接一般都由两部分组成：标识超链接的文本或图片和超链接实际指向的链接资源。这里链接资源的形式同样多种多样，可以是本地文件，也可以是其他任何网站上可访问的资源文件。

超链接一般可分为外部超链接和内部超链接，这是相对于网站自身位置来说的。如果链接的资源在本网站外部的其他站点上，则称为外部链接，否则就为内部链接。对于外部链接，链接资源必须用绝对的URL地址表示。对于内部链接，链接资源当然也可以采用绝对URL地址表示，但为了保证链接的可移植性，即站点根目录改变后，链接依旧能够正确链接到所需资源，通常采用相对URL地址的形式。

① 绝对URL地址的格式为：访问协议://主机名[/[路径/]资源文件名]。如链接"网址之家"网站的主页，则绝对URL可表示为：http://www.hao123.com/index.htm。

② 相对 URL 地址是以链接所在网页为基准的一种相对目录表示形式。以本章所讲的示例站点为例,如果站点根目录下的首页文件包含一个链接要链接到根目录下"html"目录中的网页文件"1.htm",则这个链接资源的相对 URL 地址可表示为:/html/1.htm。

【设置"视听长廊"学习栏目导航】

为了整合"视听长廊"栏目的资源,建立了如图 4-39 所示的框架网页。为了能使这个框架网页提供栏目内容的目录式浏览功能,需要利用超链接来实现栏目导航区和内容区的关联,从而实现一个具有导航功能的框架页。本操作的重点在于超链接资源和链接目标框架的设定。

操作步骤:

(1) 选择链接文本。打开图 4-39 所示的"视听长廊"栏目所对应的网页,在左边的导航区内选中超链接文本"课文导航",单击右键,在出现的快捷菜单中选择"超链接"命令,将打开如图 4-41 所示的"插入超链接"对话框。

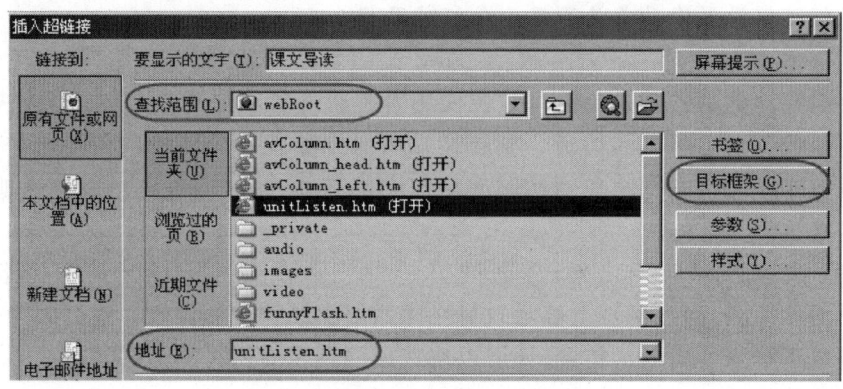

图 4-41 "插入超链接"对话框

(2) 指定链接资源。在"插入超链接"对话框的"查找范围"下拉列表框中,选择链接资源所在的目录(默认为站点根目录),然后选择相应的链接文件。这里选择"课文导航"所对应网页文件(unitListen.htm)。

☆超链接属性设置

在弹出的"插入超链接"对话框中,"链接到"栏中默认的选择是"原有文件或 Web 页",即链接到一个已经存在的文件。通过选择"本文档中的位置"选项也可以链接到当前文档中某个指定书签的位置,前提是在文档中已经建立好了相应的书签。

文档中建立书签的方法:定位光标到需要插入书签的位置,选择"插入→书签"命令,在弹出的"书签"对话框中输入一个书签名称即可。

另外通过选择"链接到"栏中的"新建文档"或"电子邮件地址"选项,可以分别链接到一个新建文档或电子邮件地址。

如果要链接到一个外部网页，则可以在地址下拉列表框中直接输入链接资源的绝对 URL 即可。

（3）设置目标框架。通过超链接打开的网页默认会在链接自身所在的框架或窗口显示，通过设置超链接的目标框架可以改变链接资源的显示位置。

在图 4-41 所示的"插入超链接"对话框中，点击"目标框架"按钮，打开如图 4-42 所示的"目标框架"对话框。在图 4-42 所示的"当前框架网页"区域内有当前框架布局缩略图。鼠标点击右下方框架区域，使其处于被选中状态，此时该选中框架将成为超链接的目标框架。在"目标设置"文本框内可以看到此目标框架的框架名称，单击"确定"按钮后完成超链接目标框架的设置。

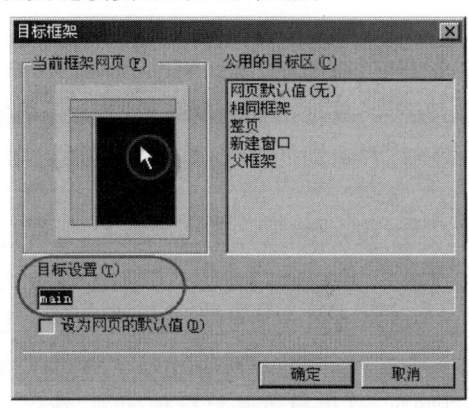

图 4-42 "目标框架"对话框

在框架网页中，如果知道目标框架的名称，也可直接在"目标设置"文本框内输入该框架名称。关于框架名称可在图 4-40 所示的"框架属性"对话中查看或设置。

另外在"公用的目标区"列表框有几种预定义的目标框架可供选择：其中"相同的框架"选项表示目标框架为超链接文本自身所在的窗口或框架。"整页"选项表示内嵌多个框架集的最外层窗口。"新建窗口"表示产生一个新的窗口来显示链接资源。"父框架"选项表示超链接所在框架的外层框架（如多层框架嵌套的情况）。

（4）设置导航区其他链接文本。用同样的方式，为框架页导航区的"听力练习"、"动画片欣赏"、"趣味 Flash"等文本设置超链接，最终得到如图 4-43 所示的页面效果。

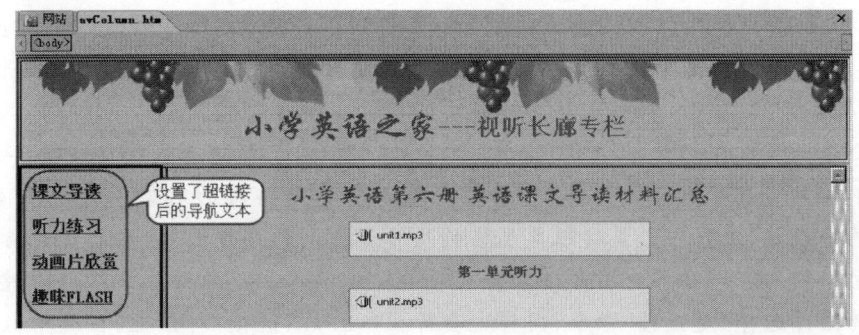

图 4-43 建立了超链接后的"视听长廊"框架页

可以看到,所有的超链接文本都自动变成了带下划线的蓝色文本,这是超链接文本的默认显示样式。

至此一个具有导航功能的框架网站基本完成。如果需要修改超链接文本的显示样式,还可以通过"格式"工具栏或"字体"对话框进行相应的设置,在此不再赘述。

【设置首页导航栏】

到目前为止,虽然标题、导航、内容主体以及页脚的界面设计已基本完成,但网站首页与其他页面之间还没有建立链接,各栏目的网页还是互不相连。当所有的学习栏目页面开发完成之后,就可以用超链接将其链接到网站的首页,这样就把网站的学习资源通过首页整合到一起了。

操作步骤:

(1) 设置回归首页的导航。在首页页面中,选中导航区的"首页"文本,然后将它与首页文件建立链接,这样,当单击"首页"超链接时,就可以随时返回首页页面。

(2) 设置学习栏目导航。用同样的方法为后续四个学习栏目链接到对应的栏目网页,这里设置其目标框架为"新建窗口",这样可以在一个新的窗口中打开链接的网页。

(3) 设置到电子邮箱的链接。为了方便与教师的联系,需要把"教师在线"栏目链接到教师的电子邮箱。在"插入超链接"对话框中输入教师邮箱的 URL 地址,如 mailto:example@email.com,这样点击该超链接后,将自动启动系统的邮件客户端程序,为发送邮件提供了方便。注意这里电子邮箱地址须以"maito:"开头,最后得到如图 4-44 所示的导航栏。

图 4-44　添加超链接后的首页导航栏

(4) 修改超链接显示格式。在图 4-44 所示的导航栏中,还可以继续通过"格式"工具栏或者"格式"菜单的"字体"命令对导航文本的字体属性做进一步修饰,例如,去掉下划线,更改颜色等,从而使首页的界面更加美观和谐。

☆进一步认识超链接

不仅对文本可以设置超链接,图片也可以作为超链接的对象。对于图 4-44 所示的导航栏,用户可以先按照单元格的尺寸大小制作导航图片,然后把光标定位在单元格内,选择"插入→图片→来自文件"命令,插入相应的图片。然后右键单击相应的图片选择"超链接"命令,同样也会弹出"插入超链接"对话框,在其中做相应的设置即可。

除了自制图片外，FrontPage还提供了大量专用于导航的交互式按钮图片。定位光标至需要插入交互式按钮的位置，选择"插入→交互式按钮"命令，弹出如图4-45所示"交互式按钮"对话框。在"按钮"选项卡设置按钮样式、按钮文本以及按钮超链接等项目。在"字体"选项卡上可以设置按钮文本的样式，如颜色、字体、字号以及按钮文本在超链接各种状态中的显示效果。在"图像"选项卡上可以对图片的大小尺寸进行精确设置。

☆认识CSS(层叠样式表)

对于超链接文本，通常还有一些特殊的要求，比如为了方便导航，已浏览

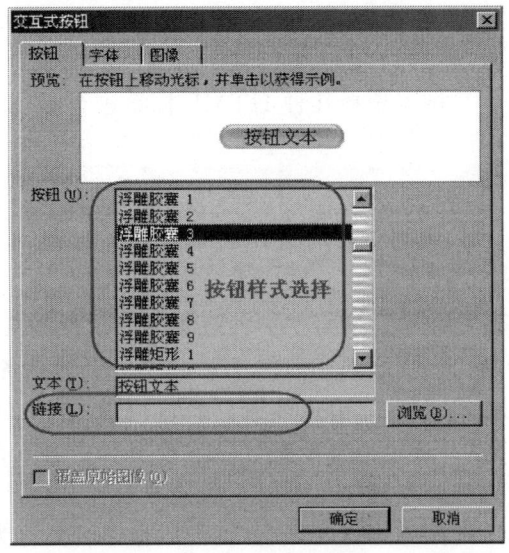

图4-45 "交互按钮"对话框

和未浏览的链接文本最好有醒目的显示效果，当鼠标滑向链接文本时最好有引人注意的样式变化，以便提示用户这是一个可以链接到其他资源的超链接文本。要实现这些效果，用CSS(层叠样式表)可以更好地控制显示效果。

CSS是W3C组织为弥补HTML语言在显示属性设定上的不足而制定的一套扩展样式标准，它是实现网页内容和显示样式分离的解决方案，即内容的表述由HTML元素实现，显示样式由层叠样式表负责，二者各司其职。样式表是由各种样式规则构成的列表，这些样式规则可以应用到网页中的任何元素内容。因此，通过CSS基本上可以控制网页中任何内容的显示效果。

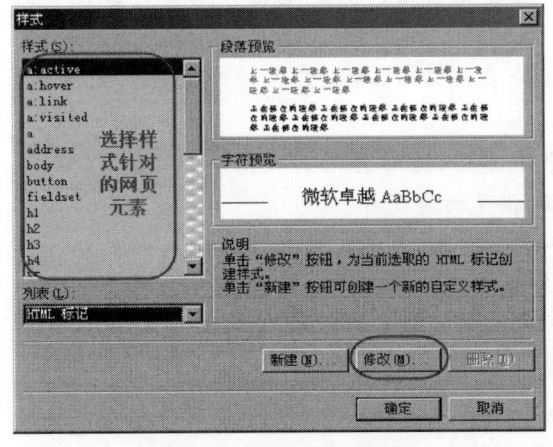

图4-46 "样式"对话框

要给网页嵌入CSS样式规则，可以选择"格式→样式"命令，打开如图4-46所示的"样式"对话框。在"样式"列表框内选择需要设置CSS样式的HTML标签。其中a标签代表网页中超链接元素。例如，a:active,a:hover,a:link,a:visited分别代表超链接元素的几种状态。其中a:hover和a:visited分别表示鼠标悬停在超链接文本上和已访问过的超链接这两种状态。选中相应的HTML标签后，点击"修改"

按钮,弹出"选择样式"对话框,在其中可以通过"格式"按钮对字体、段落、边框等各种类型的格式进行修改。

试着选择几种 HTML 标签进行 CSS 设置,然后看看有什么特别的效果吧!

4.3 动态页面制作

4.3.1 表单的应用

表单是网页中一种最重要的信息收集和交流工具,是网站制作者、管理者和网站访问者之间互动的重要手段。表单在各种类型的网站中都有着广泛的应用,如论坛留言区、会员注册页面、信息检索页面,等等。网络浏览者在表单域中输入信息,并通过提交按钮可以将表单域中输入的信息传回服务器端进行处理,同时,客户端脚本程序也可以对表单域内容进行处理。当服务器端程序或客户端程序对输入的信息进行处理后,就可以操作者的行为进行响应,从而实现动态交互效果。

☆表单域类型

FrontPage 提供的常用表单域主要有以下几种类型,它们在网页上的显示效果如图 4-47 所示。

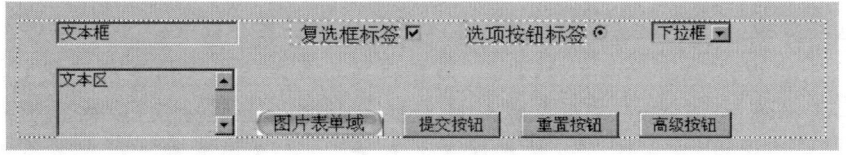

图 4-47 表单域

(1) 文本框:在表单页面中可以接受诸如姓名、地址、电话号码等内容较少的文本信息。

(2) 文本区:在表单页面中可以接受多行文本,所以经常被用在网页留言区,为网页访问者提供多行留言功能。

(3) 复选框:在网页中显示为一个小方框,通常为网页提供多项选择的功能。例如,可以用它呈现多个业余爱好选项,供受访者选择。

(4) 单选按钮:在网页中表示为一个小圆圈,通常为网页提供单选的功能。例如,在个人信息栏目中,可用它呈现性别选项。

(5) 下拉列表框:它以下拉列表的形式来提供多个选项,但每次只能选择其中的一项。

(6) 按钮:包括提交按钮、重置按钮和普通按钮等三种。其中提交按钮用于触发表单的提交事件,即向服务器端提交表单域中的数据;重置按钮用于将各表单域中的内容恢复到初始状态;普通按钮比较灵活,可以自定义单击按钮时触发的动作行为。

第4章 学习网站的设计与开发

（7）图片按钮：在表单中插入一个图片形式的提交按钮。

（8）标签：标签用于显示提示信息，它通常关联一个具体的表单域，以提供说明性的文本。

【设计在线测验】

在学习网站的设计开发中，可以利用表单的交互功能开发交互性学习网站，例如，网上留言、在线测试等。该示例将结合小学英语学习之家网站的"随堂试卷"页面的制作过程，体验表单的实际应用。其中可以用单选按钮实现单项选择功能；用复选框实现多项选择功能；用标签、文本框、下拉列表框、文本区组合实现留言板。学习的重点在于理解各表单域属性的含义、作用和设置方法。

操作步骤：

（1）新建网页，设置属性。首先新建一个名为 onlineTest.htm 的空白网页，并在"网页属性"对话框中设置好相应的网页属性，如网页标题文本、页边距、页面背景等。

（2）插入表单。选择"插入→表单→表单"命令，在网页中插入一个表单对象，如图 4-48 所示。图中虚线框包围的区域即为表单区域。其中系统已自动添加了两个按钮，分别为提交按钮和重置按钮。

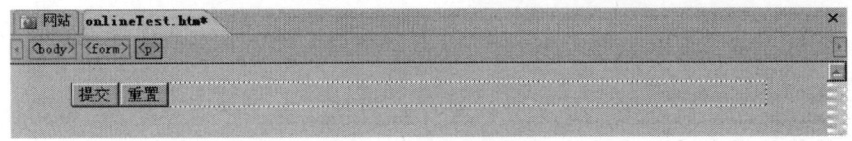

图 4-48 插入表单

（3）录入试题内容。在表单内输入试题文本内容，并作适当的格式调整和版面布局，如图 4-49 所示。

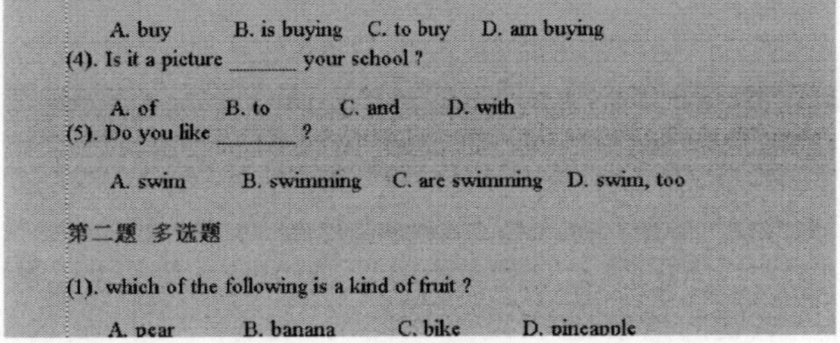

图 4-49 试题页面

(4) 为单项选择题插入选项按钮。把光标定位到选项答案之后,然后选择"插入→表单→选项按钮"命令,此时在光标点将插入一个单选按钮表单域。

用同样的方法为其余三个选项插入单选按钮表单域。结果如图 4-50 所示。

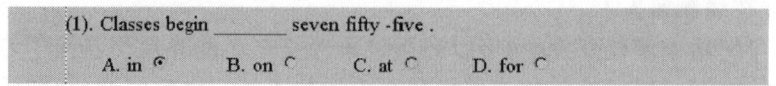

图 4-50　添加"选项按钮"后的单选题

(5) 设置选项按钮属性。双击图 4-50 中的单选按钮,弹出如图 4-51 所示的"选项按钮属性"对话框。在其中为同一试题的所有选项设置相同的"组名称",值分别对应各自选项号编号 A、B、C、D。

图 4-51　"选项按钮属性"对话框

☆选项按钮属性

在"选项按钮属性"对话框中有三个最重要的属性:

① 组名称:用来标识单选按钮所属的组别。在同一表单内,同组的所有选项共用一个名字,从而实现组内各选项的互斥功能。

② 值:它用来标识每一个选项按钮对应的值。当表单被提交后,被选中选项按钮的值将被提交至相应的处理程序,处理程序根据提交值来辨别到底选择了哪一个选项。因此,组内的不同选项要设置不同的值来相互区分。

③ 初始状态:用来设置该选项按钮是否默认为选中状态,同一个选项组中,最多只能有一个按钮被设置为默认选中状态。

用同样的方法对其他单项选择题进行设置。注意,不同组的组名称应相互区别,同一组内的不同选项也应相互区别。

(6) 为多选题插入复选框。把光标定位到多选题的选项后,然后选择"插入→表单→复选框"命令,在光标位置将插入一个复选框表单域。用同样的方法为其余三个选项插入复选框。结果如图 4-52 所示。

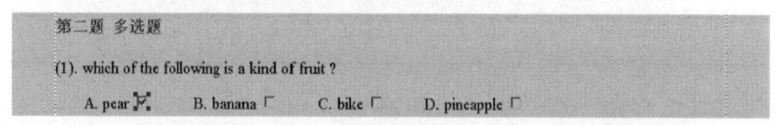

图 4-52　添加复选框

(7) 设置复选框。双击图复选框,弹出如图 4-53 所示的"复选框属性"对话框。在其中为同一试题的所有选项设置相同的"名称",不同复选框的值相应地设为 A、B、C、D。

☆复选框属性

复选框属性的设置与选项按钮属性的设置基本相同。其中"名称"设置该复选框的名称标识,"值"和"初始状态"的含义与选项按钮相同。

因为复选框通常用于实现多选的功能,所以复选框属性中取消了"组名称"属性而改为"名称"属性。但实践中通常把描述同一主题的复选框设置为

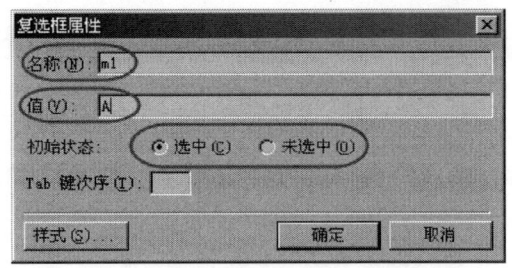

图 4-53 "复选框"对话框

同一名称,这样表单数据提交时,同一表单内具有相同名称的所有复选框的值将作为一个整体提交。在这里如果把同一多选题的所有复选框选项设置相同的名称,则便于把提交的所有选择情况按题号分组统计。

同样的方法为其余多选题插入复选框,并同时进行相应的属性设置。

(8) 添加试卷留言板。一个简单的留言板可以由姓名文本框、班级下拉框以及留言文本区三部分组成。把光标定位到需要插入文本框的位置,然后选择"插入→表单→文本框"命令,此时将插入一个文本框。用同样的方式通过选择"插入→表单→下拉框"命令和"插入→表单→文本区"命令分别插入一个下拉框和文本区。

(9) 为留言板表单域添加标签。分别在文本框前边插入"姓名"文本,下拉框前插入"班级"文本,然后同时选中"姓名"文本和其后的文本框,依次选择"插入→表单→标签"命令,此时"姓名"文本自动转化成与其后文本框的关联标签。用同样的方式将"班级"文本转化成与其后下拉框的关联标签。效果如图 4-54 所示。

图 4-54 添加标签后的留言板

(10) 设置留言区各表单域属性。双击图 4-54 中的各个表单域打开与之对应的属性对话框。其中文本框和文本区表单域的属性设置大致相同,如图 4-55 所示。分别为之设置名称和相应的初始文本值。

☆文本框和文本区属性

文本框和文本区在显示样式和属性设置方面都非常相似,其主要区别在于文本框只能单行显示而文本区可以跨越多行。在图 4-55 中,"名称"属性指定该表单域的名称标识,"初始值"属性指定表单域中呈现的默认文本,"宽度"属性用来设

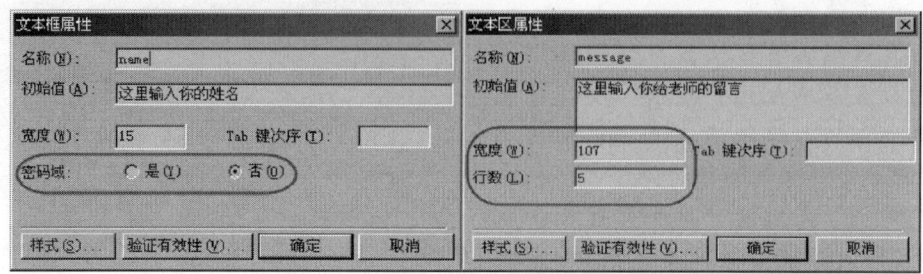

图 4-55 "文本框"和"文本区"属性对话框

置其水平跨度。属性设置的不同点在于"文本框属性"对话框有一个"密码域"项可供选择,用于指定该文本框是否是一个具有密码屏蔽功能的文本框,在输入密码口令时需要这种文本框类型。而"文本区属性"对话框可以通过"行数"参数指定其一次可显示的文本行数。

"下拉框属性"对话框的设置如图 4-56 所示。对于下拉框,除了要设置"名称"属性外,还要通过"添加"按钮为下拉框添加相应的选项条目。

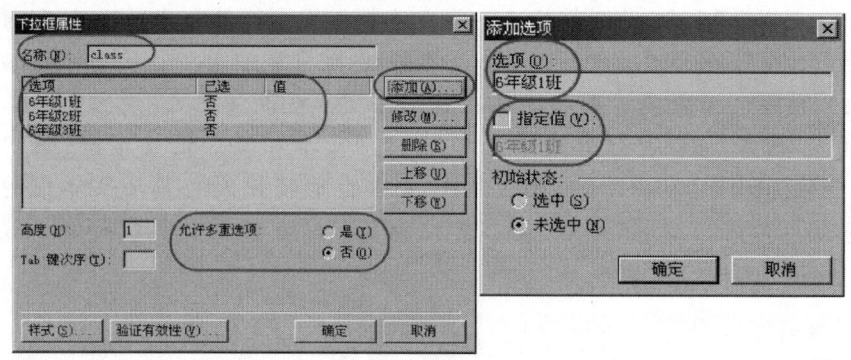

图 4-56 添加下拉框选项

☆下拉框的选项设置

新插入的下拉框没有任何选项值,需要通过"下拉框属性"对话框中的"添加"按钮手动添加相应的属性。单击"添加"按钮后弹出右边所示的"添加选项"对话框。其中"选项"属性指定下拉框内一个选项条目的显示文本,对于每一个选项条目还有一个与之对应的值,默认情况下该值与选项文本一致,但勾选"指定值"复选框后,可在其下的文本框内进行修改。表单提交之后,选中条目的值会被提交至相应处理程序。另外在"下拉框属性"对话框内还可以指定是否允许在下拉框内选择多重选项。

通过以上的设置,最终的留言区页面效果如图 4-57 所示。

图 4-57　最终的留言板效果

4.3.2　脚本语言

如果只是开发一个单纯信息展现的网站,了解一些 HTML 语言知识,再加上对 FrontPage 的熟练操作就可以胜任了。但如果要给网页添加动态交互的功能,这时需要熟悉脚本语言的使用。

脚本是一个从 UNIX 系统普遍使用的 shell 程序发展起来的概念。简单的理解,脚本就是能够由某个特定运行环境解释执行的一些程序代码。根据脚本运行环境的不同,将脚本分为客户端脚本和服务器端脚本。要实现客户端的动态效果,通常需要客户端脚本语言的支持。如今广泛使用的客户端脚本语言有 JavaScript 和 VBScript。脚本代码通常嵌入在网页的 HTML 代码中,由浏览器来解释执行,从而产生相应的动态特性。

【设计在线答题】

在线答题能够提供自测功能。当学习者做完试题后,可以自动获取题目的正确答案及其解释。要实现这种功能,可以通过层元素和表单域的事件响应机制来实现。为每个题目插入一个空的 DIV 层标记,用于呈现题目的参考答案及其解释。当用户单击按钮表单域后,通过 JavaScript 脚本调用相应试题的参考答案及解释,并将其呈现在 DIV 标记内,从而达到自动反馈答案的效果。

操作步骤:

(1) 插入 DIV 层元素。打开上节设计的"随堂测试"页面,在第一题末尾插入一空行,然后把光标定位在该新行内,依次选择"插入→层"命令,在光标处将插入名为"layer1"的一个新层标记。如图 4-58 所示。

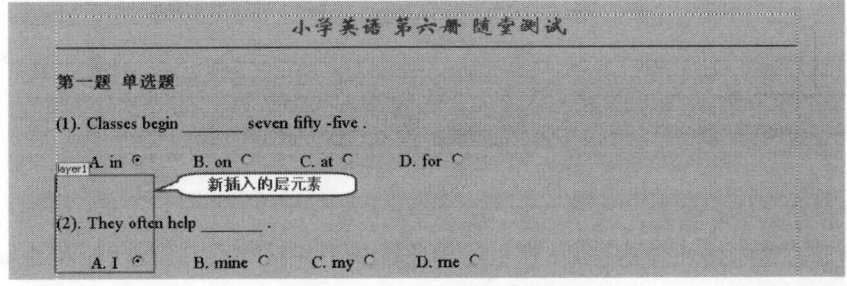

图 4-58　插入的 DIV 层元素

图 4-59 "层"窗格

(2) 设置层标记的属性。选择"格式→层"命令,打开如图 4-59 所示的"层"窗格。在其中可以看到一个 ID 值为 layer1 的层,即刚才插入的新层。双击该层的 ID 区域使之变为可编辑状态,然后为之赋予一个有意义的 ID 值,如这里为第一题设为"t1_div"。

(3) 插入交互按钮。将光标定位到第一题题干后,然后选择"插入→表单→高级按钮"命令,此时在光标处将插入一个高级按钮表单域,将按钮上的文本修改为"参考答案"。如图 4-60 所示。

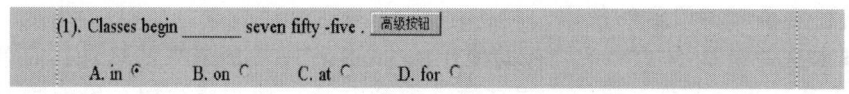

图 4-60 插入交互按钮后的试题

(4) 设置按钮单击行为。选择"格式→行为"命令,打开如图 4-61 所示的"行为"窗格。点开"插入"下拉列表,从中选择"设置文本→设置层的文本"命令,打开如图 4-62 所示的"设置层的文本"对话框。在该对话框中的"层"下拉框中会列出所有已定义的层元素,根据层的 ID 属性值选定目标层元素,然后在"新 HTML"文本区内设置目标层元素的文本内容。

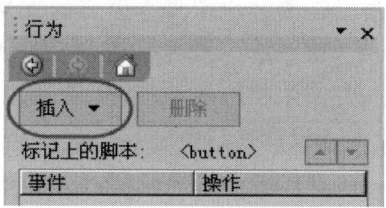

图 4-61 "行为"窗格

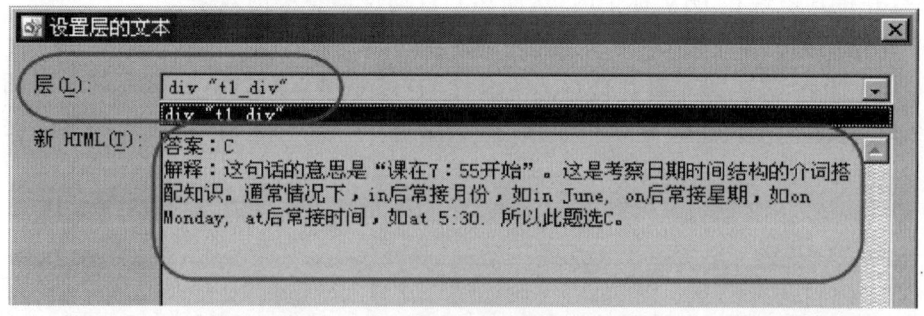

图 4-62 "设置层的文本"对话框

(5) 设置层的格式。再次选择"格式→层"命令,回到如图 4-59 所示的"层"窗格。然后右键点击相应的层,在弹出的快捷菜单中选择"定位"命令,此时会弹出层"定位"对话框,如图 4-63 所示。在"定位"对话框中将层的"环绕样式"、"定位样式"均设为"无"。并去掉层的"宽度"、"高度"尺寸设置。

(6) 预览效果。设置好层格式之后,切换到网页的预览视图下,可以看到如图4-64所示的页面,其中层元素的内容为空。做出相应的选择之后,点击"参考答案"按钮,层元素处立即呈现出试题的参考答案和解释,如图4-65所示。

用同样的方法为其他各题添加"参考答案"按钮及呈现答案的层标记,并设置各自的按钮鼠标单击事件行为,此时具有在线测试自动反馈功能的页面基本完成。

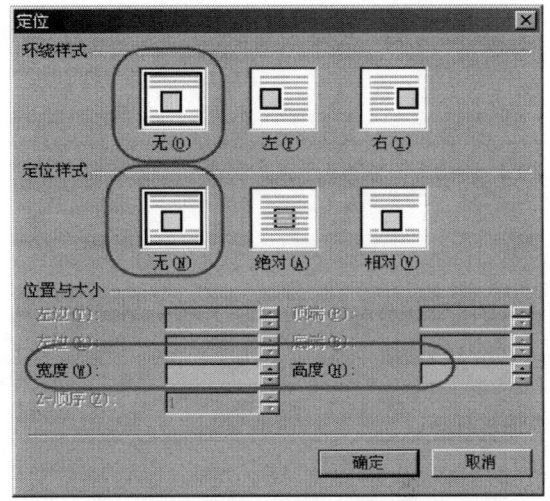

图4-63 "定位"对话框

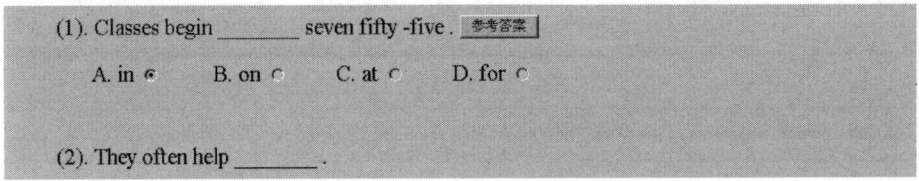

图4-64 获取答案前的试题页面

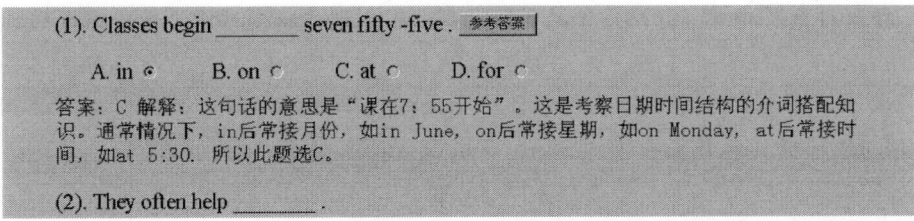

图4-65 获取答案后的试题页面

☆认识HTML和脚本代码

切换到网页的设计视图,通过网页顶端的"标签选择器"选择网页中的"参考答案"按钮对应的button标签,如图4-66所示。然后切换至网页的代码视图,可以看到一段被选中的代码,如图4-67所示,这是FrontPage自动生成的用于呈现"参考答案"按钮的HTML语言代码。

HTML语言即我们所说的超文本标记语言,这是网页技术的基础。它用预定义的各种标签来描述网页文档结构,浏览器载入相应的网页文档后,将解

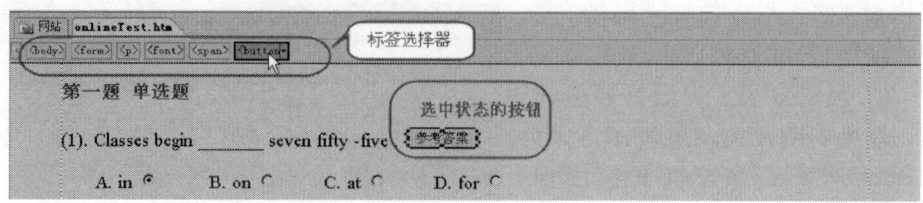

图 4-66 选中交互按钮

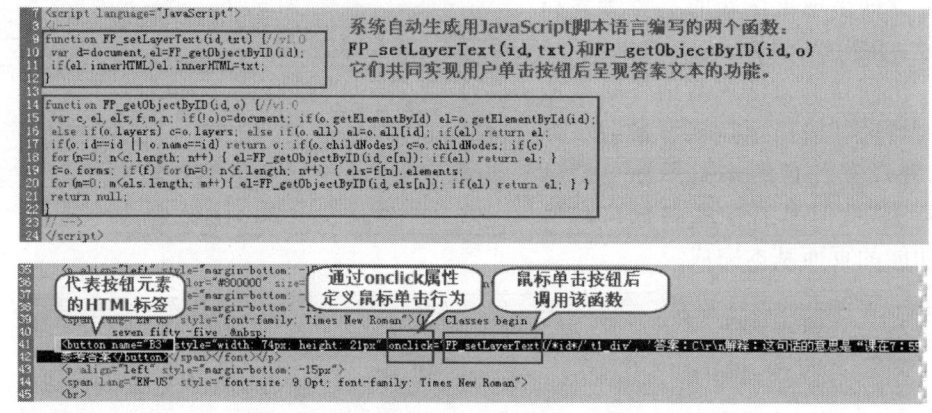

图 4-67 FrontPage 自动生成的 HTML 代码

析文档中的各种标签,并按照一定的规则处理和显示标签及标签之间的元素内容。

在这段被选中的 HTML 代码中,button 元素代表网页中的"参考答案"按钮,其中 onclick 属性定义了用户单击按钮后执行的动作行为,在这里即执行脚本函数 FP_setLayerText,这是 FrontPage 自动生成的 JavaScript 脚本函数。同时在网页 HTML 代码中可以找到一对＜script＞＜/script＞标签元素,其中包含了 FrontPage 自动生成的完成所需动态效果的 JavaScript 脚本代码。

☆服务器端动态技术

服务器端动态技术是一种能够根据用户的访问请求,在服务器端实时生成网页内容的动态技术。它源于以前服务器端广泛使用的公共网关接口(CGI)技术,如今已逐渐被 ASP、ASP.NET、JSP、PHP 等服务器端页面技术所取代。

其工作原理相对于静态网页技术来说,主要多了服务器端脚本引擎执行的代码,服务器就是通过这些代码在服务器端实时生成网页内容。这样,当用户向服务器发出信息请求时,服务器不是简单地将页面文件传输给客户端,而是先执行服务器端的程序代码,然后将执行结果发送给客户端,由客户端的浏览器程序解释执行。具体的工作原理如图 4-68 所示。

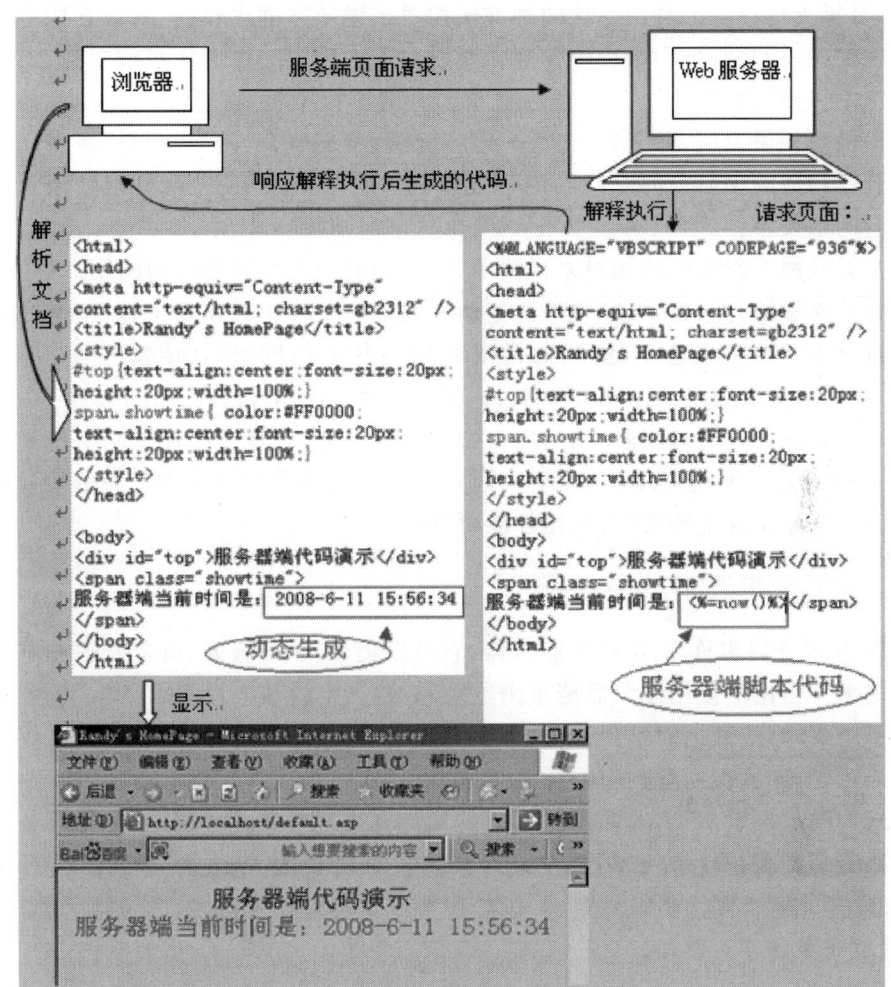

图 4-68 服务器端动态技术工作原理

4.4 学习网站的发布

4.4.1 网站的发布流程

发布网站是网站开发的最后一步工作。为了方便用户的访问,一般需要先申请一个域名,这就相当于在 Internet 这个网络世界里给网站登记一个户口。当然,域名并非必须,无注册域名,就只能通过 IP 地址来访问网站。

在 Internet 上发布网站,主要有以下几种方式:一种是组建自己的发布平台。这需要购置一台服务器,并且通过专线或其他形式与互联网相连。另一种是通常所说的主机托管。所谓主机托管就是将自己的网络服务器托管于专门的网络服务机构,每年支付一定的费用。这两种方式相对来说成本都比较高,表现在服务器的软硬件配置、日常管理和维护等方面。所以对于大多数的小型用户或机构来说,采用虚拟主机形式不失为一种低廉的方式。所谓虚拟主机,就是由一些专业的网络服务提供商提供主机,并全权负责服务器的运行管理事宜,用户支付服务费用后就可以获得相应的网站空间和网站的管理权限。对于个人用户,也可以申请免费的网络空间来发布。

在局域网上发布网站相对来说简单多了,但它只能供局域网内的用户访问。

有了网站运行平台,接下来需要把所有的站点文件上传至服务器Web站点指定的目录中。要完成这个过程,通常要利用一些专门的FTP传输工具,如CuteFTP。当然,现在很多的网站开发工具,例如Dreamweaver、FrontPage等,在提供网页制作功能的同时,也提供网站的发布与管理功能,这种功能在本质上也是基于FTP传输协议。因此,我们需要有一个连接FTP服务器的地址和相应的授权帐号和密码。网站文件上传之后,网站才能对外服务。

4.4.2 安装配置Web服务器

Web服务器也称为WWW服务器,它可以提供Web服务,负责处理浏览器的信息请求。当用户使用浏览器请求浏览Web站点中的某个页面时,Web服务器将收到一个请求,然后返回给用户一个响应,比如送回一个静态页面或图片,或者进行页面跳转,或者把动态响应委托给其他的程序(如服务器端脚本程序)进行处理,处理后的结果再以HTML响应的形式传给浏览器以便浏览。所以Web服务器的主要功能是提供网上信息浏览服务。目前广泛使用的Web服务器产品有IIS、Apache、Tomcat、Websphere等。

【发布英语学习网站】

IIS是微软推出的Web服务器平台,它以其图形化用户界面、简单易用的特点得到了众多用户的青睐。要在IIS中发布网站,首先得在系统中安装IIS服务器组件,然后在其中配置即将发布的站点。需要注意的是新建的IIS服务中已经存在一个默认网站在运行,但该站点通常指向一个测试网页,用于测试IIS是否运行正常。所以最简单的站点配置过程只需修改默认网站的主目录,使其指向用户的站点位置,然后再进行适当的权限设置等。下面以Windows Server 2003为例,进入下一步的实践环节(其他Windows系统的配置过程与此相似)。

操作步骤:

(1) 准备一张系统安装盘。

(2) 安装IIS组件。通过"开始→控制面板→添加删除程序"命令打开"添加或删除程序"窗口,然后点击"添加→删除Windows组件"图标,这时将弹出"Windows组件向导"对话框,如图4-69左图所示。选中"应用程序服务器"组件复选框,然后单击"详细信息"按钮,打开如图 4-69 右图所示的"应用程序服务器"对话框,在其中确保选中"Internet 信息服务(IIS)"选项,然后点击"确定"按钮回到"Windows 组件向导"对话框,继续点击"下一步"进入下一个环节。

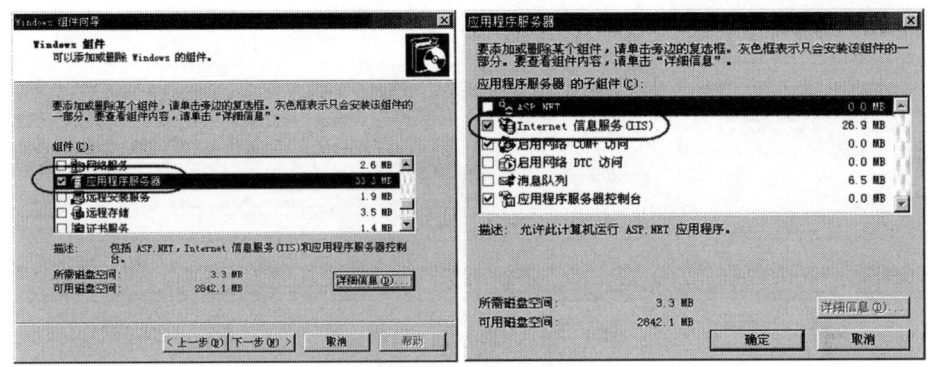

图 4-69　添加 IIS 组件

(3) 指定 IIS 组件安装源。经过一段时间的系统检测之后,安装过程暂停并提示用户放入 Windows 系统盘。此时插入系统盘,系统一般会在安装盘中自动搜索所需的安装文件并继续开始安装过程,用户按照提示一步步往下即可完成安装过程。

(4) 进入 IIS 管理器。通过"开始→控制面板"命令进入系统控制面板,然后依次点击"管理工具→Internet 信息服务(IIS)管理器"图标,将打开"Internet 信息服务(IIS)管理器"窗口。展开 Internet 信息服务目录树之后如图 4-70 所示。

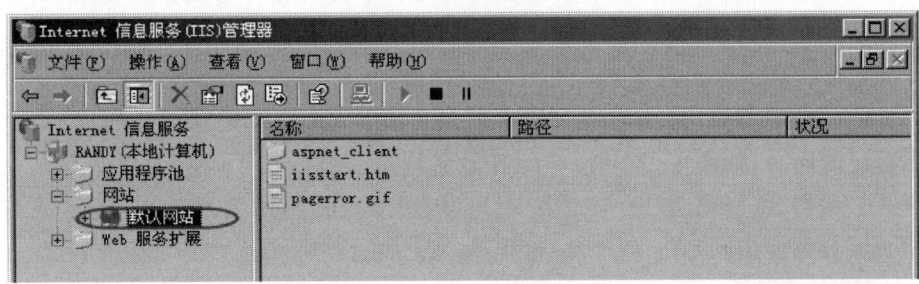

图 4-70　IIS 管理器控制台

(5) 配置 IIS 站点。右键点击"默认网站"节点,在出现的快捷菜单中选择"属性"命令,打开"默认网站属性"对话框。在该对话框中主要需要对"网站"、"主目录"两个选项卡进行设置,如图 4-71 所示。这里"网站"选项卡各选项内容保持默认值即可。"主目录"选项卡要修改"本地路径"值为站点的根目录位置,这里即为 D:\webRoot,其他设置保持默认值。

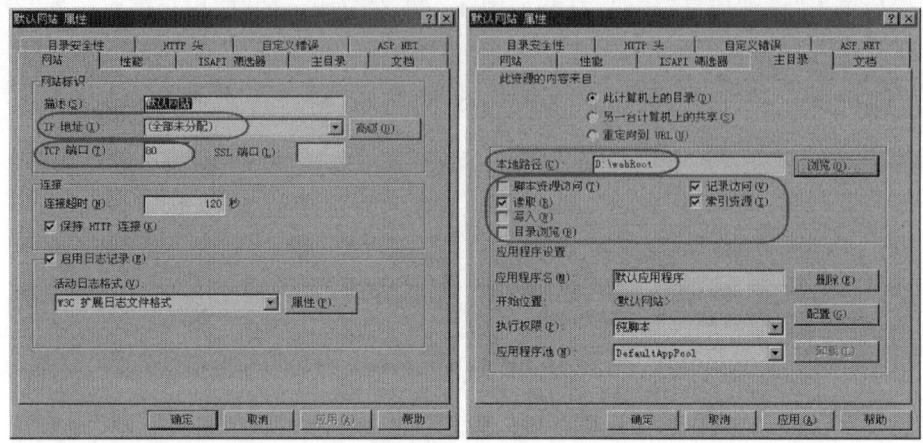

图 4-71 "网站属性"对话框

☆网站属性

"网站"选项卡的"描述"文本框内用于设置网站的描述文本,即图 4-70 所示左栏目录树的网站描述文本,可以任意设定。"IP 地址"可以通过下拉框选择,如果 IIS 只是作为本地网站测试所用,可以选择"全部未分配"。至于对外发布的站点则必须是申请的合法外部 IP。"TCP 端口"一般默认 80 端口,如果有多个网站同时运行,则要为每个站点分别设置不同的端口号。

"主目录"选项卡通过"本地路径"选项来指定网站的根目录所在,可以手动输入,也可通过右边的"浏览"按钮进行选择。另外就是关于网站访问权限的设置,一般使用默认设置值即可,但如果网站在运行过程中需要有写入数据的要求,则相应的需要修改网站的访问权限,如为之增加"写入"权限选项。

(6)测试网站。配置好 IIS 之后,点击"确定"按钮退出"默认网站属性"对话框。然后启动浏览器,在地址栏内输入网站首页地址,如果配置正确的话,将打开刚才新建的网站,如图 4-72 所示,此时表名网站发布成功。(注:如果站点是在本地机器上运行,可以通过 http://localhost/进行访问,否则要通过 IP 地址或与之对应的域名进行访问)

☆IIS 的安装

这里要注意,在 FrontPage 中,建立一个站点与在 IIS 服务器上建立一个站点并不是一个概念。在 FrontPage 中建立一个站点是为了更好地组织和管理本地站点文档集合,同时为站点的测试和发布提供了便利的管理机制,而在 IIS 服务器中建立一个站点才是真正发布一个站点。

在没有 Windows 系统安装盘的情况下安装 IIS,可以到网络上下载一个 IIS 压缩包,目前普遍使用的版本是 IIS6.0。把压缩包解压到任意位置,然后重复本节的

第 4 章　学习网站的设计与开发

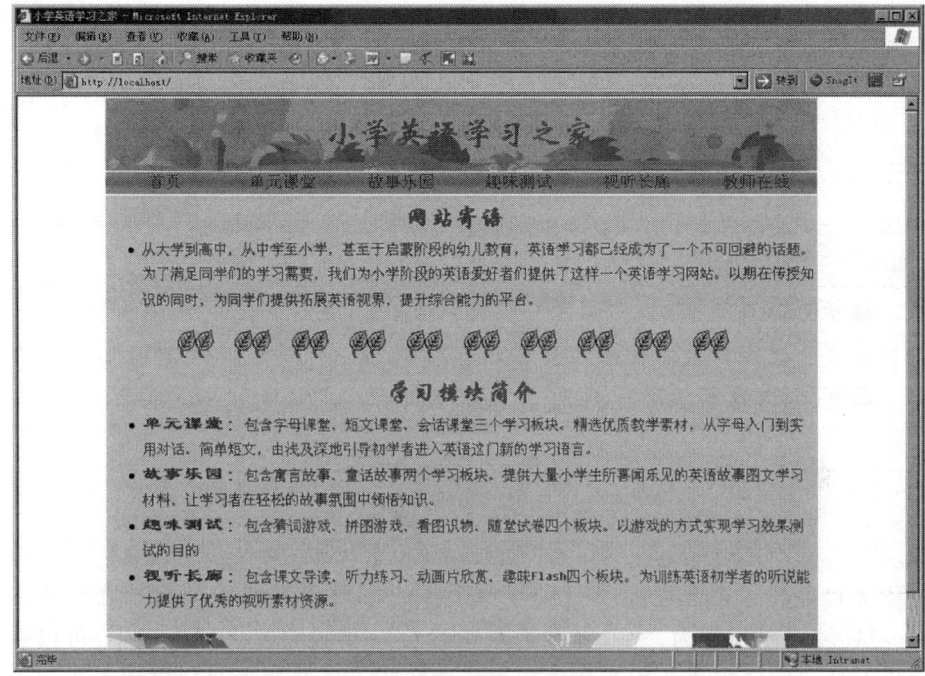

图 4-72　网站测试效果

安装过程，只不过在安装过程暂停并提示用户放入 Windows 系统盘的时候，通过"浏览"定位到 IIS 压缩包解压后的存放位置，系统会自动在其中搜索必要的安装文件完成安装过程。

　　如果没有使用服务器端动态技术，学习网站也可以借助光盘或移动存储设备进行发布，在本地可以通过浏览器直接打开这些网页内容进行学习。

第 5 章　学习环境及其利用

本章主要内容
- 学习环境综述
- 基于流媒体技术的教学资源开发
- Moodle 及其使用

5.1　学习环境综述

环境的通常含义是直接或间接影响个体的形成和发展的全部外在因素。由此，学习环境可以理解为，学习者在追求学习目标和问题解决的活动中，可以使用多样的工具和信息资源并相互合作和支持的场所。良好的学习环境能为学习者高效率、高质量的学习提供保证。因此，构筑良好的学习环境很重要。

威尔生（G. H. Wilson）将学习环境归纳为三种类型：以教室为主的学习环境、以 PC 为基础的学习环境和以网络为基础的开放、虚拟的学习环境。本书沿用威尔生的分类体系，并结合我国实际，将学习环境划分为基于普通教室的学习环境、多媒体学习环境和网络学习环境。

其中，基于普通教室的学习环境是一种传统的学习环境。它以讲授型教学模式为主，教学媒体主要是教科书等印刷材料以及挂图、黑板、实物、模型等传统教学媒体。这种学习环境是大家最熟悉的学习环境，本书不再赘述。

5.1.1　多媒体学习环境

目前，学校常用的多媒体学习环境是多媒体教室和多媒体网络教室。

1. 多媒体教室

多媒体教室是根据现代教育教学的需要，将多媒体计算机、投影、录音、录像等现代教学媒体结合在一起而建立起来的综合教学系统。它能使教师方便、灵活地应用多种媒体，实施多媒体组合教学，使教学过程更加符合学生的认知、理解和记忆规律。

1) 多媒体教室的组成

多媒体教室一般由多媒体计算机、投影仪、电视机、视频展示台、大屏幕、影碟机、录像机、音响设备等组成。图 5-1 是多媒体讲台的实物图。

多媒体计算机:是多媒体教室的核心设备,是重要的教学媒体。

视频展示台:综合了传统的胶片投影仪和幻灯机的功能,不但可以将胶片上的内容投射到屏幕上,也可以将各种实物,甚至是活动的图像(如实验活动等)投到屏幕上。

投影仪:多媒体教室中计算机、视频展示台、VCD、录像机的视频再现设备。

图 5-1　多媒体讲台

中央控制系统:将被控设备的各种操作功能按照用户实际操作要求进行组合处理,然后将对媒体或设备的具体操作集成一体。

教师可以通过桌面按键控制面板或计算机控制软件对投影仪、电视机、视频展示台、大屏幕、影碟机、录像机、音响设备等教学设备进行电源和基本操作的集成控制。

2) 多媒体教室的功能

一个多媒体教室具备下列基本功能:

(1) 连接校园网、Internet,使教师能方便的调用丰富多样的网络资源;

(2) 连接闭路电视系统,充分发挥电视媒体在教学中的作用;

(3) 演示各类多媒体教学课件,开展计算机辅助教学;

(4) 播放录像、VCD、DVD 等视频教学节目;

(5) 展示实物、模型、图片、文字等资料;

(6) 能以高清晰、大屏幕投影仪显示计算机信息和各种视频信号。

3) 多媒体教室的应用

在多媒体教室中,主要采用多媒体组合课堂演示的方式,即利用多媒体计算机并与其他教学媒体有机组合,以教学资源演示的方式,参与课堂教学过程。

在这种方式中,教师结合教学内容,或使用自制多媒体课件,或使用他人集成好的多媒体教学资源,通过多媒体计算机、投影仪、音响等设备,向学生展示文本、图形、图像、动画、视频、音频,使学生获得生动形象的感性材料。

2. 多媒体网络教室

多媒体网络教室,是在电子教室中,把影视、图形、图像、声音、文字等各种多媒体信息及控制,实时动态地引入教学过程的一种专用电脑网络硬件平台,是利用计算机技术、网络技术和多媒体技术进行现代化教学活动的一个系统概念。

1) 多媒体网络教室的组成

多媒体网络教室主要由计算机网络系统和网络教学系统组成。

计算机网络系统一般是以教室为单位的局域网,并能够接入 Internet,以便存取互联网上的信息资源。其硬件设施主要有学生机、教师机、集线器或交换机、服务器等设备,通过双绞线连接。图 5-2 是一种多媒体网络教室的结构图。

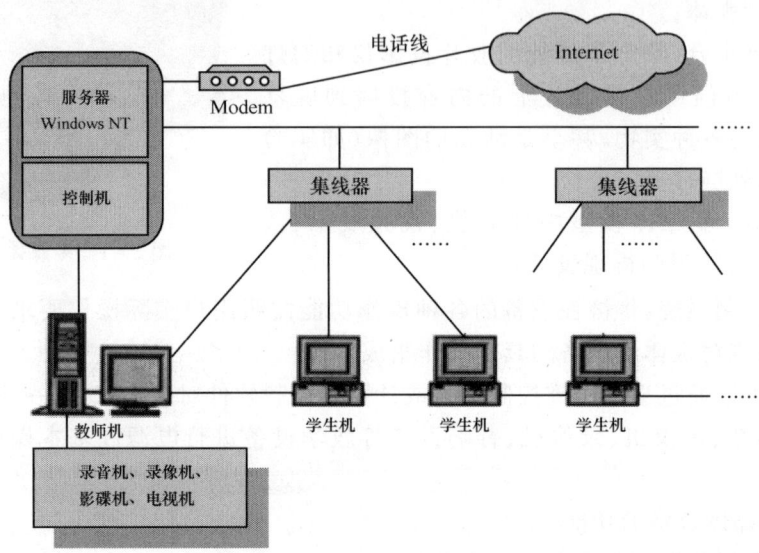

图 5-2 多媒体网络教室结构图

网络教学系统主要包括教学支持系统与教学资源信息系统。教学支持系统主要指在计算机网络系统的基础上,为开展网络多媒体教学所需要的硬件和软件控制系统;教学资源信息系统主要包括辅助备课资料库、教学资源库和资源搜索工具等部分。

2) 多媒体网络教室的功能

多媒体网络教室除了满足一般计算机教学外,还能满足多媒体课件的示范教学、听力教学、语音教学、网上教学与交流等(如 E-mail 的收发、获取信息、网上资源下载、实时广播等)。有的多媒体网络教室还集成了资源管理、电子备课、课件开发、教务管理等功能。

3) 多媒体网络教室的应用

多媒体网络教室有多种应用方式,较常用的是以下几种应用方式。

(1) 个别化自主学习。这种应用指在多媒体网络教室的集成环境下,利用系统的多媒体教学课件个别地,通过人机交互方式进行系统学习。

这类多媒体教学课件大多包含知识讲解、举例说明、多媒体信息的演示、提问诊断、反馈评价等教学过程,同时还提供多种形式的练习题。

个别化学习具有如下特点:① 学习者以人机交互方式参与学习;② 学习者是在非线性方式组织的教学信息环境中学习;③ 学习者主要依赖教学系统本身的指

导策略进行学习；④ 学习者依靠自我评价和反馈信息控制学习过程。

（2）联机教学。教师事先准备好讲授的内容，这些内容通常以多媒体信息方式呈现，包括文本、图形、声音、视频等。教师讲授时，通过服务器把教学内容呈现给学生，对这些内容进行讲解。当学生遇到问题时，可以通过电子举手功能询问教师，教师给予解答。在教学过程中，学生还可以阅读一些教师准备的教学资料。教师可以通过教师机控制学生交流和讨论、监控学生的操作、对学生进行提问等。图5-3展示了一种联机教学软件的操作界面。

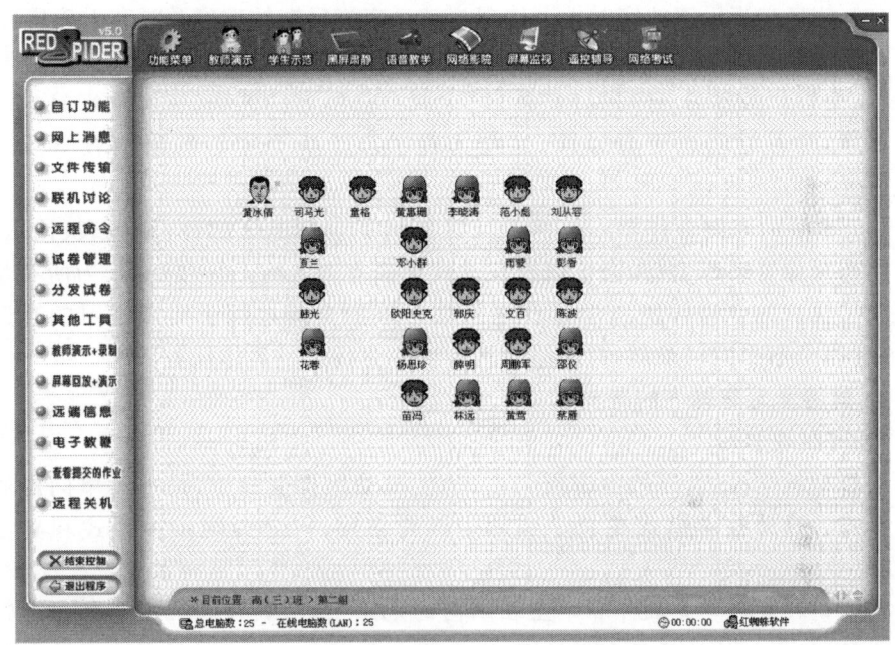

图 5-3　联机教学软件操作界面

这种方式能充分调动学生的积极性，学生可以根据自己的实际情况确定学习重点，确定进度，可以随时通过网络向教师或其他同学求教。

（3）远程学习。主要是学习者利用网络学习资源，在没有连续的教师面授指导情景下的学习。这种方式在本质上是网络学习环境下的学习，只是学习者的学习场所是多媒体网络教室。

远程学习不仅仅发生在学校和其他社会机构组织的远程教育中，也可以发生在企业经济活动中，社会文化活动中，大众媒介传播过程中和社会家庭日常生活中等各类社会生活中。

5.1.2　网络学习环境

网络学习环境是一种开放和分布式的学习环境，这种学习环境使用因特网技术来支持教学,并通过意义丰富的学习活动和交互来促进学习和意义建构(Nada Dabbagh & Brenda Bannan - Ritland,2005)。

1. 网络学习的特点

网络学习环境具有如下特点:

(1) 超越地域限制的良好互动性。通过在网络上架构学习平台(虚拟社区、聊天室、在线课堂、电子邮件等),为身处异地的学习者提供了一个能够通畅交流的"虚拟课堂"。

(2) 信息交流反馈的实时性。体现为信息交流反馈的准确及时和无障碍性。

(3) 个性化的学习。学习者通过网上注册进入一个适合个人特点的课程体系,实现个性化的学习,还可以向"社区"定制自己所需的课程、资源来满足自己的学习需求,学习时间也更具弹性,完全体现了以学生为中心的新型教学模式的特点。

(4) 平等的互助合作学习。网上社区提供了包括电子邮件、课程表、论坛、网上文字与录像资料库、视频会议以及互动式录像等丰富的工具和资源,为所有学习者提供了良好的合作环境。学习者之间在平等的交流过程中实现学习的互助合作,或者完全不受地域限制,在网络社区中协作完成某一具体任务。

2. 网络学习环境下的教与学

1) 讲授教学

讲授型教学模式,以教师讲授为主,学生被动地接受知识,是一种单向沟通的教学模式。这种教学模式在教学实践中经常使用,可分为同步讲授式和异步讲授式。

同步讲授式教学是教师和学生在不同的地点上课,教师在配有摄像机、话筒、电子白板、投影仪的授课教室中讲课,不同地点学生可以在同一时间听同一教师的教学,师生之间可以有一些简单的交流。目前主要运用网络视频会议等系统来实现这种授课方式。

异步讲授式要求教师将准备好的教学要求、教学内容、课后作业等素材做成 Web 网页,或将事先录制好的上课录像,运用流媒体等技术进行加工,与讲稿一起存放在网络服务器上,学生通过浏览器浏览教学内容,以达到相应的教学目的。学生可以通过发电子邮件从教师那里获得帮助。例如,北京四中网校的教学方式就属于这种,图 5-4 是北京四中网校上关于"虚拟语气"的学习界面(http://www.etiantian.com)。

这种教学方式的最大优点在于,它突破了传统课堂教学中人数、时间和空间的限制。同时,它对于平衡教育资源具有重要作用,特别是对解决贫困地区的教育落后问题具有一定的重要意义。当然,它也存在种种不足,如,在课堂上缺乏教师与学生的面对面交流,学习情景的真实性不强,等等,这些都是需要改进的地方。

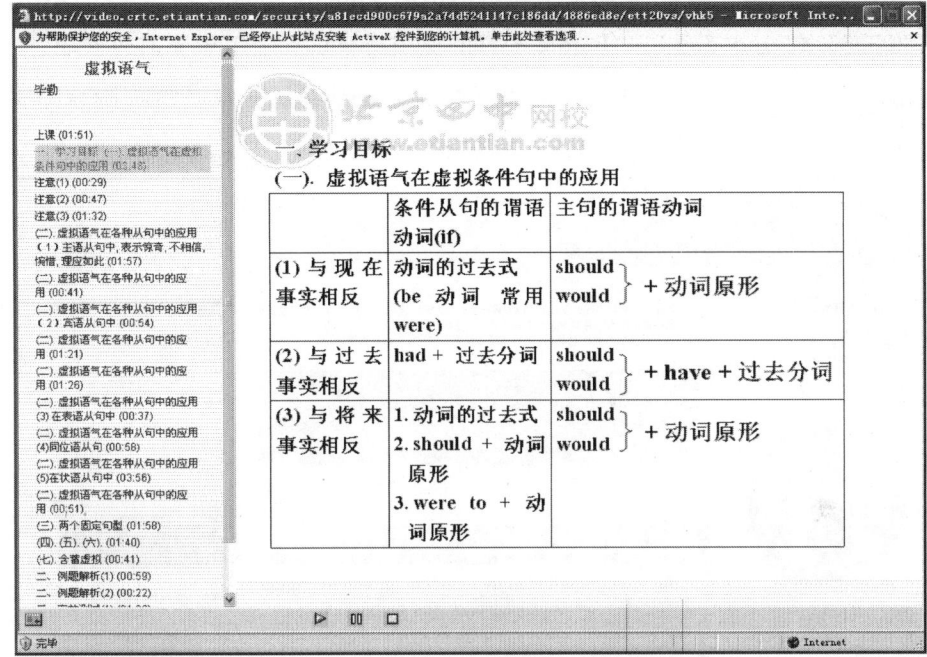

图 5-4　北京四中网校"虚拟语气"的学习界面

2) 基于网络课程的自主学习

网络课程是通过在网络环境下运行的软件来表现的学科的教学内容及实施的教学活动的总和。它包括两个组成部分：按一定的教学目标、教学策略组织起来的教学内容和网络教学支撑环境。网络教学支撑环境指支持网络教学的软件工具、教学资源、实施教学活动的网络教学平台。

网络课程的设计应充分体现教师为主导、学生为主体的思想。一方面要根据接受学习的特点，确定课程目标，选择媒体和相关资源，设计教学内容组织策略、设计形成性练习；另一方面还要根据发现学习的特点，按照创设情境、提供信息资源、设计自主学习和协作学习策略、设计学习效果评价方法、设计综合实践内容的步骤进行教学设计。网络课程的设计还要注意将课程的主要模块与课程的教学内容、教学过程、教学策略、教学评价有机结合在一起。

基于网络课程的自主学习者，首先要明确课程学习目标和要求，通过浏览课程内容，理解内容并从中发现问题，提出问题，并努力解决问题。在解决问题的过程中，学习者要充分利用资源库中的资源来帮助和寻找解决问题的途径；要积极与教师、学伴通过网络进行交流讨论，充分利用信息工具对所学知识进行重构，形成相关作品供教师评阅，获取反馈信息，以提高对课程内容的理解与应用水平。

目前，有一些功能强大的课程管理系统软件，如 Moodle 平台，方便了教师开发个性化的网络课程。图5-5展示了鞍山一中的Moodle信息化课程平台(http://221.203.55.42/moodle7)。Moodle平台的使用将在第5.3节中做具体介绍。

图5-5　鞍山一中的信息化课程平台

3) 协作学习

基于因特网的协作学习,是指利用计算机网络及多媒体技术,由多个学习者针对同一学习内容彼此合作,结成若干个协作学习小组,以达到对教学内容更深的理解与掌握的过程。

多媒体技术能为学习者提供形象直观的、界面友好的学习环境,网络技术打破了时空的限制,为学习者提供了信息获取与传输的通道。通过计算机支持的协作学习,身处不同地区的学习者可通过计算机网络进行交流和沟通,组成学习小组,在共同协商和互助中完成共同的学习目标。

基于网络环境的协作学习包括协作小组、小组成员、辅导教师、协作学习环境等要素。

与课堂环境下的协作学习相比,网络环境下的协作学习有学习群体范围广阔、资源获取途径多样、资源内容丰富、群体教师共同参与教学过程、评价方式多样等优点。

与个别化学习相比较,协作学习有利于促进学生高级认知能力的发展,有助于学习个体的自我发展。

5.2 基于流媒体技术的教学资源开发

5.2.1 流媒体基础知识

1. 概念

流媒体是一种可以使音频、视频和其他多媒体文件能在 Internet 及 Intranet 上以实时的、无需下载等待的方式进行播放的技术。简单地说就是应用流技术在网络上传输的多媒体文件,而流技术就是把连续的影像和声音信息经过压缩处理后放在网络服务器上,让用户一边下载一边观看、收听,而不需要等整个压缩文件下载到自己的机器后才可以观看的网络传输技术。图 5-6 是流媒体的播放画面,从图中标识的播放进度和下载进度,可以看出是一边播放一边下载的。

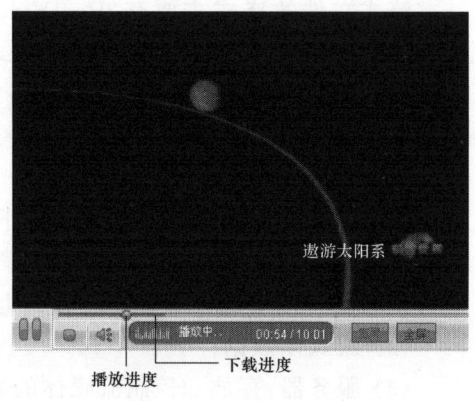

图 5-6 流媒体播放画面

2. 特点

与单纯的下载方式相比,这种对多媒体文件边下载边播放的流式传输方式具有以下优点:

(1) 启动延时大幅度地缩短;
(2) 对系统缓存容量的需求大大降低;
(3) 流式传输的实现需要特定的实时传输协议。

3. 流媒体操作平台

目前国际上主流的流媒体操作平台是 RealNetworks 公司的 Real System、Microsoft 公司的 Windows Media Technology 和 Apple 公司的 Quick Time。

Real System 由媒体内容制作工具 RealProducer、服务器端 Realserver、客户端软件部分组成。其流媒体文件包括 RealAudio、RealVideo、RealPresentation 和 Real FlashMX 等,分别用于传送不同的文件。Real 流式文件采用 RealProducer 软件进行制作,首先把源文件或实时输入变为流式文件,再把流式文件传输到服务器上供用户点播。

Microsoft Media Technology 由 Media Tools、Media Server 和 Media Player 工具构成。Media Tools 提供了一系列的工具帮助用户生成多媒体流,分创建工具和编辑工具两种。Media Server 可以保证文件的保密性,不被下载,并使每个使用者都能以最佳的影片品质浏览网页。Media Player 则提供强大的流信息的播放功能。

Quick Time 包括服务器 Quick Time Streaming Server、带编辑功能的播放器

Quick TimePlayer、制作工具 Quick Time Pro、图像浏览器 PictureViewer 以及使 Internet 浏览器能够播放 Quick Time 影片的插件。

除了上述的流媒体技术的几种主要格式外,在多媒体课件和动画方面的流媒体技术有 Macromedia 的 shochwave 技术和 Meattacreation 公司的 Meta stream 技术。

4. 流式文件格式

流式文件的格式主要有:RealVideo 的 rm 视频影像格式和 ra 的音频格式;Microsoft Media Technology 的 asf 格式、wma 音频格式及 wmv 视频格式;QuickTime 的 qt、mov 格式;Flash 的 swf 格式;Authorware 的 aam 多媒体教学课件格式;MetaStream 的 mts 格式等。

5. 流媒体系统的组成

一个完整的流媒体系统应包括以下几个组成部分:

(1)编码工具:用于创建、捕捉和编辑多媒体数据,形成流媒体格式,这可以由带音视频硬件接口的计算机和运行其上的制作软件共同完成;

(2)流媒体数据;

(3)服务器:存放和控制流媒体的数据;

(4)网络:适合多媒体传输协议甚至实时传输协议的网络;

(5)播放器:供客户端浏览流媒体文件。

5.2.2 基于流技术的网络课件制作

Microsoft Producer 是 Microsoft 发布的一款媒体简报制作工具,通过它可以方便地整合音频、视频、PowerPoint 幻灯片、图片、HTML 文档及 Flash 等资源,将它们转换成流媒体格式,并以网页的形式发布。

【制作"太阳系"网络课件】

这个课件将以介绍太阳系的一段视频导入情境,视频播放完毕,进入正式讲授内容,即幻灯片的放映,并伴有同步解说。

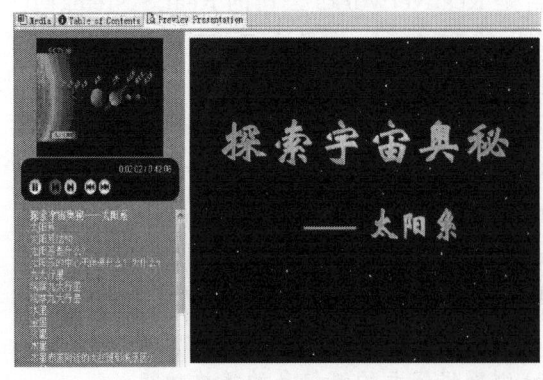

图 5-7 效果图

该课件的呈现结构分为三个部分:右边放映的幻灯片,左上方播放音视频,左下方是导航栏。当课件开始时,开始播放视频,幻灯片显示第一张内容,即课件讲述的主题,视频播放结束,讲课音频开始播放,幻灯片根据讲授内容进行同步放映,如果选中左下方幻灯片导航条中的某一张幻灯片,则放映相应的幻灯片及音视频文件,图 5-7 是效果图。

制作步骤：

（1）材料准备。制作关于太阳系的 PPT 课件，准备相关的录音材料及介绍太阳系的视频，即如图 5-8 所示的三个文件，并将这些材料存在名为"太阳系"的文件夹下。

（2）启动 Microsoft Producer。

（3）创建新课件。① 选择创建课件的方式，如图 5-9 所示。

图 5-8　课件所需的素材　　　图 5-9　选择创建方式

② 选择课件的模板，如图 5-10 所示。

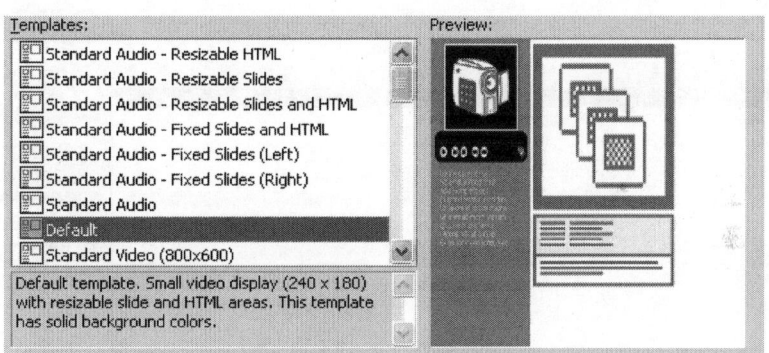

图 5-10　选择模板

③ 设置模板属性，如图 5-11 所示。

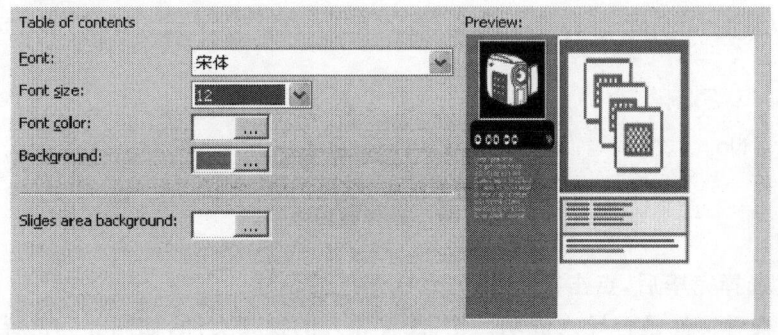

图 5-11　设置模板属性

④ 填写课件封面信息,如图 5-12 所示。

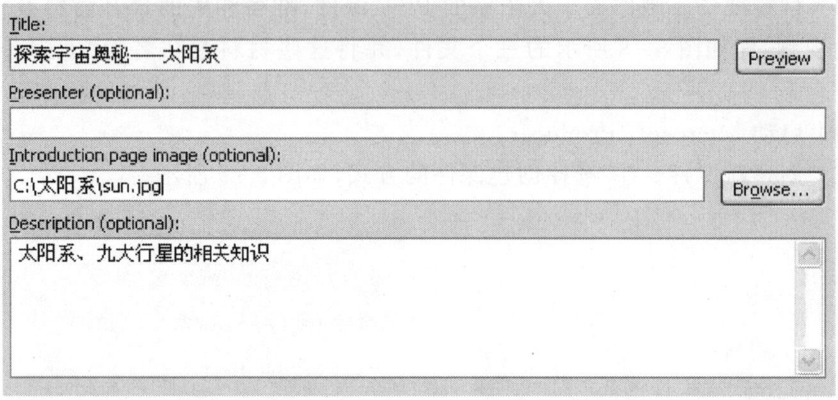

图 5-12　填写课件封面信息

⑤ 导入 PPT 文件,如图 5-13 所示。

图 5-13　导入 PPT 文件

⑥ 导入音视频文件。导入的方法同导入 PPT 相同。
⑦ 选择是否需要电子幻灯片与导入的音视频文件同步,如图 5-14 所示。

图 5-14　选择是否同步

设置选择完毕后,点击"Finish",完成课件的创建。
(4) 查看文件是否导入成功。① 查看导入的视频文件,如图 5-15 所示。
② 查看导入的音频文件。方法和查看视频文件相似。

第 5 章 学习环境及其利用

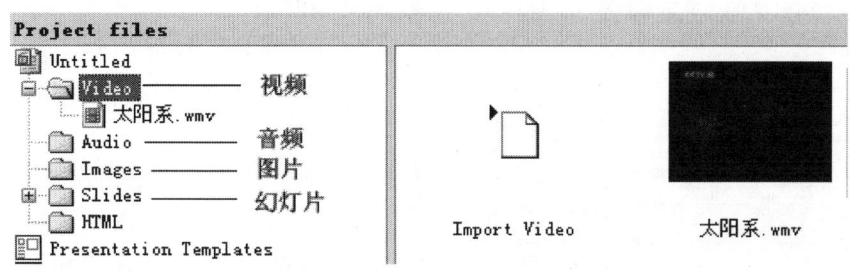

图 5-15 导入的视频文件

③ 查看导入的 PPT 文件,导入的 PPT 文件以一张张幻灯片的形式显示,如图 5-16 所示。

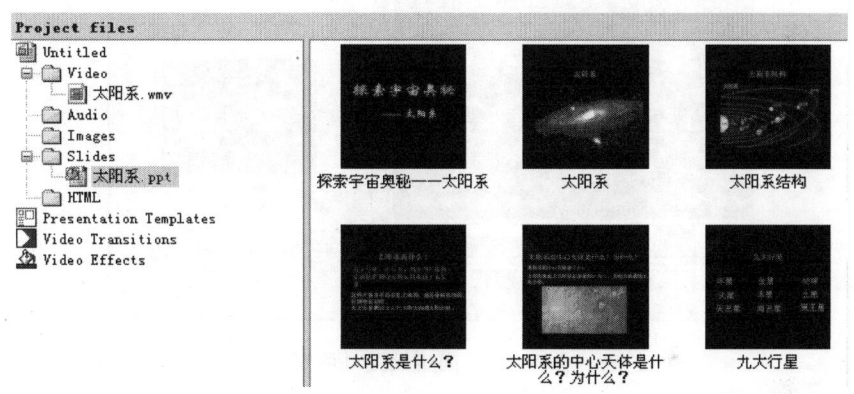

图 5-16 导入的 PPT 文件

④ 查看时间线。时间线面板包含视频轨道、幻灯片轨道、音频轨道、模板轨道等几个部分。在这几个轨道上已经放置了相对应的导入文件,如图 5-17 所示。

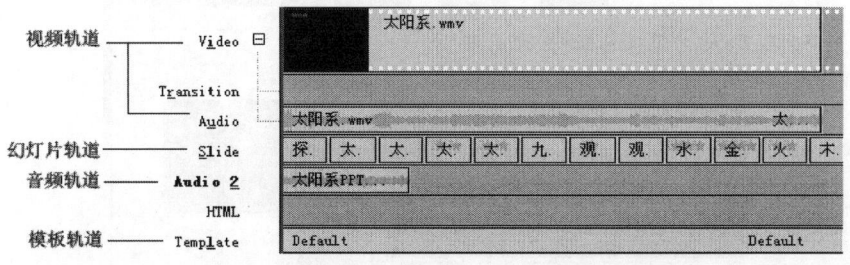

图 5-17 时间线面板

(5) 制作课件。① 将音频文件调整到合适位置。PPT 内的讲解音频需要在视频结束后播放,因而要将讲解的音频放置在视频结束的时间处,如图

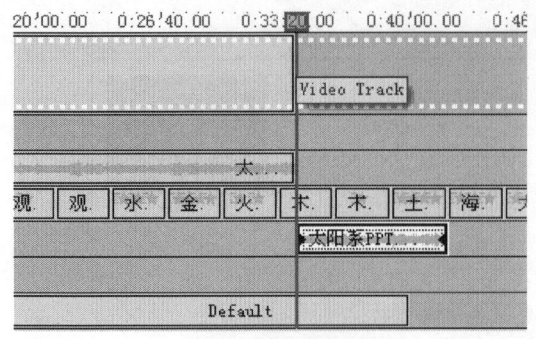

5-18所示。

② 选择工具栏中"Synchronize",设置幻灯片放映和音视频播放的同步。

同步设置对话框由两部分组成,如图5-19所示,左边显示当前放映的幻灯片,右边是音视频和幻灯片的同步控制平台。点击播放按钮,插入的视频文件就开始播放。

图5-18 调整音频位置

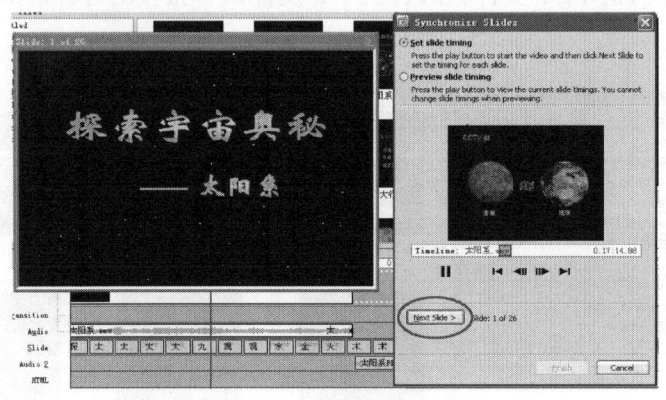

图5-19 同步设置对话框

当视频播放完毕,进入讲解音频部分,此时幻灯片要根据课程讲授的节奏进行切换。点击"Next Slide"按钮,就会在音频播放此处时,幻灯片从当前页跳转到下一页。如音频播放到讲述太阳系的结构,就要点击"Next Slide"按钮,使幻灯片跳转到相应内容,如图5-20所示。

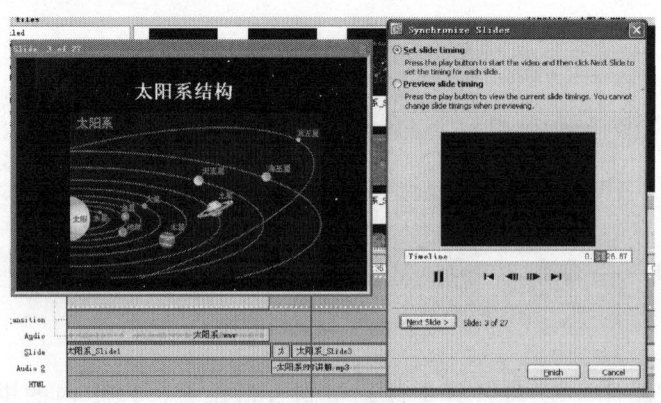

图5-20 幻灯片同步设置

(6) 预览课件效果,如图 5-21 所示。

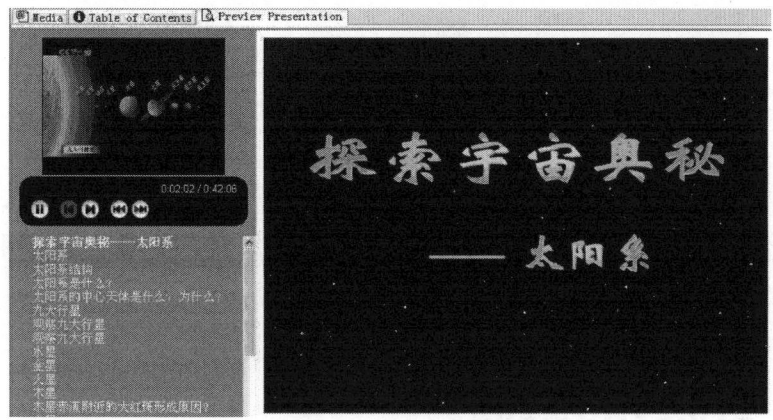

图 5-21 预览课件效果

(7) 发布课件。① 点击工具栏上的"Publish"按钮,选择发布方式,如图 5-22 所示。

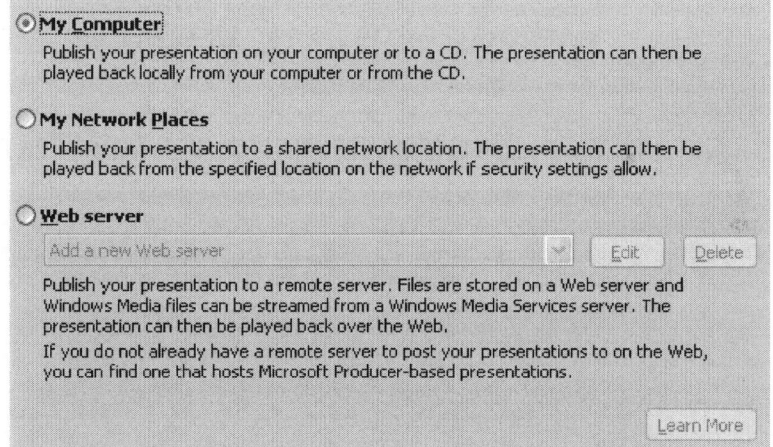

图 5-22 选择发布方式

② 设置保存文件名及保存路径,完成发布,如图 5-23 所示。

图 5-23 设置保存文件名及保存路径

在相应的保存路径下，可找到如下文件，如图 5-24 所示。

图 5-24　发布的文件

可以选择把保存的文件刻录到光盘上，也可以放到服务器上，供学生点播。

若将这些文件发布到服务器上，打开浏览器，在地址栏中输入相应网址，则显示如图 5-25 所示的资源目录表。

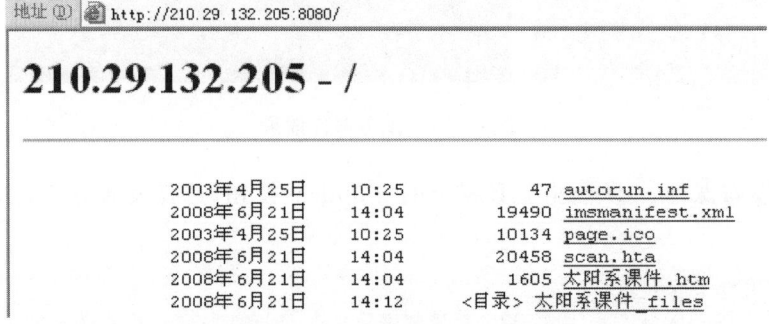

图 5-25　资源目录表

打开"太阳系课件.htm"，就可以播放太阳系网络课件了，如图 5-26 所示。

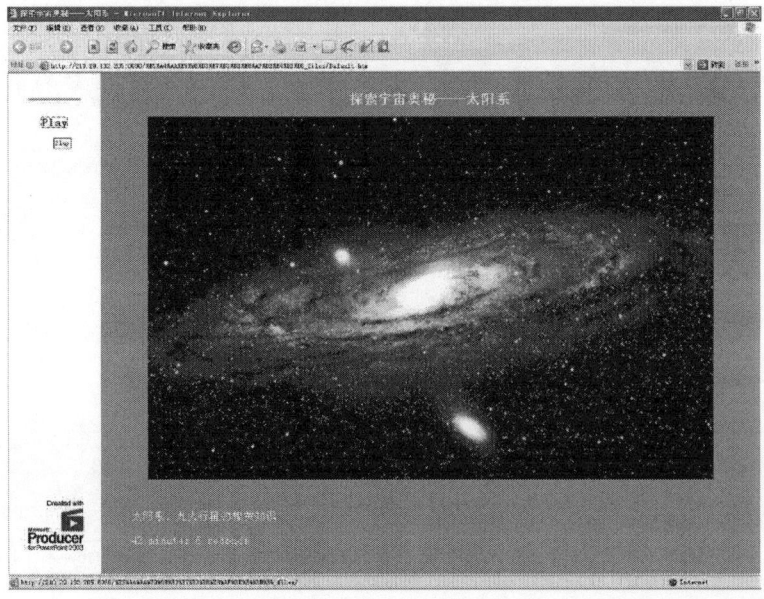

图 5-26　课件播放画面

5.3 Moodle 平台及其使用

5.3.1 Moodle 平台简介

Moodle 平台是一个实用的网络学习和管理平台,适合于在线课程,也可以作为传统课程的补充和辅助。它不仅具备多种网络学习的功能,还支持多样化的教学方式,适用于多种组织类型。更值得关注的是,Moodle 课程还注重多样化教学评价,这有利于及时发现和解决学生在学习过程中存在的问题。Moodle 的出现更新了教师的教育理念,教师任务由先前的教案设计转变成课程设计,由课程内容设计转变成教学资源与活动的设计。

5.3.2 Moodle 平台的使用

【制作网络课程】

开设一门在"小学课程"类别下的名为"探索宇宙奥秘——太阳系"的网络课程。课程围绕几个主题展开,主题包含学习任务、学习资源、讨论区。其中,学习资源包含 PPT 文件及第 5.2 节中所做的流媒体课件。

操作步骤:

(1) 打开 Moodle 平台,在"登录"一栏中,输入教师身份的用户名、密码,点击登录按钮。如图 5-27 所示。

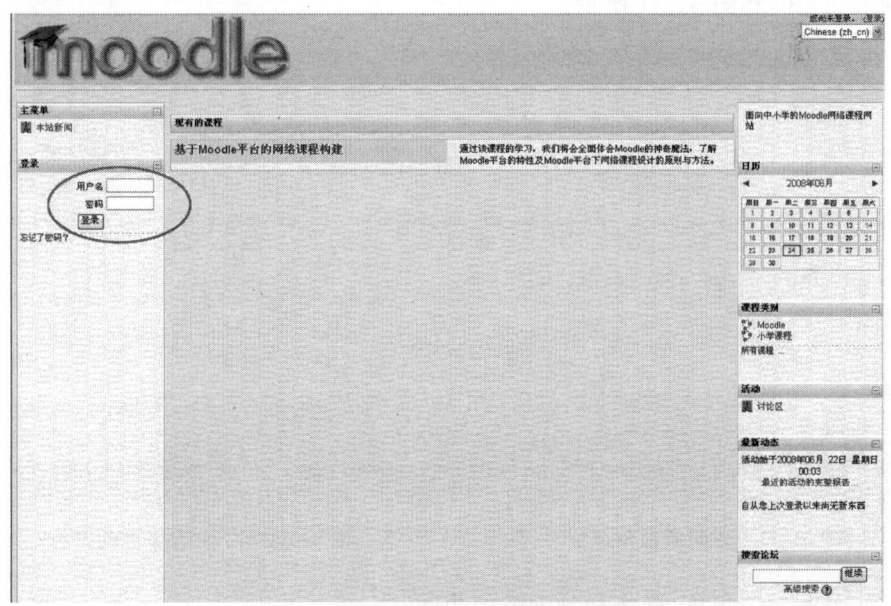

图 5-27 Moodle 登录

(2) 开设新课程。① 在"网站管理"的导航栏中选择"课程"中的"添加/修改课程"(图 5-28)。

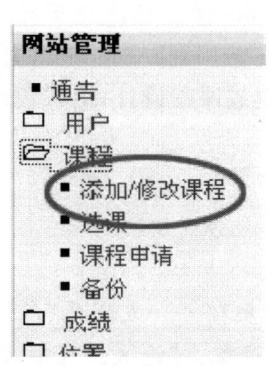

图 5-28 添加/修改课程　　图 5-29 设置课程

② 设置课程属性,如图 5-29 所示。

(3) 分配课程角色。① 选择被分配角色"教师",选中被分配用户,点击选择按钮,如图 5-30 和图 5-31 所示。

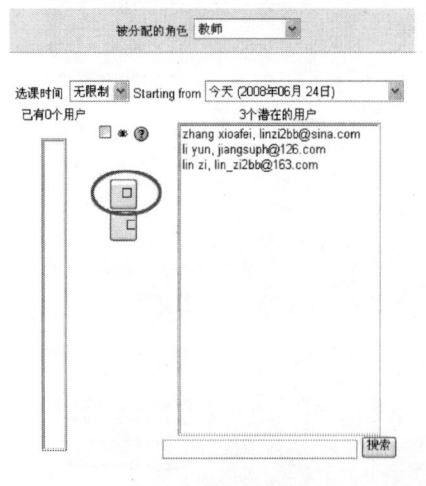
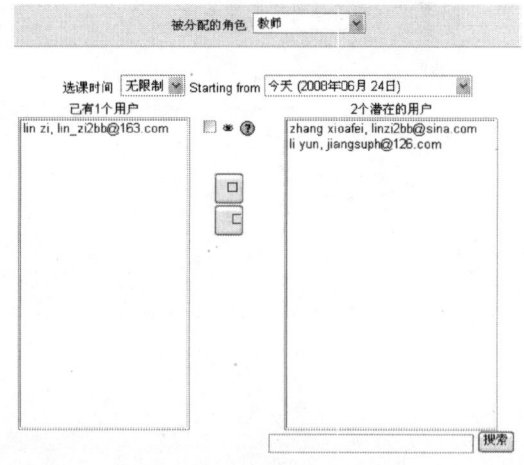

图 5-30 分配教师角色　　图 5-31 分配教师角色成功

② 分配学生角色,操作和分配教师相同。

(4) 设置课程第一个主题概要。① 进入课程管理界面,点击"打开编辑功能"

按钮,如图 5-32 所示。

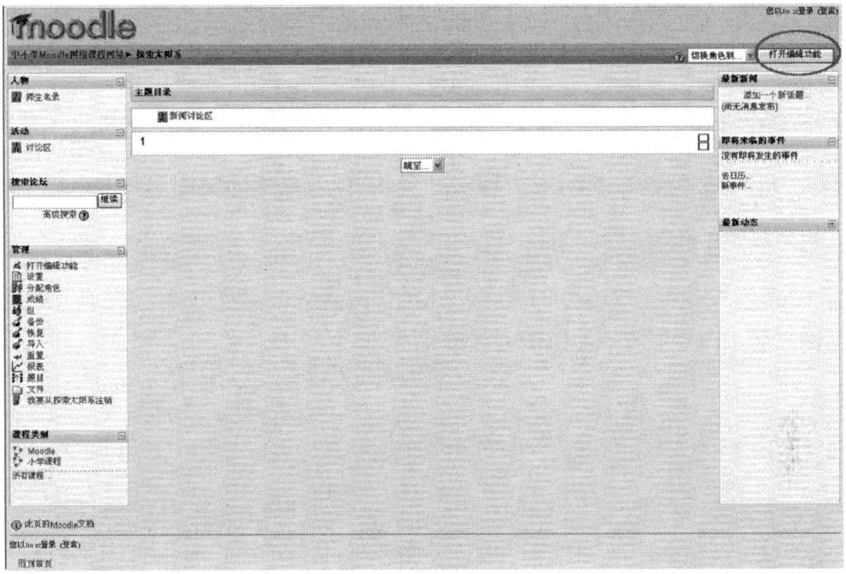

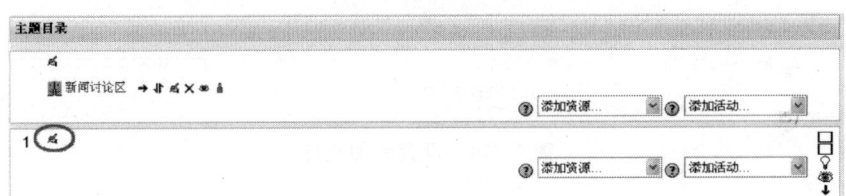

图 5-32　课程管理界面

② 选择主题 1 的编辑图标,进入主题 1 的概要编写,如图 5-33 所示。

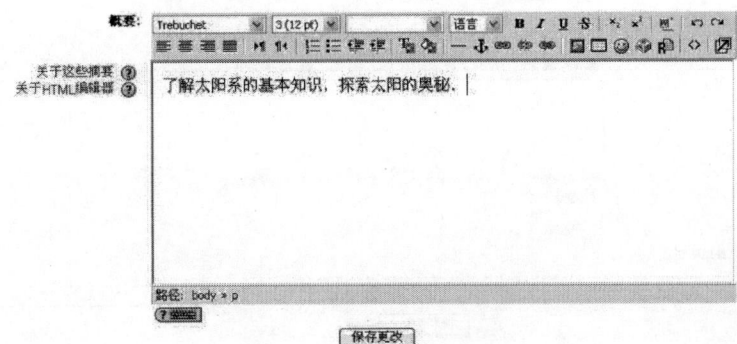

图 5-33　主题目录界面

③ 编辑主题 1 的概要,如图 5-34 所示。

图 5-34　编辑主题概要

(5) 添加 PPT 文件和网络课件链接。① 选择"链接到文件或站点",如图 5-35 所示。

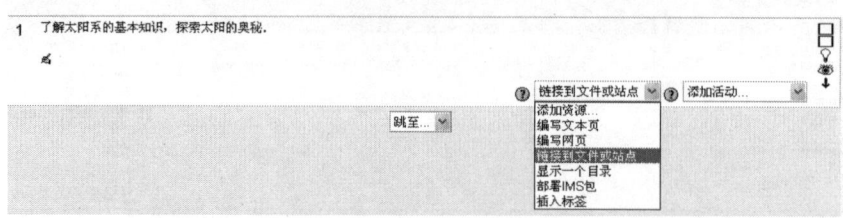

图 5-35 添加文件

② 设置添加 PPT 文件,如图 5-36 所示。

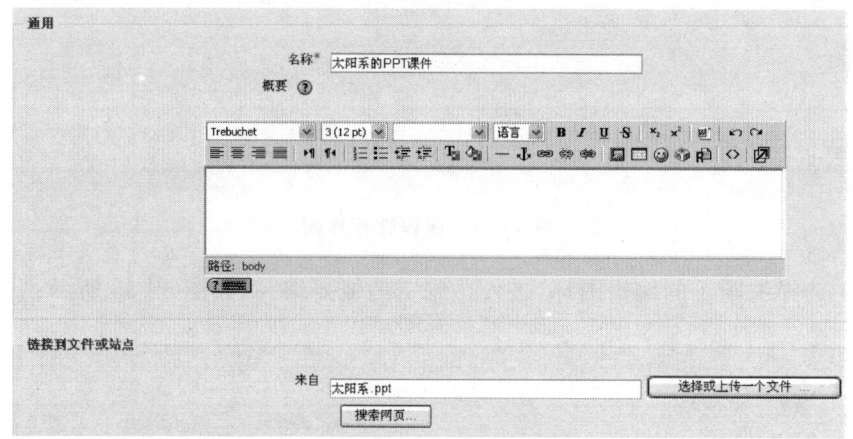

图 5-36 设置添加文件

③ 设置添加网络课件链接,如图 5-37 所示。

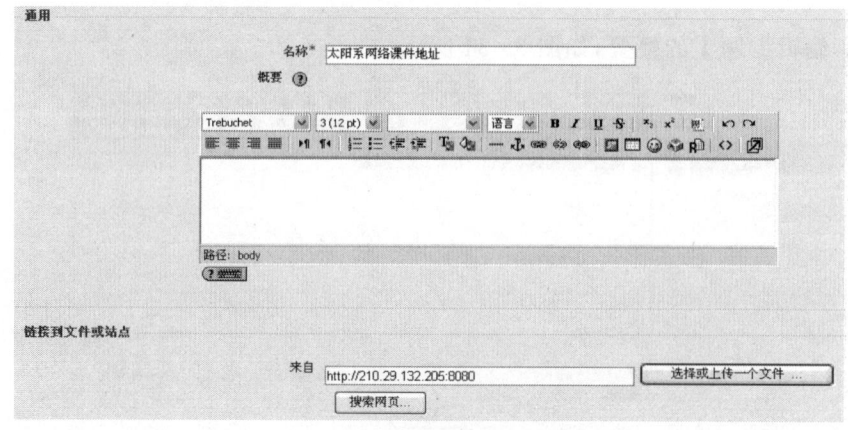

图 5-37 设置添加网络课件链接

(6) 编辑学习任务。① 选择"编写文本页",如图 5-38 所示。

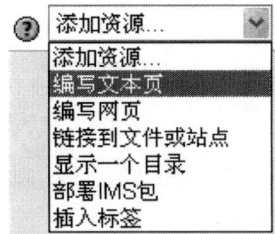

图 5-38　添加文本页

② 编辑学习任务,如图 5-39 所示。

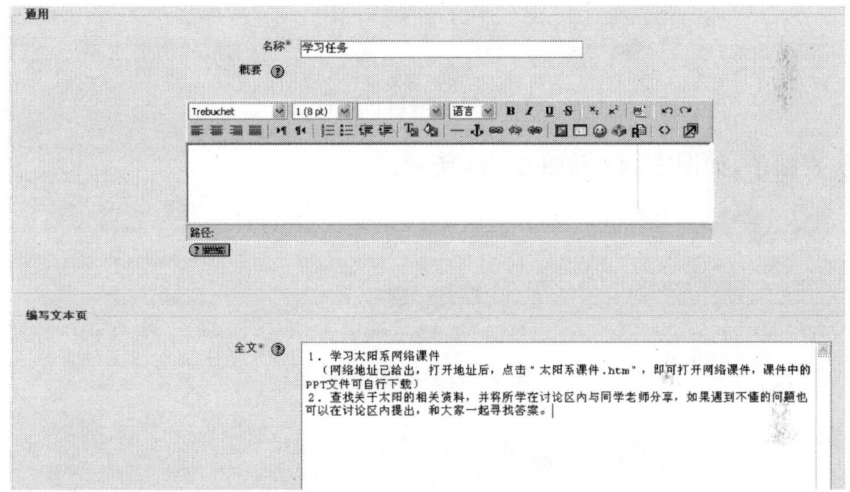

图 5-39　编辑学习任务

(7) 添加讨论区。① 添加讨论区,如图 5-40 所示。

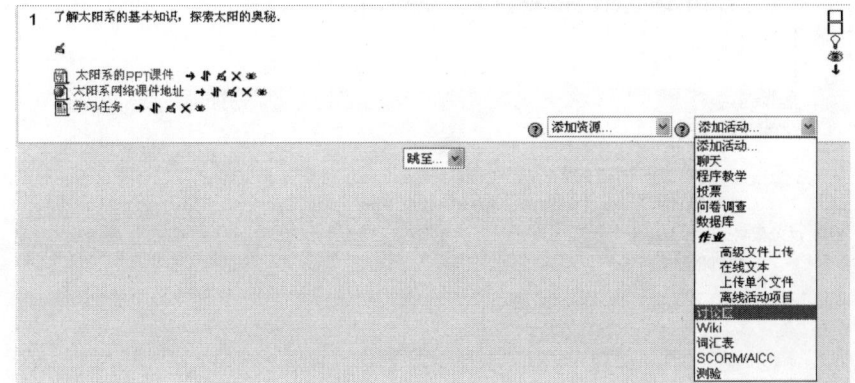

图 5-40　添加讨论区

② 编辑讨论区，如图 5-41 所示。

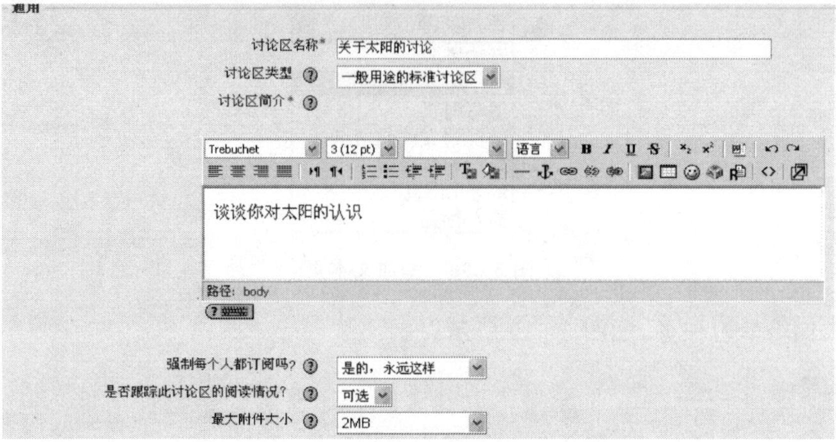

图 5-41　编辑讨论区

③ 发帖子，如图 5-42 和图 5-43 所示。

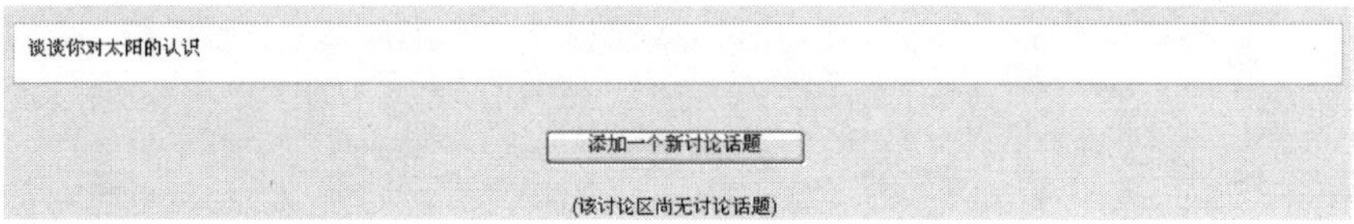

图 5-42　添加话题

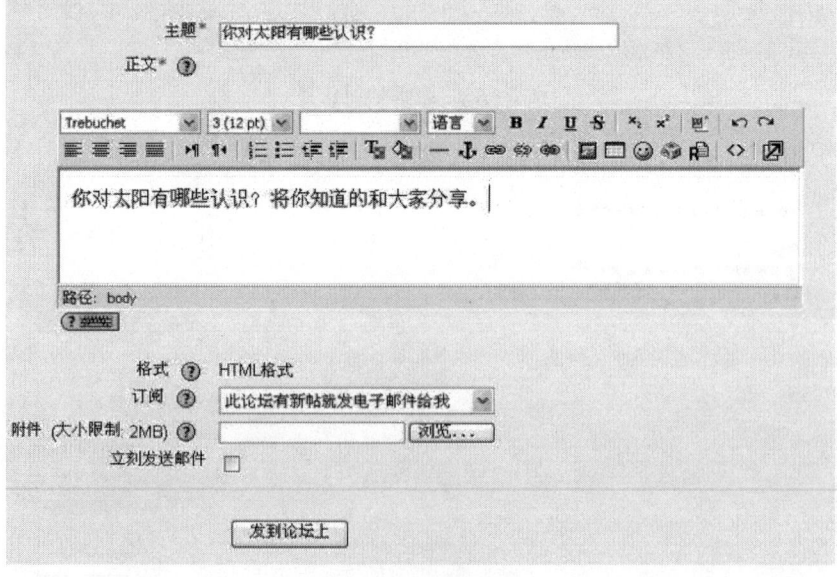

图 5-43　编辑帖子

(8) 设置其他主题。通过"跳至"选择要编辑的主题。其他主题操作方法与第一个主题相同,如图 5-44 所示。

图 5-44 选择要编辑的主题

【体验网上学习】

学生登录后,可以在线浏览网络课程,查看学习任务,下载学习资源,并能通过网络与学伴或老师进行在线交流。

操作步骤:

(1) 学生登录。输入用户名及密码,以学生身份进行登录(图 5-45)。

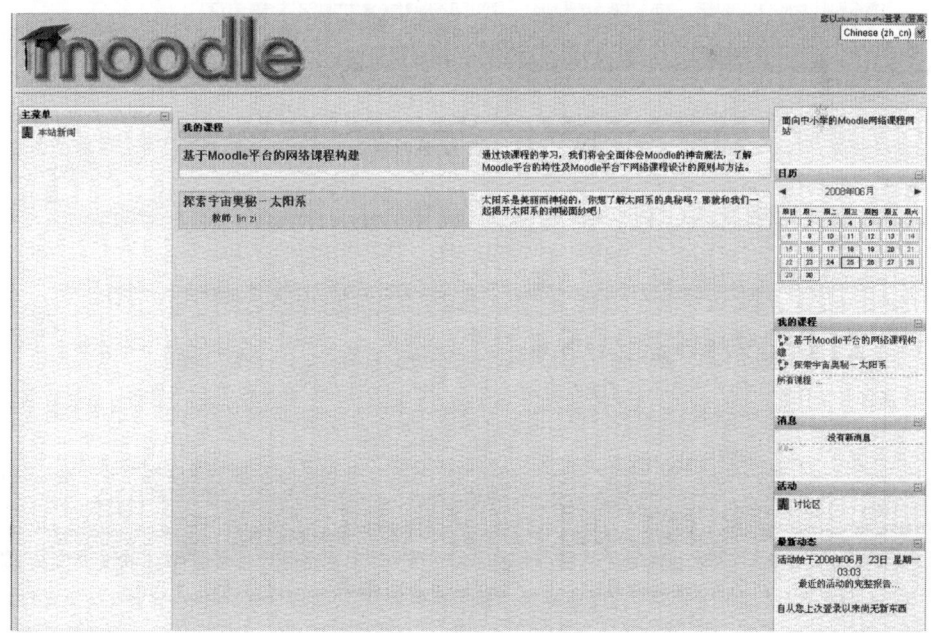

图 5-45 学生登录界面

(2) 浏览课程(图 5-46)。

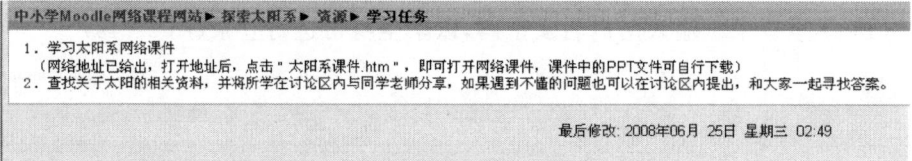

图 5-46 浏览课程

(3) 查看学习任务(图 5-47)。

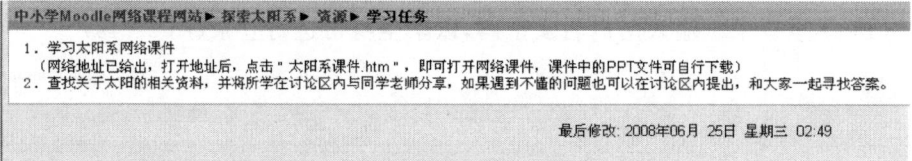

图 5-47 查看学习任务

(4) 观看网络课件(图 5-48 和图 5-49)。

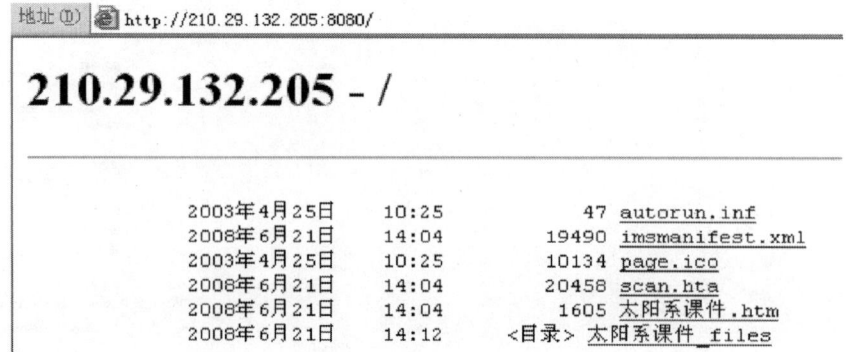

图 5-48 课件目录

图 5-49　网络课件放映

(5) 下载 PPT 文件(图 5-50)。

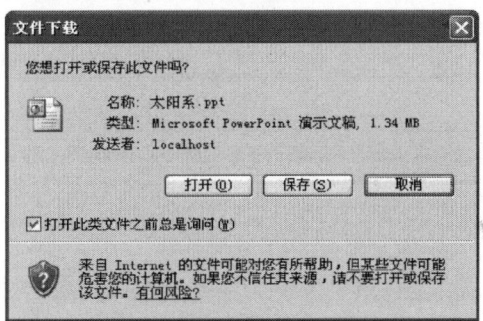

图 5-50　下载 PPT 文件

(6) 参与讨论(图 5-51)。

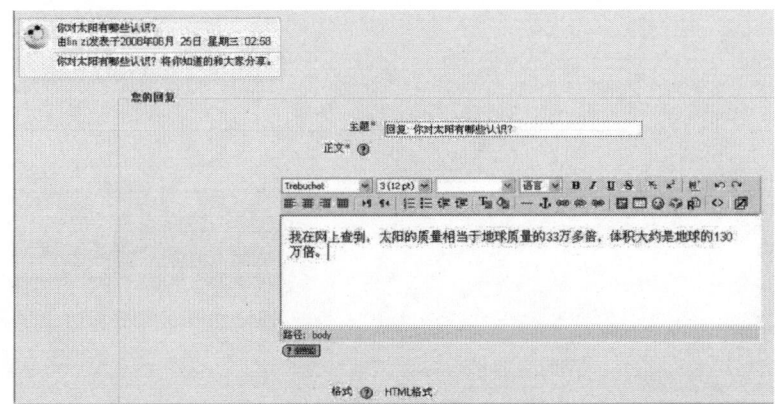

图 5-51　编辑回帖

下篇 教育技术应用

第6章 信息化教学模式

本章主要内容
- 信息化教学模式概述
- 几种典型的信息化教学模式

6.1 信息化教学模式概述

6.1.1 信息化教学模式的含义

理解信息化教学模式,可以从认识模式和教学模式概念开始。

模式是对某一过程或某一系统的简化与缩微式表征,以帮助人们形象地把握某些难以直接观察或过于抽象复杂的事物。

教学模式是指在相关教学理论与实践框架指导下,为达成一定的教学目标而构建的教学活动结构和教学方式。它是将相关教学理论转化为具体教学活动结构和操作程序的中介,是将相关教学理论与实践框架同具体教学情境相结合的结果。教学模式具有直观性、假设性、近似性和完整性。

信息化教学模式是新的时代条件下教学模式的新发展,是基于技术的教学模式或数字化的学习模式。所谓信息化教学模式,是指技术支持的教学活动结构和教学方式。它是技术丰富的教学环境;是直接建立在学习环境设计理论与实践框架基础上,包含相关教学策略和方法的教学模型。

信息化教学模式建构的宗旨是通过支持学习者的高阶学习,以促进学习者高阶能力的发展。

高阶能力是以高阶思维为核心,解决劣构问题或复杂任务的心理特征。它主要包括创新、问题求解、决策、批判性思维、信息素养、团队协作、兼容、获取隐性知识、自我管理和可持续发展十大能力。

高阶学习是指运用高阶能力,特别是高阶思维进行有意义的学习。这种学习的基本特征是主动的、意图的、建构的、真实的和合作的。高阶学习是发展高阶能力、高阶思维和高阶知识的平台或路径。

目前,国内外较常见的信息化教学模式主要有:基于问题的学习、基于项目的学习、基于案例的学习、基于资源的学习、协作学习、个性化学习、探究学习、情境化学习等。随着教育信息化过程的不断深入和发展,新的信息化教学模式还将不断涌现。

6.1.2 信息化教学模式的分类

祝智庭教授从教育哲学角度考察了信息化教育模式,将价值观和认识论看作考察教育文化差别的两个变量,将个人主义-集体主义,客观主义-建构主义当作描述各种不同教育文化的二维分类模型。各种信息化教学模式,根据其偏向的价值观-认识论特征,归属到不同的区域之中,构成信息化教学模式分类体系。

在图6-1中,传统的CAI模式主要集中在Ⅰ区,强调个别化教学,从传统的以教师为中心转换为以教为中心。到了20世纪80年代以后,由于建构主义学习理论在教育技术中的应用和多媒体技术的发展,信息化教学模式转移到Ⅱ区,强调以学为中心。90年代以后,由于网上教育的兴起,出现了以合作学习为中心的多种虚拟学习环境(Ⅳ区)。位于Ⅲ区的教学模式是从传统的电化教室发展而来的,增加了多媒体教学,而虚拟教室的出现则大大扩展了其概念。位于中心的是集成化教育系统,它综合了许多不同的信息化教学模式。

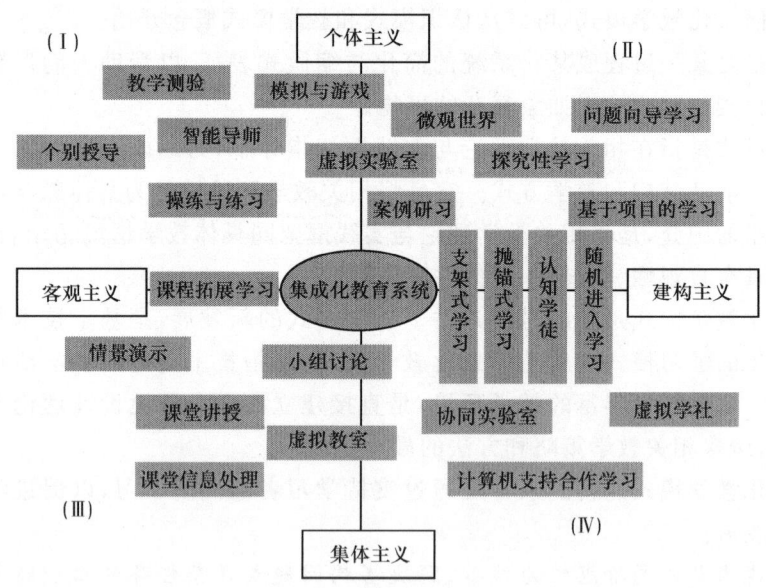

图6-1 信息化教育系统的文化分类

国内外研究者从不同的角度对信息化教学模式进行了划分。本节介绍的分类旨在帮助从总体上了解信息化教学模式的概况,以便更好地将其运用到教学实践中,因此没有作严格地划分和界定。本书从实用的角度,把信息化教学模式划分为功能性和过程性两类。第6.2节将从这两类中分别选3种典型的信息化教学模型加以介绍,即功能性信息化教学模式中介绍操练与练习、教学模拟、虚拟教室,过程性信息化教学模式中介绍基于项目的教学模式、WebQuest 教学模式,基于网络协作学习的教学模式。

6.2 几种典型的信息化教学模式

6.2.1 操练与练习

1. 相关概念

操练与练习是发展历史最长而且应用最广的 CAI 模式。此类 CAI 并不向学生教授新的内容,而是由计算机向学生逐个呈现问题,学生在电脑上作答,计算机给予适当的即时反馈。运用多媒体,可将许多可视化动态情景作为提问的背景。

从严格意义上说,操练与练习之间是有一定概念区别的:操练基本上涉及记忆和联想问题,主要采用选择题和配对题之类的形式;练习的目的重在帮助学生形成和巩固问题求解技能,大多采用简答题和问答题之类的形式。

2. 应用

由于互联网的广泛应用,加上其交互及可多方参与的特点,大大延伸了这种模式的应用空间。为了增强趣味性,一些设计者还把操练与游戏结合使用,加入竞争、参与的因素,例如《欢乐小镇》里的"好玩游戏"(http://www1.moe.edu.sg/happytown/archive.html),如图 6-2 所示。

现在有一些练习编辑软件,可以帮助教师开发适合教学要求的练习。例如,

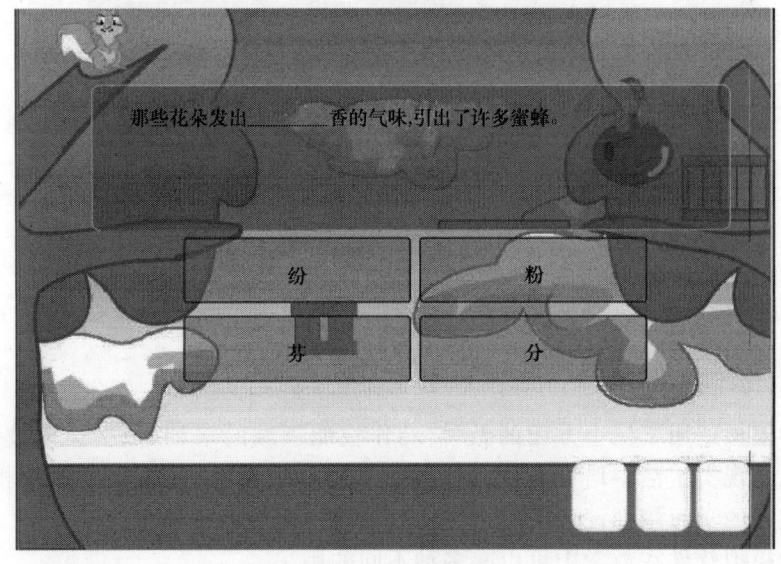

图 6-2 好玩游戏

Hot Potatoes 就是一款好用的练习编辑软件,这个软件能制作出完型填空、配对练习、简答、词句重组等形态的练习题。但操练与练习的核心是问题,因而问题的内容、形式、出现的顺序、提示的作用是设计关键。

6.2.2 教学模拟

1. 相关概念

模拟是对一些真实情景或过程的抽象化、精简化。教学模拟是利用计算机建模和仿真技术来表现某些系统的结构和动态,为学生提供一种可供他们体验和观测的环境。

教学模拟主要有两种类型:一种是把一个事物作为一个系统,根据一定的目的加以模型化,以这种模型为媒介,揭示该事物的功能和特点;一种是依据教学目的,将事物的系统特征用具体的形式模型化,借助对模型的运用,达到教学目的。

2. 应用

教学模拟是一种十分有价值的 CAI 模式,在教学中有广泛的应用。如在化学课中可以模拟化学实验过程;在生物课中可以模拟生态系统;在人文科学中可以模拟历史演变等。图 6-3 展示的就是教学模拟在化学中的应用。

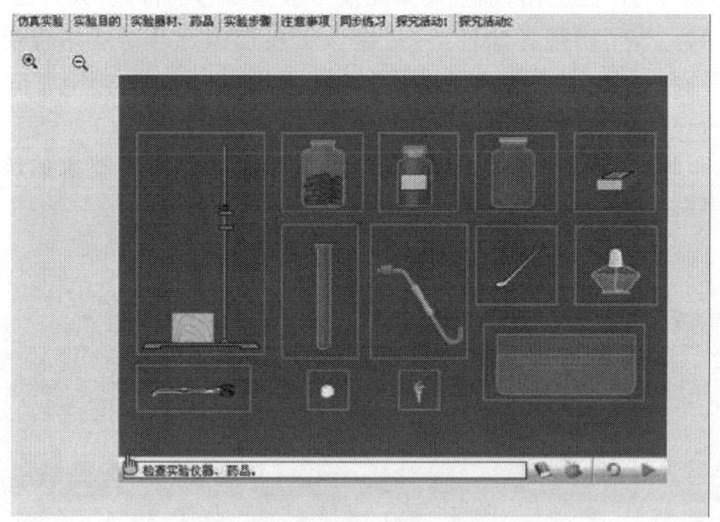

图 6-3 初中化学模拟实验

教学模拟适用于三个方面的教学:动作技能领域的培训,包括运动技能、工作技能以及在现实生活中培训有危险或太昂贵的复杂技能;社会中事务的相互作用和人际关系的学习培训;决策能力的培养,如法律课中的模拟法庭等。

教学模拟软件在教学中可以有多种不同的用法。

(1)演示法。即教师为了帮助学生理解某一系统的基本原理,利用模拟软件进行演示说明。

(2) 实验法。即让学生通过操纵模拟的系统掌握实验步骤。

(3) 探索法。即让学生在模拟的情境中进行探索,发现隐藏在其中的规律。

6.2.3 虚拟教室

1. 相关概念

虚拟教室是指在计算机网络上利用多媒体通信技术构造的学习环境,允许身处异地的教师和学生互相听得着看得见。它是以建构主义理论为基础,利用计算机多媒体技术、网络技术、现代通信技术等构建的数字化网络教育支撑平台,为教师和学生提供了一个类似传统教室,同时又不受时间、地域限制的网络教学环境。

虚拟教室不但可以利用实时通信功能实现传统物理教室中所能进行的大多数教学活动,还能利用异步通信功能实现前所未有的教学活动。

比如,在虚拟教室中学生可以根据课表的安排选课;将教师预先准备好的电子讲稿或多媒体课件下载到本地机器上进行自学;进行在线视频点播;当学生遇到问题,可以发送电子邮件给授课老师或同伴,或将问题发送到有关课程的电子公告板上,等待教学参与者的解答。

2. 实例

(1) EarthView Explorer。它是由哥伦比亚大学的 Lamont-Doherty 地球观察站创办的,用于帮助 7～12 年级的学生学习科学概念,尤其是地球科学方面的知识。学生自己选择学习内容,然后进入该网站,寻找真实数据进行研究。图 6-4 是 EarthView Explorer 的主界面 http://www.ldeo.columbia.edu/res/pi/EV。

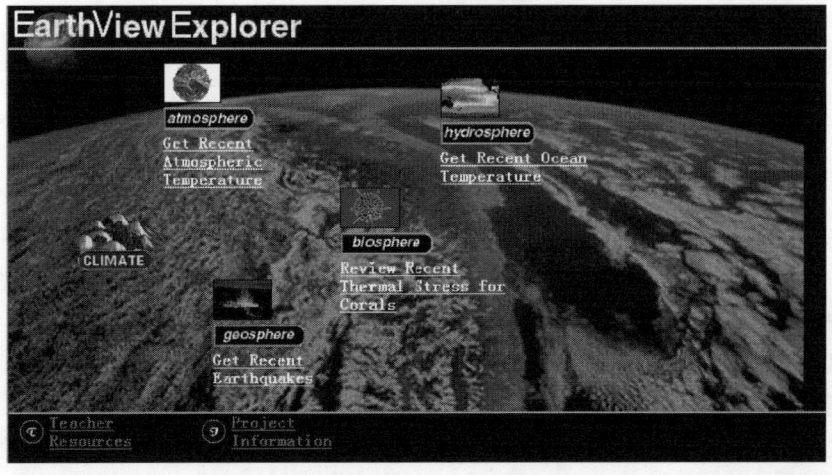

图 6-4　EarthView Explorer

(2) Global Virtual Classroom。美国电话电报公司的"Global Virtual Classroom"为所有享有互联网络的中小学生提供了一个免费网上教育,并进行国际合作的跨文化学习和交流的机会。图6-5是GVC网站的首页(http://www.virtual-classroom.org)。

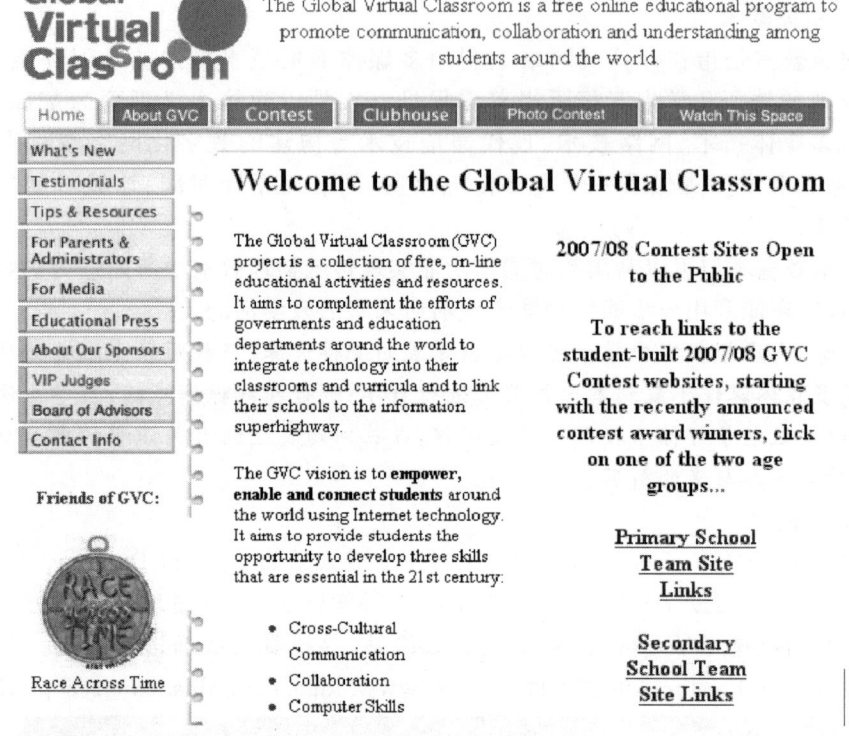

图6-5 Global Virtual Classroom

6.2.4 基于项目的教学模式

1. 相关概念

基于项目的教学是以学习或研究某种或多种学科的概念和原理为中心,以制作作品并将作品展示给他人为目的,在真实世界中借助多种资源开展探究活动,并在一定时间内解决一系列相互关联问题的一种教学模式。这种学习强调的是以学生为中心,强调小组合作学习,要求学生对现实生活中的真实性问题进行探究。

这种教学模式的理论基础是建构主义学习观、杜威的实用主义教育理论、布鲁纳的发现学习理论等。

2. 组织与实施

基于项目的教学模式的操作程序分为"选定项目、制定计划、活动探究、作品制作、成果交流、活动评价"六个步骤。

1) 选定项目

对于项目的选定,应该充分考虑学生现有的知识经验和能力水平,以及学生通过努力是否可以达到项目学习的目标,解决项目中所出现的各类问题。

基于项目的教学模式中的项目选定的根本依据是学生的兴趣,但也要考虑如下情况:

(1) 所选择的项目应该是和学生的日常生活相关;

(2) 项目应能多融合多门学科;

(3) 项目的内容应该丰富,以便进行至少长达一周时间的探究;

(4) 有能力对该项目学习进行检测。

项目的选择也可以由学生来进行,教师在此过程中仅作为指导者。

教师可以对学生选定的主题进行评价,即选定的主题是否具有研究价值,以及学生是否有能力对该项目进行研究。根据评价的情况,如果有必要的话,可对学生选定的项目进行适当的调整或者建议学生对项目进行重新选择。

2) 制定计划

制定计划包括时间安排和活动计划。时间安排是学生对项目学习所需的时间作一个总体规划,做出一个详细的时间流程安排。活动计划是指对项目学习所涉及的活动预先进行规划。

3) 活动探究

活动探究是项目学习的核心或主体部分。学生大部分的知识和技能学习是在这一过程中完成的。

活动探究由学习小组直接深入实地调查研究,对必要的地点、对象或事件进行调查研究。在调查研究的过程中,学生对活动内容以及自身对活动的看法或感想做必要的记录,提出解决问题的假设,然后借助一定的研究方法和技术工具来收集信息,并对收集到的信息进行加工处理,对初始提出的假设进行验证或推翻初始的假设,最终得出问题解决的方案或结果。

4) 作品制作

作品制作是基于项目的教学模式区别于一般活动教学的典型特征。在作品制作过程中,学生运用在学习过程中所获得的知识和技能来完成作品的制作。作品的形式不限,可以多种多样(研究报告、图片、电子幻灯片、录像、网页等)。学习小组通过对他们所研究的项目进行描述,并且展示他们的研究成果来展示他们在项目学习中所获知识和技能。

5) 成果交流

学生作品制作出来后,各个学习小组要相互进行交流,交流学习过程中的经验和体会,分享作品制作的成功和喜悦。成果交流的形式可以多种多样,如展览会、报告会、小型比赛等,参与的人员除本校的领导、老师、学生外,还可以包括校外来宾,如家长、其他学校的老师学生、相关专家等。

6) 活动评价

基于项目的教学模式的评价内容包括项目的选择、学生在小组学习中的表现、计划、时间安排、结果表达和成果展示等方面。

对结果的评价强调学生知识获得和技能掌握的程度,对过程的评价强调对实验记录、各种原始数据、活动记录表、调查表、访谈表、学习体会等的评价。

评价的主体可以是专家、学者、老师,也可以是同伴或学习者自己。

教师可以观察学生在项目学习过程中所运用的知识和技能,以及运用语言的方法。学生可以反映他们自身以及同伴的工作和工作流程、小组的工作情况、对工作和工作流程的感觉以及所获知识和技能。

3. 教学案例

项目:环境保护(学时:4)

教学对象:初中二年级学生

所需材料和资源:

能连入因特网的多媒体教室,关于环境污染的教学软件,光盘版百科全书,有关环境保护的各类书籍和参考资料,相关网站等。

学习目标:

(1) 能选择和利用合适的信息技术进行有效的资源采集,能对资料进行整理、分析、评价,通过有计划的、合理的信息加工进行创造性探索或解决实际问题。

(2) 培养自主学习、协同探究、合作解决问题的能力,提高学生评价自身、他人的能力。

(3) 对目前环境污染的严重现象感到焦虑,有危机感,激发主动参与环保的热情,培养环境保护意识。

主题选择建议:

(1) 以环保志愿者的身份,用文字处理软件创办一份图文并茂的期刊,主要内容是我国特有的珍贵动植物及其现状,以及采取哪些措施来保护它们。

(2) 撰写有关保护森林和草原的文章,包括森林对保护和改善环境的作用,保护森林的措施,草原的不合理利用情况及合理利用草原的方法。

(3) 设计制作有关环境污染的网页,包括大气污染、水污染、固体污染、土壤污染、噪声污染及其对人类生存的发展产生的危害,造成环境污染和破坏的主要原因,治理这些污染的措施。

教学过程:

首先通过多媒体演示黄土高原风景的前后对照图,展示一些已经灭绝或濒临灭绝的野生动物及受污染而死的动植物,然后提出问题:为什么古代的黄土高原富饶,孕育了伟大的中华文明,而现在却满目疮痍?为什么这些动植物会从地球上消失或即将消失,怎样才可能让它们不消失?进而引入项目主题——环境保护。

(1) 选择主题,分组分工。每个学生从前面的主题选择建议中任选一个主题。根据选择的主题将全班学生进行分组,每组5~8人,确定组长人选、小组成员的角色分配,明确分工,并填写表6-1。

表6-1 小组成员分工表

组长:

组员	性别	分工	主要工作
			1. 收集资料
			2. 整理资料
			3. 问题解决
			4. 演示制作
			5. 汇报讲演

(2) 分解问题,选择途径。为了更好地探讨研究主题,每个小组要列出所选主题对应研究或解决的若干问题,并填写在表6-2中。

表6-2 研究问题及计划

项目主题:

编号	需要研究或解决的问题	需要使用的工具、软件、手段	所需时间	可能出现的困难
1				
2				
3				
4				

(3) 自主协作,收集信息。小组成员收集有助于回答或解决主要问题的信息:确定获取资料的来源,通过各种手段获取资料,并按一定规则或原则对资料分类(表6-3),形成小组资料文件夹。

表6-3 资料的分类

编号	资料主题	资料类别	已有资料	需要搜集的资料	负责人
1		文本			
		图像			
		音频			
		动画			
		视频			
		其他			

续表

编号	资料主题	资料类别	已有资料	需要搜集的资料	负责人
2		文本			
		图像			
		音频			
		动画			
		视频			
		其他			

（4）整理信息，资源共享。各组选派一名代表，共同整理各组获取的资料，并对资料进行有效管理，供各小组共享。

（5）讨论策略，制作产品。小组讨论确定解决问题的策略与方法，并开始实施。每组选择一种或多种方式（电子文档、多媒体、动画、表格、网页、程序设计等）呈现所研究的结果。

（6）汇报演示，评价总结。完成主题研究后，各组在全班对其研究结果进行汇报演示。师生共同制定评价内容、标准（表6-4），各小组间对汇报进行自评、互评。师生对所做主题研究进行总结。

表6-4 评价表

评价内容		指标	自评	教师	他人
内容		内容全面，包括任务要求的所有基本内容			
		观点准确，论证清楚有力			
		主题内容逻辑顺序准确清楚，重点突出，易于理解			
技术	界面	内容表现形式多样、合理			
		布局平衡合理			
		页面风格与主题相符，形式新颖			
	艺术性	作品设计既能突出主题，又具有美感			
	多媒体素材应用	能准确、合理使用多媒体素材，如声音、动画等			
	导航	页面标题清晰易懂			
		相关页面之间的链接准确、合理			
	创造性	能将以前学到的信息技术知识、技能创造性地运用到当前任务中			
		能根据任务需要，主动探索、学习并合适地应用新的知识和操作			

续表

评价内容	指标	自评	教师	他人
口头报告	能使用生动、准确的语言和交流技巧			
	组织严密，条理清晰，易于理解，能引发观众兴趣			
	小组成员轮流发言			
	做过较好的预演或准备			
协作	分工明确，能相互合作，取长补短			
	小组成员能完成分配给的任务			
总体评价结果及改进建议：				

案例评析：

本案例以"环境保护"为主题，整合了信息技术、地理、生物等学科进行研究。通过这一主题活动，培养学生选择合适工具、熟练运用信息技术收集信息、加工处理、呈现与表达信息的能力，以及运用信息技术解决实际问题的能力。

案例从多个角度提出子课题，让同学们分成小组，每个小组完成一个子课题。意义在于：①每组同学都可以经历一次完整的专题研究活动；②全班同学针对不同子课题的活动，在资源、方法、成果等方面又可以相互支持和共享，即协作不仅发生在小组内，还发生在小组之间；③合理解决了任务多与时间紧的矛盾，既完成了综合性主题活动，又相对节省了学生的时间，提高了学习效率。

6.2.5 WebQuest教学模式

1. 相关概念

WebQuest是美国圣地亚哥州立大学的B. Dodge和T. March等人于1995年开发的一种课程计划。"Web"是指"网络"，"Quest"是"探究"、"调查"的意思。因此，WebQuest是一种基于网络的专题探究学习活动。在这一活动中，大多数信息都是来自互联网上的资源。WebQuest主要关注如何运用信息，以帮助学习者锻炼分析、综合和评价等高阶思维能力。

WebQuest的学习方式可以按学习时间的长短分为短期WebQuest与长期WebQuest。短期WebQuest目的是知识获取和整合，一般一至三课时完成。长期WebQuest目的是拓展和提炼知识，即学习者除了要整合知识外，还要学会迁移，并能以一定的形式呈现对知识的理解，一般耗时一周至一个月。

它的理论基础是建构主义、合作学习理论、基于问题的学习理论等。

2. 组织与实施

1) 确定探究主题

要想使WebQuest探究学习成功，必须尽力做好选题工作。选择和确定探究主题必须在教学目标分析和学习者特征分析的基础上进行。

WebQuest 这类网络主题探究学习活动,主要是发展学习者解决问题的能力,知识目标作为探究活动的伴随性目标类别而存在于这类教学设计中。在设计时要避免单一的知识目标。

学习者分析应包含两方面的内容,即学习风格分析和学习准备分析。学习风格的分析结果将作为小组协作中异质分组的一个依据。学习准备分析应该注重分析以下这些内容:学生是否具备进行探究的背景知识;学习者是否具备进行网络探究的信息技术技能;学生是否掌握了协作学习的技能。

2) 引言设计

WebQuest 的引言部分是根据探究主题创设问题情境,让学生体验问题情境,产生问题意识。要使导言能激发学生兴趣和求知欲,使学生愿意学、乐于学、主动地去学,应从导言的形式、内容和语言等方面进行精心设计。

3) 任务设计

任务是主题和课程教学目标的具体化。任务可以是复述性任务、总结汇编任务、判断任务或是设计的任务。一个好的任务应该有挑战性、可行性和趣味性,能促进学习者高阶思维能力的发展。

复述性任务指学生通过网络获取信息,并以电子幻灯片、Word、网页等形式汇报自己的学习成果,用以证明他们已经理解了这些内容。总结汇编任务是让学生将从不同渠道获取的信息整合到一起,编辑成作品。判断任务,即给学生提供一些事物,并要求他们对这些事物打分或是排序,或者在一些选项中做出选择。设计的任务是要求学生创造出一个产品或是行动方案,在特定的约束条件下完成某个预定目标。

4) 过程设计

过程部分是描述学生完成任务所需要经历的步骤,包括任务分块策略、学习者扮演角色和看问题的视角等。它实际上是对学生探究过程的一个引导和帮助。过程部分中对解决问题过程的设计要能对学生的学习起到引导作用,让学生不至于感到无从下手,但又不能太过于细致,避免束缚学生的主动思维能力。

5) 资源设计

资源是学生进行探究学习的基础。资源主要是一个网站清单,可以根据可读性、是否能引起学习者兴趣、能帮助学习者完成任务等因素来查找合适的网站。给学生提供的资源除了网上资源还包括非网上资源,如图书资料、录音带、与他人面对面交谈等。有了足够多的资源,教师可以以分类筛选或给予批注等形式把资源有效地组织起来。

6) 评价设计

评价的目的是要测评学习者进行网络探究学习的效率和效果。评价应包含两个方面:一是对学生的学习结果进行评估,主要反映学生的高级思维能力的应用水平。二是对专题活动的整个过程进行评估,这是评估的主要方面,包括本次专题活动的主要收获、成功的经验和不足、学生从本专题活动中所延伸出来的对相关问题的看法和思考等。由于 WebQuest 追求的学习目标是高阶思维能力的发展,因而不宜用多项选择测试题来测量学习结果,而是需要运用评价量规。根据学习者的任务不同,评价量规可以有不同的形式。评价人员可以是学生自己,也可以是教师、家长和其他同学。另外,根据任务的差异,评价的对象可表现为书面作业、学生的作品、创作的网页或其他内容。

3. 教学案例

名称:火山和地震(学时:3);

教学对象:小学五年级学生

学习目标:

(1) 知道火山、地震是地壳运动的表现,能列举火山、地震灾害的例子,能对照地图说出全球火山、地震带的分布特点,了解地震的危害,初步掌握抗震自救的方法。

(2) 能搜集、分类、整理火山、地震的相关报道,能讨论自然灾害造成的影响及其引发的问题,和如何落实抗震、自救与减灾的措施等,巩固并进一步提高基于互联网的研究技能、协作技能,巩固并进一步提高学生使用 Word 制作文稿、处理资料、书写报告的技能。

(3) 提高学生合作学习的能力,提高学生评价自身、他人的能力,提高学生的创造性解决问题能力、口头的表达能力。

(4) 能注意各种自然灾害的报道,能意识天然灾害与自然环境具有密切的关系,能做好各种防震与减灾的准备工作,树立认识自然、战胜灾害的信念。

教学过程:

(1) 引言。2008 年 5 月 12 日发生的汶川大地震造成了巨大的灾害,很多人痛失亲人,无家可归。火山、地震都是人类无法抗拒的自然灾害。在这个 WebQuest 项目中,我们将共同关注火山与地震。你们将分别扮演地质学家、历史学家、地理学家、社会学家、导游、抗震减灾专家等角色,努力研究与火山地震有关的问题,并将研究成果展示给你的同学。

(2) 任务。这是一个全新的学习环境,你不仅要学习书中知识,还要借助网络学习更多的知识。

你将与你的伙伴愉快地合作,共同制作完成一份工作报告,并将你们的研究成果向大家公布。

在工作前,建议你带着以下问题阅读课本,或许对你尽快完成任务有所帮助:

A. 火山、地震形成的原因是什么?

B. 火山、地震有哪些基本特征?

C. 火山、地震在全球分布的特点?

D. 抗震自救的方法有哪些?

(3) 过程。

A. 请选择一个你要扮演的角色,供你选择的角色有地质学家、历史学家、地理学家、社会学家、导游、抗震减灾专家等。

B. 你将与你的同行组成一个专家组,共同开展研究,推选一位组长吧!

C. 你将在组长的组织下开展工作,组长是否已经分配给你任务了呢?

D. 开始工作吧,网络会帮你更快地完成任务。请及时将你的工作过程、研究成果记录在组长指定的共享文件夹中,与你的同行分享。

E. 请你与你的同行一起研究、讨论,并以专家组的名义写一份研究报告。

F. 你所在的专家组需要派一名专家向大家汇报你们的研究成果,也许听众会向你提问,你得做好充分地准备哦。

预祝你与你同行的研究一切顺利,取得成功!

以下是专家们可能研究到的问题,供你们参考:

地质学家:火山成因、火山类型、火山预报、地震成因、地震类型、地震预报等;

历史学家:历史上几次重大的火山活动记录与地震记录,我国古代在地震观测预报上的成就等;

地理学家:火山的分布、地震的分布等;

社会学家:火山活动对人类的影响、地震对人类的影响等;

导游:火山地区、地震震后地区有哪些特殊的地形地貌或标志物吸引游客;

抗震减灾专家:抗震、自救、减灾的方法、措施。

(4) 资源。以下资源可能有助于你的研究,请选择使用。

A. 火山

互动百科——火山

http://www.hoodong.com/versionview/ddncDAFtRA3VXA31ycAUCXA＊＊

中国火山 http://www.volcano.ac.cn

北京矿产地质研究所·火山知识 http://www.bigm.com.cn/huoshan/index.htm

B. 地震

中国地震信息网 http://www.csi.ac.cn

国家数字地震台网分中心 http://www.csndmc.ac.cn

中国地震局地震预测研究所 http://www.seis.ac.cn

地震模拟展馆 http://www.kepu.net/gb/earth/quake

中国地震局 http://www.cea.gov.cn

防震减灾常识百题 http://www.tjkp.gov.cn/zs-dz/dz1.htm

C. 搜索网站

http://www.google.com

http://www.baidu.com

http://search.sina.com.cn

http://cn.yahoo.com

http://dir.sohu.com

(5) 评价。请根据下面的评价要求,对自己的情况做个人自我评价(表6-5)、请小组其他同学也对自己做一番评价(表6-6和表6-7),这将有助于你改进自己的研究工作,取得更好的成绩。

(6) 总结。通过本项目的学习,你除了可以学习火山地震的知识,还可以学会:

A. 主动、全面的科学探究;

B. 怎样与他人合作;

C. 怎样在网上寻找有效信息,以及对信息整理、加工的能力;

D. 怎样及时有效地获取老师或同学的帮助;

E. 就自己所写的文章和文件夹里收集的信息,回答其他同学提出的相关的问题。

表6-5 个人学习评价标准

评价项目	分工合作	资料搜索	参与讨论	问题解释	报告撰写
评价内容	明确自己和小组的任务,善于与同伴合作,工作效率高	针对任务,搜集到大量有用的资料,能很好地为研究服务	积极参与问题的讨论,能主动提出自己的观点	对问题的解释有根有据,能正确引用相关的证据	为报告的撰写提供了有效的帮助,使小组研究报告与现场发言稿文字通顺,图片或动画能很好地表达主题
分值	15—20(很不错)					
	10—15(还可以)					
	5—10(待改进)					

表6-6 小组研究评价标准

评价内容	研究报告		现场发布		其他印象
	资料	编排	自述	答辩	
评价内容	内容全面 资料翔实 主题明确	图文并茂 编排新颖 重点突出	条理清晰 语言简练 生动活泼	准备充分 答辩准确 表情自然	小组团结 分工合作 高效工作
分值	15—20(很不错)					
	10—15(还可以)					
	5—10(待改进)					

表 6-7　学生评价表

评价内容		研究报告		现场发布		其他印象	总分
	组别	资料	编排	自述	答辩		
自我评价							
小组评价	地质						
	地理						
	社会						
	导游						
	历史						
	减灾						

6.2.6　基于网络协作学习的教学模式

1. 相关概念

网络协作学习,是指利用计算机网络以及多媒体等相关技术,由多个学习者针对同一学习内容彼此交互和协作,以达到对教学内容比较深刻理解与掌握的过程。

这种模式的理论基础是:建构主义学习理论、人本主义心理学、群体动力学。

2. 组织与实施

(1) 确立网络协作学习的目标。网络协作学习的目标是系统性的,一般将协作学习的总体目标分解为许多子目标。子目标与具体的学习内容密切相关,子目标的确定及解决对总体目标的实现至关重要。

(2) 分析学习者的特征。分析学习者的特征,一般考虑以下几个因素:年龄、性别、兴趣爱好、学习能力、学习风格、学习动机等。

(3) 选择网络协作学习的内容。学习者面临的学习任务主要分为三类:概念学习、问题解决和设计。概念学习是针对事实的,协作学习伙伴面对的是一个共同的学习目标,即掌握概念的含义,明确概念的特性与适用范围。问题解决和设计是基于分析和综合的,要对学习的总体目标进行分解,形成许多子目标,学习者相对独立地完成对子目标的学习。

(4) 设计网络协作学习主题。协作学习主题的设置需满足以下几个条件:① 学生需要付出一定的努力才能完成;② 学习任务需发挥抽象思维而非学习运用定律或记忆性知识;③ 小组需要顺利完成指定任务所包括的各种资源,包括智慧技能、词汇、相关信息以及完成任务所制定的指令;④ 学生解决问题时需要在一定问题空间收集、筛选信息,并对其重新加工,形成自己的成果;⑤ 问题结果一般不是固定的标准或正确答案;⑥ 最终结果应成为一种产品,可以是可视化的、口头或书面表达的形式。

(5) 确定网络小组的基本结构。协作小组的划分通常采用以下两种方法：一种是依据学习者的学习风格、认知水平进行分组，另一种是依据学习者的兴趣、爱好分组。前者是在教师指导下划分的，有同质分组和异质分组两种方法。

同质分组是把学习风格、认知水平相近或相当的学习者编为一组；异质分组则相反。实际应用中采用组内异质，组间同质的方法比较合适，这样可以充分发挥组内成员的互补优势，保证组间整体水平大致相当。组内成员数目，介于5～7人较为合适。

(6) 创设网络协作学习环境。网络协作学习环境是指利用互联网，让在不同时空的学习者，通过进行协作对话方式完成特定的学习任务的一种网络计算机辅助远程教学系统。

协作学习环境的设计主要指依据学习的主题、协作学习目标、参加协作学习的人数来选择协作学习系统的类型、规模、性能、技术支持方式等。协作学习环境除了包括计算机和网络提供的必备的硬件环境、技术实现手段外，还包括学习者之间以及学习者和教师之间形成的协作集体这个人际关系环境。

常用的协作学习环境类型：两个或多个协作者将计算机用作媒体工具和他人协作；两个或多个协作者在教师的帮助下与他人协作，教师控制并指导协作交互；两个或多个协作者在同一个工作站为解决一个问题工作，教师可以随时为他们提供所需的帮助和指导。

(7) 准备网络协作学习资源。在资源设计中应该遵循以下原则：信息量要足够，且与所要学习的内容密切相关；资源结构要合理，要有一定深度、广度、层次性，以满足不同层次学生的需求；资源的表现形式要多样(文本、图片、录像等)，要便于检索和查找。

(8) 策划网络协作学习活动。网络协作学习活动设计包括教学活动序列设计、活动内容设计、活动开展形式设计。协作学习活动主要围绕学习内容开展，并根据学习内容采用不同的活动形式。

(9) 拟定网络协作学习效果评价内容及方法。网络协作学习的评价主体可以是同伴、教师、社区专家等，评价包括网络协作小组与个体成员两个层面，主要关注学习过程尤其是协作过程。

成功的网络协作学习评价必须充分发挥定性评价与定量评价、相对评价与绝对评价、主观评价与客观评价、形成性评价与总结性评价、自我评价和他人评价等各种方法的优势。评价层面不同，评价方法也不同。网络环境下比较有效的协作小组评价方法有成果评价、测试法、小组协作学习档案法、层次分析法等；个体评价方法有问卷法、加权求和法等。

3. 教学案例

主题：分期付款在选购房子中的应用(20天)

教学对象：高中一年级学生

学习目标：

（1）认知目标：利用所学的知识以组为单位，完成购房计划。

（2）能力目标：能将分期付款的知识运用到实际，培养学生函数建模的能力；培养学生收集、整理、筛选、运用资料的能力；培养学生协作学习的能力。

（3）情感目标：让学生感受到数学和我们的生活密切联系，数学就在我们的身边。培养学生学习的兴趣和积极性。

分析学习者的特征：

（1）学生思维活跃、喜欢动脑筋。

（2）学生已掌握了函数这部分内容。

（3）学生已掌握上网的基本技巧与方法，具有一定的搜索、分析和处理信息的能力。

（4）学生经历过基于网络协作学习活动，对这种学习方式产生了极大的兴趣。

情境设置：

王老师想从银行贷款，购买一套 90 平方米左右、每平方米约 5000 元的住房，请你帮王老师拟定一个购房计划。王老师有存款 20 万元，家庭月收入是 5000 元，政策性住房贷款的年息为 5.22%，可以分期付款，王老师根据自己的实际情况估计每年最多可偿还 2.4 万元，最长年限为 25 年，如果银行贷款按复利计算，那么王老师最大限额的贷款是多少元？

选择网络协作学习的内容：

（1）问题解决：根据王老师的实际，有哪些可行的分期付款方案？购房需要考虑哪些因素？

（2）设计：利用所学知识以组为单位完成购房计划。

确定网络小组的基本结构：

采用组内异质、组间同质的方法，把学习风格、认知风格相差比较大的学习者编制为一组。把全班 60 名学生按 6 人一组编成 10 组，每组的成员水平优、中、差相当。

创设网络协作学习环境：

（1）学生以计算机为媒体工具，通过 BBS、邮件等方式与他人协作。

（2）小组成员可以与学习同伴、教师和专家展开协作。

（3）学习者在网络多媒体教室中可以访问校园网及 Internet，从中搜集各方面的资料。

准备网络协作学习资源：

（1）http://nanjing.soufun.com。这是南京的搜房门户网，学生可以利用这个网站的资源进行活动，同时也可以用这个网站的搜房引擎搜索房屋信息。

（2）在线教材：利用人教版《高中一年级数学上》教材以及教师用书制作而成，

包括有课件以及相应的动画课件。

策划网络协作学习活动：

(1) 提出问题：如果你是购房者，你会考虑哪些因素？

(2) 以组为单位，在小组论坛中开展讨论，将大家计算的结果和选购的房屋样式图等制成演讲文稿，由一名组员向全班汇报。

(3) 在小组汇报会上，大家一起讨论其他小组的函数建模是否正确和房屋的位置、单价、大小、结构等几个因素是否符合王老师的实际情况。

(4) 根据提供的网址，以组为单位，选择适合王老师的房子，并简要说明理由。

(5) 利用计算器计算出所购房子需支付的总价，根据按揭年限应支付的月供等费用，并制定出较完整的购房计划。

拟定网络协作学习效果评价内容及方法：

评价时以多重观点评价学生，由教师评价学生、学生互评以及自我评价组成（表6-8和表6-9）。

表6-8 学生个人学习评价表

评价项目	分工合作	资料搜索	参与讨论	问题解决	演讲文稿撰写
评价内容	明确任务，善于与同伴合作，工作效率高	针对任务，搜集到大量有用的资料	积极参与问题的讨论，能主动提出自己的观点	能运用所学知识，解决实际问题，思路清晰，有理有据	为演讲文稿的撰写提供了有效的帮助
分值	15—20（很不错）				
	10—15（还可以）				
	5—10（待改进）				

表6-9 小组学习评价表

评价内容	购房计划	现场演示		其他
		自述	答辩	
评价内容	内容全面 资料翔实 合理可行 思路清晰	条理清晰 语言简练 生动活泼	准备充分 回答准确 条理清楚	小组团结 分工合作 高效工作 积极参与讨论
分值	15—20（很不错）			
	10—15（还可以）			
	5—10（待改进）			

第 7 章　信息化教学过程的实施与评价

本章主要内容

- ■ 信息化教学过程的组织与实施
- ■ 信息化教学评价

7.1　信息化教学过程的组织与实施

7.1.1　信息化教学过程的内涵及特点

1. 信息化教学过程的内涵

信息化教学是相对传统教学而言的一种现代教学形态，这种教学形态，一方面是以信息技术支持为显著特征，另一方面是以现代教育教学理念为指导。它是一个以一定的教育教学思想为导向，以信息技术为支撑，将教学过程中教师、学生、信息资源、信息技术诸要素及各个环节进行科学整合的过程。其宗旨在于促进学习者高阶能力的发展，这种高阶能力是指适应信息时代、知识时代个人生存发展所偏重的各种能力，如创新、问题求解、决策、批判性思维、信息素养、团队协作、兼容、获取隐喻性知识，自我管理和可持续发展等。具体来说，它表达了以下三层意思：

1) 信息化教学是一个互动过程

知识按其外在化的程度可分为显性知识和隐性知识两大类。显性知识是指能言传的，可以用文字等来表述的知识；隐性知识则是指不能言传的，不能系统表达的那部分知识，本质上是理解力和领悟。其中，隐性知识是显性知识产生和发展的基础，掌握这种知识的重要性不言而喻。然而，这种知识单靠传授是无法获得的，它依赖于学生个体与教学过程诸要素的交互作用，特别是在总结实践经验的过程中获得。信息技术的引入为教学的展开提供了一个形式多样的交互环境，它作为学习者的一种学习支持工具、交互工具以及环境创设工具，为互动式教学的开展提供了可能，这使得信息化教学的互动特性突显出来。

2) 信息化教学是一个整合过程

整合是指一个体系内各要素的整体协调、相互渗透，从而使体系中各要素发挥最大效益的过程。信息化教学作为一个体系，它由教师、学生、信息资源、物质资源、精神资源等各种基本要素构成。在教学活动过程中，教学内容不仅存在于学科中，也存在于学生的生活世界里。因此，既要发挥教师作为主导性在教学过程中的作用，又要发挥学生作为学习性主体或发展性主体的能动作用，还要发挥所有教学资源的支撑作用，将上述三重要素进行整体协调，使之"各司其职"，"各尽其能"，形成服务于人才培养总目标的有机结合的教学过程体系。

3）信息化教学是一个实践过程

传统教学，教师主要作为显性知识传授的主体，传授的是课本知识、课堂知识。学生也形成了相应的习惯，使得师生自觉或不自觉地忽视个人经验、直觉技能、教学实践等隐性知识的学习。信息化教学则强调知识经验与行为实践两者的结合，强调两种知识的平衡发展，强调现代信息技术的加入，以此来培养学生的自主学习能力和创新能力。由于隐性知识具有"只可意会而不可言传"的特点，所以必须从各种实践及合作交流中去领会学习。这使得信息化教学过程成为一个营造教学情境与综合性实验、研究性学习、经验交流相结合的过程，充分体现了其实践过程的内涵。

2. 信息化教学过程的特点

信息化教学过程的实施依赖于信息化教学过程的设计。祝智庭教授认为信息化教学设计的过程基本上可以分为单元教学目标分析、教学任务与问题设计、信息资源查找与设计、教学过程设计、学生作品范例设计、评价量规设计、单元实施方案设计、评价修改等八个步骤。由此可见，在很大程度上，信息化教学过程依旧保留着传统教学模式的痕迹，如确定目标、过程设计、评价反馈等。但是在过程设计上，信息化教学过程又体现出自身的一些特点。

1）更重视教学方法的选择

信息技术应用于教学，为教师应用更多样的教学方法创造了可能，如基于问题的学习、探究式学习、合作式学习等。因此，信息化教学过程更突显了教学方法选择的重要性。

2）更重视课程教学资源的支持

在信息化教学实践过程中，教师对于支持性的学习资源更为关注。教师通过评估来选择和收集信息化学习资源，并根据学习者的学习需求，对这些信息化学习资源作进一步的整理加工。学习资源设计因此成为信息化教学过程中不可或缺的一个环节。

3）更重视教学过程的合作性

信息化教学打破了传统教与学的封闭模式，提倡教师之间、师生之间、学生之间的合作。从教师之间的合作来看，信息化教学打破了传统教学中教师的封闭性，使教师利用信息技术建立了更为便捷、有效的合作关系，从而实现经验、科研成果的共享，获得更广泛、更有力的教学支持。从师生之间的合作来看，信息化教学改变了传统教学中师生之间的结构关系和角色地位，在这种模式下，教师成为教学的组织者、指导者，学生成为知识的建构者。

4)凸显了教学过程的开放性

信息化教学的组织与实施突破了地域和时空界限,学习者可以充分利用信息资源在课堂教学之外随时学习知识、自主选择学习内容,自我控制学习的难易度和进度,并随时与教师、同学进行互动,摆脱了传统的教师中心模式,在学习过程中更多地主动获取知识、处理信息。信息化教学不只是单一媒体的运用,在教学中融入图形、文字、影像、声音、动画等多种媒体要素,充分调动学习者的各种感官,激发其学习的兴趣,从而达到优化教学内容,提高教学效率,培养创造性思维的良好教学效果。

5)凸显了评价与教学过程的整合

在信息化教学过程中,评价改进是随时进行的一个教学环节,并伴随在教学过程的始终。在信息化教学活动进行前要提出评价标准,选择和收集学习资源时也要有一定的评价准则,另外针对特定的学习行为或结果还要设计特定的结构化评价工具(如量规),以提高评价的可操作性和准确性。

7.1.2 信息化教学过程的组织

1. 信息化教学的组织原则

信息化教学强调利用信息技术手段进行基于资源、基于合作、基于研究、基于问题的教学实践,其教学的根本目的在于使学习者在意义丰富的情境中主动建构知识。通过对多种信息化教学实践模式的研究,可以总结出有关信息化教学过程的一些组织原则。

1)充分利用现代信息技术,营造优化的学习情境

信息化教学设计强调学生的积极参与,而活动的参与需要一定情境的支持,通过信息技术的作用,可以为学生创设多种学习情境。教师要选择和组合各种信息技术,创设一个学习者可以互相合作和支持的地方,在那里他们使用许多工具和信息资源参与问题解决的活动,实现学习目标。让学生的学习总是与一定的社会文化背景相联系,在真实情境中利用自己原有认知结构中的有关经验赋予新知识以某种意义。

2)基于信息技术,为学生提供丰富的学习资源

现代信息技术尤其是多媒体网络技术,能够为学习者提供丰富开放的学习资源,从而为基于问题或探究式的学习提供了条件。信息化学习资源是信息化教学中的重要要素之一,因而有关信息化学习资源的提供与设计,也是教师在信息化教学设计中的一项重要任务。在信息化教学过程中,教师要充分利用各种信息资源支持学生的学习。

3)强调学习者自主学习

在信息技术环境下开展教学,学习者的自主性将发挥巨大作用,如在学习内容

和学习方式的选择上。信息化教学设计十分重视学习者的主体作用,以学为中心,注重学习者自主学习能力的培养。不论以"任务驱动"还是"问题解决"等方式开展学习或研究活动,在策略和技能传授过程中,教师都应该充分尊重学生的主动性和自主性。在这一过程中,教师作为学习的促进者,要引导、监控和评价学生的学习过程,帮助学生掌握主动学习的技巧,使学生能够更好地开展自主学习。

4) 突出开放性

开放性是信息化教学设计的一个特征,也是学习环境、学习资源等信息化教学要素的重要特征。开放包含了丰富和多样,信息技术本身为开放性提供了现实的条件。信息技术为教师和学生提供了形式多样的沟通方式和内容呈现形态,如同步与异步的一一对话,一对多广播与多对多讨论等,这为学生开放的学习方式创造了可能性。就学习指导者而言,除了教师,各行各业的专家都可以对学习者的学习予以指导和帮助。

2. 信息化教学的组织重点

从以上信息化教学过程的组织原则来看,在信息化教学的组织过程中,做好以下几点工作是成功开展教学的关键。

1) 问题或主题的设计

信息化教学过程常常隐含在有组织的教学活动或学习活动之中,它最外显的部分是教师所设计的问题,因此问题设计是信息化教学过程组织的核心。问题或主题设计的过程主要是指依据当前学习目标,遴选所学知识中的基本概念、基本原理、基本方法和基本过程作为学习活动开展的主题,然后围绕这个主题进行意义建构。教师进行问题或主题设计时,要求能够重新组织大量知识,激发学习者全身心进行探究学习,深刻理解所学知识,促进学习者高阶能力的发展。

2) 学习情境的创设

在学习情境的创设中,要以促进学习者的积极性和主动性为前提,尊重学习者探究和获得体验的需要,充分利用网络技术,尽可能创设各种情境,包括问题情境(以激发学习者强烈的求知欲、发现欲)、应用情境(让学习者能有多种机会在不同情境下应用所学知识,将知识外化),构造一个利于学习者展开学习的网络化学习环境。例如,实验教师运用信息技术制作一个无害实验室,让学习者任意进行操作,观察实验效果,而无需担心会损坏实验仪器或浪费实验药品。在这样的学习情境中进行学习,更有利于学习者对新知识的建构。

3) 学习资源的设计

为了支持学习者的主动探索和意义建构,在学习过程中要为学习者提供多样化的学习资源或学习材料。要明确当前学习主题所需资源的种类及各种资源在学习过程中所起的作用。对于学习资源,该从何处获取、如何去获取以及如何有效地利用这些资源等问题,教师要给学习者适当的帮助和指导。除了开放的网络化学习资源,由教师精心设计的与主题相关的学习资源库也是一种重要的学习资源。另外教学者也可以利用校园网络系统建立专题学习网站,对凌乱的学习资源进行筛选和重构,进而促进学习者的学习。

4) 自主学习的设计

在信息化教学的组织过程中,要根据教学内容及所选择的教学方法,对学生的自主学习作精心的设计。在自主学习设计中应充分体现以学生为中心的三个要素:发扬学生的首创精神,即要在学习过程中充分发挥学生的主动性,体现学生的首创精神;将知识"外化",即要让学生有多种机会在不同的情境下去应用他们所学的知识;实现自我反馈,即要让学生能根据自身行动的反馈信息形成对客观事物的正确认识和解决实际问题的具体方案。

3. 信息化教学的组织形式

信息技术的引入带来了教学组织形式的多元化,相对于传统单一的课堂班级教学形式而言,这些多元化的教学形式为新时期的教学注入了新的活力,同时也极大地提高了教学的效率。常见的信息化教学组织形式有以下几种:

1) 信息技术支持的班级授课形式

班级授课制作为近代学校的一种典型教学组织形式,以高效率、统一的教学进度,实现了大规模集体教学,很好适应了工业革命之后社会对于大批量受教育劳动群体的需求。同时这种教学组织形式能够很好地发挥教师的主导作用,有利于系统的科学文化知识的传授,所以直到今天,班级授课制依然是众多教学组织形式中的一种主要形式。信息技术的引入并没有动摇它的地位,相反在一定程度上为班级授课教学带来新的活力。

(1)信息技术丰富了传统班级授课的教学手段。黑板加课本这种单一化的教学手段开始逐渐被多媒体化的教学手段所取代,而且利用多媒体教学工具集声、像、动画、文字于一体的特点,能够很好地创设激发学生求知欲的问题情景,调动学生的各种感官和积极性,并且在多样的形式中展现教学内容,这在一定程度上克服了传统班级授课制的一些内在缺陷,提高了教学效率。

(2)信息技术拓展了传统班级授课的教学内容。传统的以课本文中心的教学内容体系在系统化传授知识方面有其自身的优越性,但也存在着很多为人所诟病的缺点,如教学内容单一化,内容体系陈旧,时效性差等。信息技术凭借其自身的特点,很好地弥补传统课堂教学内容的不足。一方面多媒体课堂为我们提供了图文声像齐全的多元化教学内容,克服了课本纯文本内容的单一性,同时也是对课本内容的一种很好补充;另一方面多媒体网络的接入,为课堂教学引入了网络世界中的各种新思想。网络的这种高开放性、强时效性的特点完善课本中心的教学内容体系,同时很好地拓展学生的视界和知识结构。

(3)信息技术促进了传统班级授课的教学评价。一方面体现在评价信息的搜集上,将评价过程与计算机技术相结合,可以实现一定程度的自动化;另一方面表现在教学信息的统计、分析和处理上,如今各种数据统计分析软件已经从商业领域引进到教学领域,为基于传统课堂教学的复杂教学分析提供很好的技术支持。

利用信息技术来革新课堂教学是人们的理想目标,但这并不意味着可以轻易抛弃传统的课堂教学形式,更多的时候我们寻求的是信息技术在传统课堂教学中的一种整合形式。祝智庭教授就技术应用与课堂教学的状况,提出如下两种应用模式:用技术强化课堂教学、用技术革新课堂教学。其中每一种模式又有高技术和低技术两种方式,由此得到四种不同的实际作用模式,如图7-1所示。

模式 A:代表用低技术强化课堂教学。这种作用模式在目前的课堂教学中大量存在,例如用幻灯机、投影仪、录音、影像带等呈现教学内容。

模式 B:代表用高技术强化课堂教学,例如用多媒体电脑或网络支持课堂教学,但基本上不改变传统的课堂教学模式。

模式 C:假定在没有高技术条件下进行教学改革,充分发挥人的积极因素,可以在教师作为帮促者、异质分组、协同作业、基于绩效的评价等方面体现革新教育的特征。

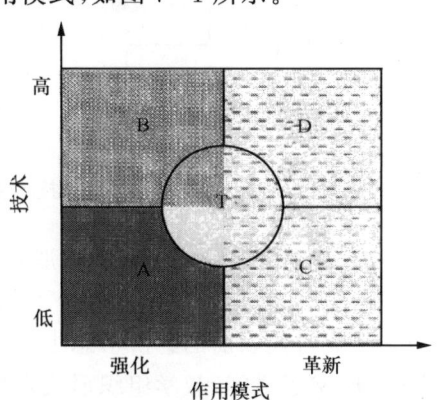

图 7-1　信息技术在课堂教学中的四种应用模式

模式 D:充分发挥高技术的优势,创建各种新颖教学方法,比较全面地体现革新教学的特点。

2) 基于问题的小组协作学习形式

基于问题的小组协作学习是一种围绕某种具体的问题情境而展开,以小组或团队的形式组织学生协作完成某个既定学习任务的教学组织形式。在协作学习过程中,学习者之间以融洽的关系、相互合作的态度以及分工合作的方式,围绕目标问题开展调查、研究、问题求证,最后得到集体共享的研究成果。

这种教学组织形式通常从问题出发,教师根据教学内容创设一定的问题情境,学生在分析问题情境的基础上,确定自己的研究内容,然后分析问题、提出解决问题的假设,形成学习小组,进行任务分工,确定解决问题所需的信息以及获取途径,确定研究计划和进程安排。围绕问题,学生通过各种途径搜集与问题相关的信息,然后对信息进行分析、整理、评价,把整理后的新信息与旧信息进行整合,进而形成最终解决方案,最后是总结反馈,对解决方案的应用结果进行评判,确定问题是否已解决,总结所学的知识并在新的情境中进行应用。

以上是基于问题的小组学习的大致流程,但并没有充分体现教师、学生、媒体这三大教学要素相互之间的关系,也没有凸显信息技术的作用,在实际的教学中,信息技术作为学生信息搜索、交流和问题求解的工具应整合到基于问题的小组学习实施的全过程中,如图7-2所示。

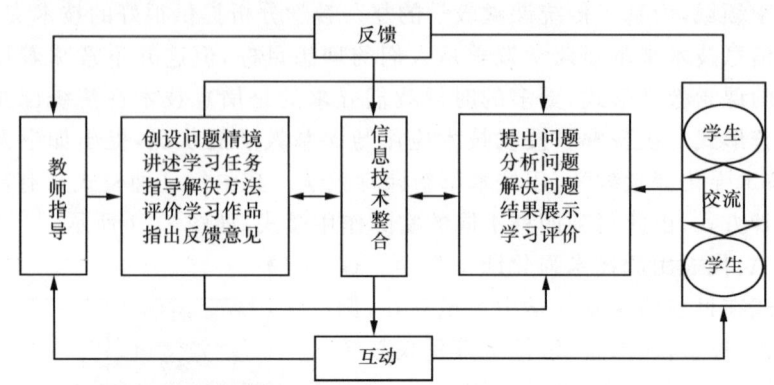

图7-2　信息技术支持的基于问题的小组协作学习

3）基于网络的个性化学习形式

历史上,教学组织形式历经了几次大的变迁,其中生产力的发展是主要的推动力。工业时代以前的经济形态中,生产力的发展水平低下,教育多存在于范围有限的师徒、父子之间,教学组织形式表现为一对一的学徒制、私学中的个别化教学等;进入工业时代后,以"标准化、规模化"标榜的时代特征渐渐融入当时的教育理念中,由此以班级授课制为代表的教学组织形式应运而生,它充分发挥人才培养的规模经济效应。知识经济时代以创新型人才的培养为目标,个性化、创造力的培养成为教育的重点。因此,呼唤个性化教学的回归已成为教学组织形式变革的新的发展方向。网络时代的到来则在技术上为这种回归提供了更大的便利性与可行性。

基于网络的个性化学习形式的主要特点表现在:将优质的教育资源与网络技术相结合,以学生的个别化学习为主要特征,突破学生固定的年龄和知识程度的限制,采用开放、协作方式随时随地地进入教学,从而达到个性化的教学目标。这种教学组织形式以其自身的特点从班级授课制中脱颖而出。

（1）从教学内容来看,网络中的教学资源是无限丰富的,学生完全可以根据个人的兴趣爱好或需要选取知识和信息。学生与教师对于教学资源拥有平等的获取权,学生不再被动地接受教师单向灌输的知识内容,而是主动地选择与探究。这充分调动了学生探索、分析、解决问题的主动意识,最大限度地发掘出个人的学习潜力。

（2）从教学的时间和空间来看,其突破了固定时间、固定地点的限制,为教师和学生选择最佳地点和最佳时间的教与学创造了良好的条件。

（3）从师生关系来看,既可以是一对一,即个别指导、个别教学的形式;同时也可以是一对多,即一位教师同时对许多学生授课;还可以是多对一,即在线学习者同时求助于多位教师指导。这种多样化的对应关系,为学生自主地选择不同的、适合自己学习特点的教师进行辅导提供了可能性,因此更能突出学生主体的教育理念,真正做到因材施教。

由此可见,在教学过程中,基于网络的个性化学习凸显了随时、随地、任选内容、自主学习等个性化的特征,再加上其能够实现教学对象的规模化效应,所以这种形式为我们找到了一种个性化与规模化之间的平衡。

7.1.3 信息化教学过程的实施

1. 几种典型的教学实施过程

1) 先行组织者教学实施过程

先行组织者是奥苏贝尔有意思学习理论的一个重要概念,是指安排在学习任务之前呈现给学习者的一段引导性材料,它比学习任务具有更高一层的抽象性和包容性。奥苏贝尔提出的先行组织者教学策略的教学过程主要由三个阶段组成,如表 7-1 所示。

7-1 先行组织者教学实施过程

阶段	教学实施过程	教学活动
阶段 1	呈现先行组织者	阐明本课的目的 呈现作为先行组织者的概念 给出例子,提供上下文 使学习者意识到相关知识和经验
阶段 2	呈现学习材料和任务	知识结构外显化 学习材料的逻辑顺序外显化 保持注意 呈现材料 演讲、讨论、放电影、做实验和阅读有关的材料
阶段 3	扩充和完善认知结构	使用整合协调的原则 促进积极的接受学习 提示新旧概念(或知识)之间的联系

按照奥苏贝尔的观点,这种教学策略主要应用于他所界定的有意义接受学习的学习类型。

2) 掌握学习教学实施过程

掌握学习是由布卢姆等人提出的一种旨在把教学过程与学生的个别需要和学习特征结合起来,让大多数学生都能够掌握所教内容并达到预期教学目标的教学策略。该策略主要由以下三个步骤组成,如表 7-2 所示。

表 7-2 掌握学习教学实施过程

步骤	教学实施过程	教学活动
步骤 1	学生定向	教师向学生详细说明教学目标或课题,使学生了解所谓的掌握的具体含义,以及让学生明确自己应该提供哪些证据证明自己已经达到了教学的要求
步骤 2	学习方法指导	对尚未接受掌握教学的学生进行一定的指导,使学生明白学习程序与方法。主要指导事项包括:确立进行个别化教学的新观念和新态度,每个学生依据考试表现单独评定成绩,同学之间不做比较,鼓励每一个学生获得优良成绩,成为掌握者,鼓励同学之间的互帮互助,学生在每一个单元之后均须测验并提供反馈矫正程序,学生可以用不同方法实现预定目标
步骤 3	实施教学	首先进行班级团体教学,结束后实施形成测验,根据测验结果,把学生分成掌握组和非掌握组,给予非掌握组补救性教学,直到掌握为止,方可进入下一单元的学习。给予掌握组学生充实性教学,使之进入下一个单元的学习

3) 情境-陶冶教学实施过程

情境-陶冶教学有时也称为暗示教学,由保加利亚心理学家洛扎诺夫(G. Lozanov)首创,主要通过创设某种与现实生活类似的情境,让学生在思想高度集中但精神完全放松的情境下进行学习。在学习中通过与他人的充分交流和合作,提高学生的合作精神和自主能力,以达到陶冶个性和培养人格的目的,因此,这是一种主要用于情感领域教学目标的教学策略。该教学过程主要由以下几个步骤组成,如表 7-3 所示。

表 7-3 情境-陶冶教学实施过程

步骤	教学实施过程	教学活动
步骤 1	创设情境	教师通过语言描述、实物演示和音乐渲染等方式或利用教学环境中的有利因素为学生创设一个生动形象的场景,激起学生的情绪
步骤 2	自主活动	教师安排学生加入各种游戏、唱歌、听音乐、表演、操作等活动中,使学生在特定的气氛中积极主动地从事各种智力操作,在潜移默化中进行学习
步骤 3	总结转化	通过教师启发总结,使学生领悟所学内容主题的情感基调,达到情感与理智的统一,并使这些认识和经验转化为指导思想、行为准则

4) 示范-模仿教学实施过程

示范-模仿教学也是教学中常用的一种教学形式。它主要用于动作技能类的教学内容,包括一些操作技能的学习。该教学过程主要由以下几个步骤组成,如表 7-4 所示。

表 7-4 示范-模仿教学实施过程

步骤	教学实施过程	教学活动
步骤 1	动作定向	教师向学生阐明需要掌握的行为技能及技能的操作原理,同时要向学生演示具体的动作,使学生明确要学会的行为技能要求
步骤 2	参与性练习	教师指导学生模仿练习一个个分解的动作,并及时提供反馈信息,消除不正确的动作,强化正确的动作,使学生对所学的动作由不够精确、熟练逐渐走向精确、熟练
步骤 3	自主练习	在这一阶段,学生基本掌握了动作要领,可以将单个的技能结合成整体技能,通过反复练习,使技能更加熟练
步骤 4	技能的迁移	学生动作技能基本达到自动化的程度,可以不加思考便能完成行为技能的操作步骤,并且可以把获得的技能与其他技能组合,构成更为综合性的能力

2. 信息化教学的实施过程

现代教学设计理论告诉我们,任何教学过程的实施都不是一个随意的过程,而是在科学教学设计理论的指导下循序展开的系统过程。同样信息化教学过程的实施也应该以信息化教学设计理论为指导有序地进行。信息化教学设计是在新课程先进教育理念指导下,以设计"问题"情景以及促进学生解决问题的教学策略为核心的教学规划与准备过程。目的是激励学生在信息化环境下进行实践、探究、思考、综合运用、问题解决等高级思维活动,培养学生的创新精神和实践能力。

总的来说信息化教学设计强调问题为核心的学习;强调以学生为中心,各种教学因素,作为一种广义的学习环境支持学生的自主学习;强调协作学习的重要性,要求学习环境能够支持协作学习;强调面向学习过程的质性评估,反对以简单的技能与知识测试作为唯一评价依据;强调学习环境的设计和学习任务的复杂性;强调设计多种自主学习策略,使得学习能够以学生为主体展开。

在以上原则的指导下,许多学者提出了相应的信息化教学设计过程模式。图 7-3 所示为何克抗教授根据建构主义学习理论的思想提出的信息化环境下以学为中心的教学设计流程。

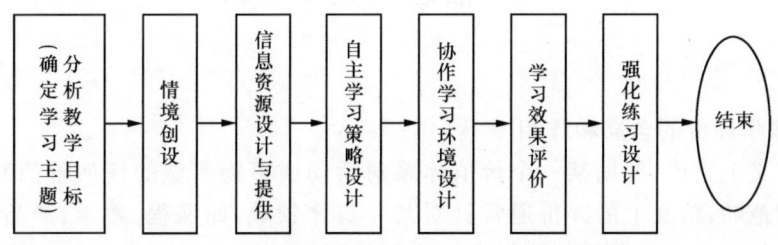

图 7-3 信息化环境下以学为中心的教学设计流程

信息化教学实施的过程总体上遵循信息化教学设计理论的指导。分析、总结各种信息化教学设计过程模型,可以得出如图 7-4 所示的信息化教学实施的一般过程。从特定的教学任务出发,依次经过教学前端分析、教学过程设计、学习环境设计、教学实施、总结与强化练习、教学评价等几个主要过程。最后根据评价的结果,做出最终的教学决策或进行适应性的教学修正。

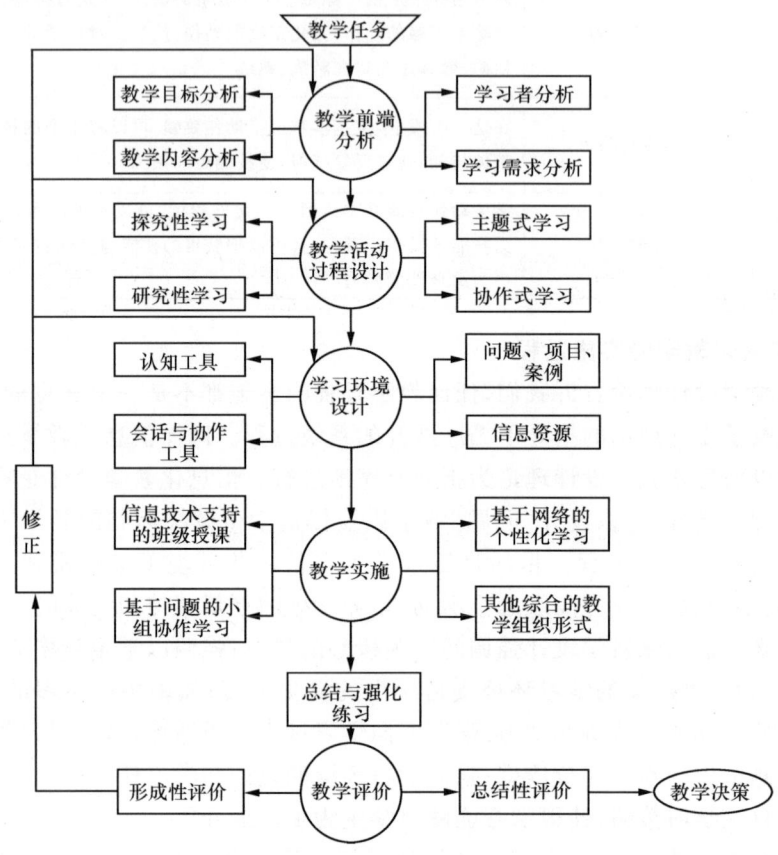

图 7-4　信息化教学实施过程模型

7.2　信息化教学评价

7.2.1　教学评价概述

1. 教学评价的含义和作用

从广义上来说,根据某一个价值体系对活动或事物所做的任何价值判断都属于评价的范畴;狭义上的评价通常针对某一具体领域,如课程、教学、产品等,它们的共同特征都是对事物的价值做出评定。教学评价是指以教学目标为依据,制定科学的标准,运用一切有效的技术手段,对教学活动过程及其结果进行测定、衡量,并给予价值判断。

在一般的教学设计模式中,都将教学评价放在模式的最后环节,但在实践中,教学评价从确定教学目标之初就已经开始,并贯穿在整个教学过程中。其在教学中的作用主要表现在以下几个方面:①目标导向作用;②诊断指导作用;③反馈调节作用;④激励促进作用;⑤改进教学作用。

2. 教学评价的分类

按照不同的评价标准,教学评价可以分为不同的类型。

1) 按评价的基准不同

(1) 相对评价。相对评价是在被评价对象的群体或集合中建立基准,然后把各个对象逐一与基准进行比较,来判断群体中每一个成员的相对优劣。对学习成绩的评定通常以群体的平均水平为基准,考察个人成绩在这个群体中所处的位置,为这种评价而进行的测验称为常模参照测验。利用相对评价可以了解学生的总体表现和学生之间的差异,比较个体学习成绩的优劣。它的缺点是基准会随着群体的不同而发生变化,因而易使评价标准偏离教学目标,不能充分反映教学上的优缺点和为改进教学提供依据。

(2) 绝对评价。绝对评价是将教学评价的基准建立在被评价对象的群体和集合之外,群体中每一成员的某种指标与基准进行对照,从而判断其优劣。教学评价的标准一般是教学大纲以及由此确定的评价细则。为绝对评价而进行的测验称为标准参照测验。绝对评价的优点是评价标准比较客观,可使每个评价者都能看到自己与客观标准之间的差距,以便不断向标准靠近。其缺点是评价标准的确定容易受评价者原有经验和主观意愿的影响,同时不易于分析学生之间的差异性。

(3) 自身评价。自身评价既不是在被评价群体之内确定基准,也不是在群体之外确定基准,而是对被评价个体的过去和现在进行比较,或者对其若干侧面进行比较。自身评价的优点在于尊重个性特点,照顾个别差异,通过对个体内部的各个方面进行纵向比较,判断其学习的现状和趋势。但是由于被评价者缺乏与相同条件其他学生的比较,难以判断其实际水平和差异性,激励功能不明显。

2) 按评价的功能不同

(1) 诊断性评价。诊断性评价也称前置评价,一般是在单元、学期、学年开始时,在正常的教学活动尚未开始之前,对学生的知识技能、智力情感等状况进行的评价。通过诊断性评价,可以了解学生的学习准备情况,为教学活动中的教学策略提供科学依据。其目的是设计出可以满足不同起点水平和不同学习风格的学生所需的教学方案,并分别将学生置于最有益的教学程序中。

(2) 形成性评价。形成性评价是在某项教学活动中,为使活动效果更好而不断进行的评价,它能及时了解阶段教学的结果和学生学习的进展情况、存在问题等,以便及时反馈,调整并改进教学工作。形成性评价注重过程,一般以绝对评价的形式展开,即着重判断前期工作的达标状况。

(3) 总结性评价。总结性评价又称事后评价,一般是在整个阶段的教学活动结束之后,为把握该阶段教学活动的最终效果而进行的评价,如期末各门学科的考核、考试,目的是检测学生的学业是否达到了各科教学目标的要求。总结性评价注重的是教学结果,以对被评价者所取得的成果做出全面鉴定和对整个教学方案的有效性做出教育决策。

3) 按评价的分析方法不同

(1) 定性评价。定性评价是对评价做"质"的分析,是运用分析和综合、比较和分类、归纳和演绎等逻辑分析的方法,对评价所获取的数据资料进行思维加工。主要以评语的形式,客观全面地描述学生的学习状况,更多地关注学生已经掌握了什么,获得了哪些进步,具备了什么能力,并帮助学生明确自己的不足和努力的方向。

(2) 定量评价。定量评价是从量的角度运用统计分析、多元分析等数学方法,从杂乱的评价数据中总结出规律性的结论。由于教学涉及人的因素、变量及其关系是比较复杂的,因此为揭示数据的特征和规律性,定量评价的方向、范围通常由定性评价规定。可以说定性评价和定量评价密不可分,二者互为基础,互为补充。

4) 按评价的取向不同

(1) 目标取向的评价。目标取向的教学评价把评价视为教学结果与预定的课程目标相对应的过程,预定目标是评价的唯一标准。其通常采用量的研究方法,追求评价的"客观性"、"科学化",代表人物有泰勒、布卢姆。其优点在于简便、易于操作,因此在实践中处于支配地位。缺点是忽略人的主体性、创造性和不可预测性,把人简单化。

(2) 过程取向的评价。试图挣脱预定目标的藩篱,强调把教师和学生在教学过程中的全部情况纳入评价范围。主张凡是具有教育价值的结果,不论其是否与教育目标相符,都应受到评价的支持与肯定。其通常采用量的研究与质的研究相结合的研究方法,强调评价者与被评价者之间的交互作用,强调评价者对评价情景的理解,强调评价过程本身的价值,尊重人的主体性、创造性。不过在实践中其并没有完全冲破目标取向评价的藩篱,对人的主体性肯定不够彻底。

(3) 主体取向的评价。评价是评价者和被评价者,教师与学生共同建构意义的过程,是一种价值判断的过程,这种过程是多元的。真正的主体性评价不是靠外部力量的督促和控制,而是每一个主体对自身行为的反省和自制。这种评价尊重价值多元和个性差异,通常采用质的研究方法。

3. 教学评价的原则

为了更好地进行教学评价工作,必须根据教学的规律和特点,确立一些基本的实施原则。

1) 客观性原则

客观性原则是指在进行教学评价时,从测量的标准和方法到评价者所持的态度,特别是最终的评价结果,都应该符合客观实际,不能主观臆断或掺入个人的情感或喜好。

2) 整体性原则

整体性原则是指在进行教学评价时,要对组成教学活动的各个方面做多角度,多方位的评价,而不能以点带面,以偏概全。

3) 指导性原则

指导性原则是指在进行教学评价时,不能就事论事,而应该把评价和指导相结合,认真分析评价的结果,从不同角度查找因果关系,确认产生的原因,并通过及时的具有启发性的信息反馈,使被评价者明确今后的努力方向。

4) 科学性原则

科学性原则是指在进行教学评价时,要从教与学相统一的角度出发,以教学目标体系为依据,确定合理统一的评价标准,认真编制、修订评价工具,在此基础上,使用先进的测量手段和统计方法,依据科学的评价程序和方法,对获得的各种数据和资料进行严谨地处理,而不是凭经验直觉进行主观判断。

7.2.2 信息化教学评价

1. 信息化教学评价与传统教学评价的区别

相对于传统教学评价来说,信息化教学环境下开展的教学评价工作有了较大变化,主要表现在以下几个方面。

1) 评价目的不同

传统的教学评价侧重于评价学习结果,以便给学生定级或分类。这种评价往往是正式的、判断性的。而在信息化教学中,评价基于学生的表现和过程,侧重于评价学生应用知识的能力。关注的重点不再是学到什么知识,而是在学习过程中获得什么技能,这时的评价通常是不正式的、建议性的。

2) 评价标准不同

传统的评价标准是根据教学大纲或教师、课程编制者的意图而制定,因而对特定学生群体的评价标准是相对统一的;而信息化教学强调学生的个别化学习,学生在如何学、学什么等方面有一定的控制权,教师则起到督促和引导的作用。为此,在信息化教学中,评价标准可以由教师和学生根据实际问题及学生先前的知识、兴趣与经验共同制定。

3) 对学习资源的关注不同

在传统教学中,学习资源往往是相对固定的教材和辅导材料,因而对于学习资源的评价相对忽视。往往只在教材和辅导材料正式推广前,会组织一些学生和教师对这些未来的产品进行实验性质的评价。而在信息化教学中,学习资源的来源十分广泛且良莠不齐。在这种情况下,如何选择适合学习目标的资源不仅仅是教师教学的重要任务,也是学生终身学习所要获得的必备能力之一。因而,在信息化教学评价中,对学习资源的评价受到更广泛的重视。

4) 对学生者的要求不同

在传统教学评价中,学生的角色是被动的,他们通过教师的评价被定级或分类,并从评价的反馈中认识自己的学习是否达到预期目标。然而,在信息化社会中,面对不断更新的知识,指望别人像传统教学中的教师一样适时地对自己的学习提供评价已不太现实。因而,作为一个合格的终身学习者,自我评价是一个必备的技能。培养学生的这种技能本身就是信息化教学的目标之一,也是评价工作的任务之一。

5) 与教学过程的整合程度不同

在传统教学中,评价往往是在教学之后进行的一种孤立的、终结性的活动,目的在于对学习结果进行判断。而在信息化教学中,培养自我评价的能力本身就是教学的目标之一,评价具有指导学习方向、在教学过程中给予激励的作用。正是由于有了评价的参与,学生才更有可能达到预期的学习结果。因此,信息化教学评价通常镶嵌在真实任务之中,是整个学习过程不可分的一部分。两者的比较如图7-5所示。

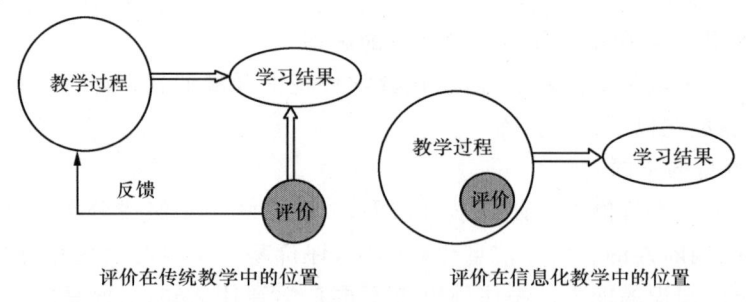

图7-5 传统教学与信息化教学过程中评价环节的对比

2. 信息化教学评价的内容体系

教学评价可以有不同的层次,宏观评价是指对整个教育系统进行评价,微观层次的评价主要从学生、教师、资源和媒体四要素着手。在信息化教学环境下,教学评价可以从学生学习过程、教师教学活动、学习资源、支撑服务系统等多个方面进行。

1) 学生学习过程的评价

学习过程评价关注教学活动展开过程中学习者各方面的表现和进展状况,除了最终的学习效果之外,学习者的课前准备以及在学习过程中学习态度、交互程度、资源利用状况等与学习过程有关的各种因素都应该成为评价的对象,这些因素的综合表现体现出一个学习者的学习状况。表7-5为某中学物理教学学习过程评价表。

表7-5 学习过程评价表示例

评价内容	评价指标	评价等级 A、B、C、D	评价方式		
			自评	小组评	教师评
课前预习	做预习笔记				
	提出问题				
课堂笔记	记录重要的板书内容				
	记录教师口头讲述的重要内容				
	记录不能理解的内容				
提问	对上节的思考问题,积极正确的回答				
	在本堂课学习过程中积极质疑,大胆提问				
	对教师和同学提出的问题积极思考,回答				
	主动向教师和同学提出自己在学习中不懂的问题,直至弄懂问题为止				
实验	预习				
	设计、操作				
	记录、分析并得出结论				
	协作、交流、讨论、总结小制作、小发明、小论文				
作业	认真按时完成必做作业				
	自觉弄懂并更正做错的练习				
	主动多做练习				
复习	每堂课后主动归纳整理知识点和学习方法				
	每学完一章后进行系统的知识归纳,形成网状知识结构,整理解题方法				
测验	不弄虚作假,独立思考,认真完成测验				
	主动将测验中做错的题弄懂,更正并能进行错因分析				

2) 教师教学活动的评价

教师的教学活动评价可以从教师基本素质、教学目标内容、教学过程方法、教学效果几个方面来考察。表7-6所示为某幼儿园教师教学活动评价表。

3) 学习资源的评价

学习资源的评价主要是根据教学目标,测量和检验学习资源所具有的教育价值。信息化教学关注音像教材、教学软件、网络资源的设计开发和使用,对这些学习资源进行评价可以从以下几个方面入手:

表7-6 教学活动评价表示例

评价内容	评价指标	权重	评分	折合总分
教师基本素质	教态亲切、自然,既尊重幼儿,又严格要求	5%		
	语言简练规范、生动,富有感染力,易于幼儿理解	5%		
	教具制作恰当、实用,演示操作准确熟练	5%		
	有较强的沟通能力与教学机智	5%		
教学目标内容	注重幼儿的全面发展和良好行为习惯的培养	5%		
	目标明确、具体,适合幼儿实际	5%		
	能结合主体选择幼儿感兴趣的内容	5%		
	内容具有针对性,难度适中	5%		
教学过程方法	活动组织有序,层次清晰,重点突出,时间安排合理	8%		
	能充分发挥幼儿的主动性、参与性和操作性	8%		
	既面向全体,又注重个别差异,尊重幼儿发展的差异性	8%		
	注意观察幼儿,并根据实际情况作出恰当的反馈	8%		
	方法手段合理有效,针对教学目标,确保幼儿的主体性,有较高的效益	8%		
教学效果	幼儿态度积极,情绪良好,注意力集中,思维活跃	10%		
	幼儿的能力得到发展,目标达成度高	10%		

(1) 教育性:教学内容是否紧扣教学大纲,教学目标、对象是否明确,教学重、难点是否突出,是否符合教学原则和学生的认知规律。

(2) 思想性:教育思想、教育理念是否先进。

(3) 科学性:是否反映了科学规律,材料组织是否符合科学逻辑。

(4) 技术性:教育信息显示是否达到技术要求。

(5) 艺术性:是否有较强的表现力和感染力。

(6) 经济性:经济成本的高低。

4) 学习支撑服务系统的评价

随着Internet应用的普及,网络环境下开展的探索、发现、竞争、协作等一系列自主学习活动得到了提倡,因此对学习支撑服务系统的评价有其特有的价值,具体来讲可以包括以下几方面:

(1) 技术水平:系统支持技术的安全性、稳定性、规范性、便捷性。

(2) 教学功能:系统提供的教学策略支持、教学管理支持、系统工具。

(3) 资源提供:系统提供资源的数量、质量以及教学目标相关度。

(4) 咨询服务:学前的咨询、指导、培训以及运行过程中的各种保障机制。

3. 信息化教学评价的方法与步骤

1）评价方法

信息化教学的评价方法具有多元化的特点，我们可以对传统的评价方法，包括测验、调查、观察等进行改造，使之在原有优点的基础上，尽可能满足信息化教学评价的要求。同时利用信息化环境的优势，信息化教学还形成了自己特有的一些评价方法，如量规、学习契约、电子档案袋、概念图、评估表等等。总结起来，信息化教学中可以采用的教学评价方法有如下几种。

（1）课堂练习。课堂练习是进行形成性评价常采用的方式，是检验学习效果的重要一环。主要考查学生对课程中所涉及的基本概念、基本原理的理解掌握程度，以及将课程中的基本知识转化成对实际问题的分析能力。这是传统的一种有效的评价手段，在信息化教学环境下，仍然有不可忽视的价值。

（2）教学测验。教学测验要求学习者在规定的时间内完成定量的任务，这是了解学生认知目标达标程度的一种最常用工具。试卷中的题目通常包括：客观性题目，如填空题、选择题、配对题、判断题、组合题等；主观性题目如作文题、简答题、论述题、数学应用题、推理证明题等。不同类型的题目考查学生能力的不同方面，在设计测验时应对题目的组合进行良好规划。通过测验，可以检测学生对所学知识的掌握程度及综合运用知识的能力。

（3）作品展示。作品展示即学习者根据所学的知识，针对某一主题独立完成任务并以成果的形式如电子作品、解决方案、研究报告、网页等方式来展示自己的学习所得。作品展示评价涉及学生创作成果或真实任务的完成过程，在反映真实世界复杂性的同时可对学生进行多方面的测量。评价的过程中学生有机会显示其广泛的才能。目前作品展示评价已成为一种得到普遍认可的评价方式，虽然在评价标准上它们各有特色，但其共同的质量标准可以反映出学习者的能力水平。

（4）调查问卷。调查是通过预先设计的问题请有关人员进行口述或笔答，以获取所需信息的一种评价方式。它可以了解学生的学习兴趣、学习态度、学习习惯和学习意向，了解各方面对教学过程和教学效果的意见，为改进教学提供依据。为保证评价的合理性与真实性，必须事先对调查问卷进行精心的设计。问卷可分为结构型问卷和无结构型问卷两大类，通常包括前言、个人特征资料、事实性问题和态度性问题等四个部分。

（5）评价量规。量规是一种结构化的定量评价标准，它从与评价目标相关的多个方面详细规定评价指标，具有操作性好、准确性高的特点。总结起来量规具有如下要求：其各项指标是具体化、行为化、可操作化的内容，要与所要评价的总体目标相一致；各个指标应涵盖所评价对象的所有方面且应该是不可再分、相互独立的；整个量规应该是一个完备的系统。如表 7-7 所示为对学生演示文稿的评价量规。

表 7-7 量规评价表示例

学生演示文稿评价量规

评价者：_____ 评价者身份（学生或教师）：_____
综合得分：_____ 综合等级：_____
评价日期：_____

项目（总分 100 分）		优秀（100%）	良好（80%）	一般（50%）	学生评分	教师评分
内容 60 分	标题（10 分）	标题文字简练、概括、有创新	标题文字组织恰当，较吸引人	标题文字组织基本正确		
	介绍的内容（20 分）	介绍的内容正确，能用自己的语言进行介绍	介绍的内容正确，能引用资料，适当地进行组织	介绍的内容正确，完全引用资料的内容		
	自己的感受（15 分）	内容中有自己独特的理解内容	内容中包含几点自己的感受	内容中没有自己的独特见解		
	作品引用记录（15 分）	能完整记录下所引用的各种资料来源	有版权意识，但记录不完整	无作品引用记录		
组织编排 30 分	内容编排的合理性（10 分）	内容编排合理，有序，结构清晰	内容编排较合理	内容编排不够合理		
	使用的合理性（10 分）	图片、声音、视频的引用与内容吻合，并且能突出主题	图片、声音、视频的引用与内容吻合	图片、声音、视频的引用与内容基本吻合，形式单一		
	背景图片或底色（10 分）	底色或背景图案选择较好，能增强文稿的可欣赏性	底色或背景图案选择恰当，能改善文稿的可欣赏性	背景或底色设置基本恰当		
	演讲表述能力（10 分）	表述清晰、连贯，与 PPT 内容同步，即兴发挥精彩，有感染力和号召力	表述清晰、连贯，与 PPT 内容同步	表述较清晰，基本能够说明 PPT 演示内容		

（6）学习契约。学习契约也称为学习合同，是学习者与帮助者（专家、教师或学友）之间的书面协议或保证书。学习契约允许学习者控制自己的学习进程，满足学习者个别化需求，有助于学习者了解预期工作任务并根据学习契约评价自己的学习，保持积极的自律。表 7-8 所示为同伴辅导学习契约。

表 7-8　学习契约评价表示例

同伴辅导学习契约
被辅导者姓名：_____　　　　辅导者姓名：_____
辅导专题：_____
被辅导者：
你期望通过这次辅导学到什么？打算通过什么方式来学习？
这个假期你想学习什么技能？怎样培养这些技能？
你在怎样的环境下学习最有效？
辅导者：
你打算何时开始辅导？如何辅导？
日期/时间/地点：_____
你打算何时评价被辅导者的作业，如何评价？
日期/时间/地点：_____
你打算何时检查被辅导者的学习状况，如何检查？
日期/时间/地点：_____
签名：_____
被辅导者：_____　　　　日期：_____
辅导者：_____　　　　　　日期：_____

(7) 评估表。评估表(assessment form)是以问题或评价条目组织的表单。适当设计的评估表可以帮助学习者通过回答预先设计好的问题来产生某种感悟，有效地启发学生的反思，从而增强他们的自主学习能力，达到提高绩效的目的。事实上，评估表可以看做是教师提供给学生的一种支架。表 7-9 所示的 Internet 资源评估表，在学习者按照评估表的要求逐一回答问题的过程中，会领悟到应该从哪些方面去评价网上的教育资源。事实上，评价的结果已经不重要，重要的是学习者从中掌握了评价网上教育资源的技能。

(8) 概念图。概念图是一种知识的组织与表征工具，它利用图示的方法来表达人们头脑中的概念、思想、理论等，把头脑中的隐性知识显性化、可视化，便于人们思考、交流、表达，这是一种表达知识的网络图形化技术。概念图作为教学评价工具，适用于教学活动的不同阶段。教师可以清晰地了解学生自身学习的状况，从而有效地帮助学生认识自我。图 7-6 是关于"档案袋"这个知识点的一种概念图组织方式。

表 7-9 评估表示例

评价 Internet 资源
1. 网址：_____ 2. 网站名：_____ 3. 主要使用者：□学生 □教师 □其他 4. 学科领域：_____ 5. 网站的主要用途和目的是什么？_____ 6. 哪个团体或个人创建了这个网站？_____ 7. 他们是否属于某种可能创建有偏见信息的组织？_____ 8. 所提供的信息是否注明参考出处？_____ 9. 网页的作者是谁？他们是否有权提供这些信息？_____ 10. 是否有办法在网站上回复信息并与作者或网络管理员交流？_____ 11. 素材在网页上放了多长时间，它有没有及时更新？_____ 12. 考虑如何在你的学习中使用这个网站？_____

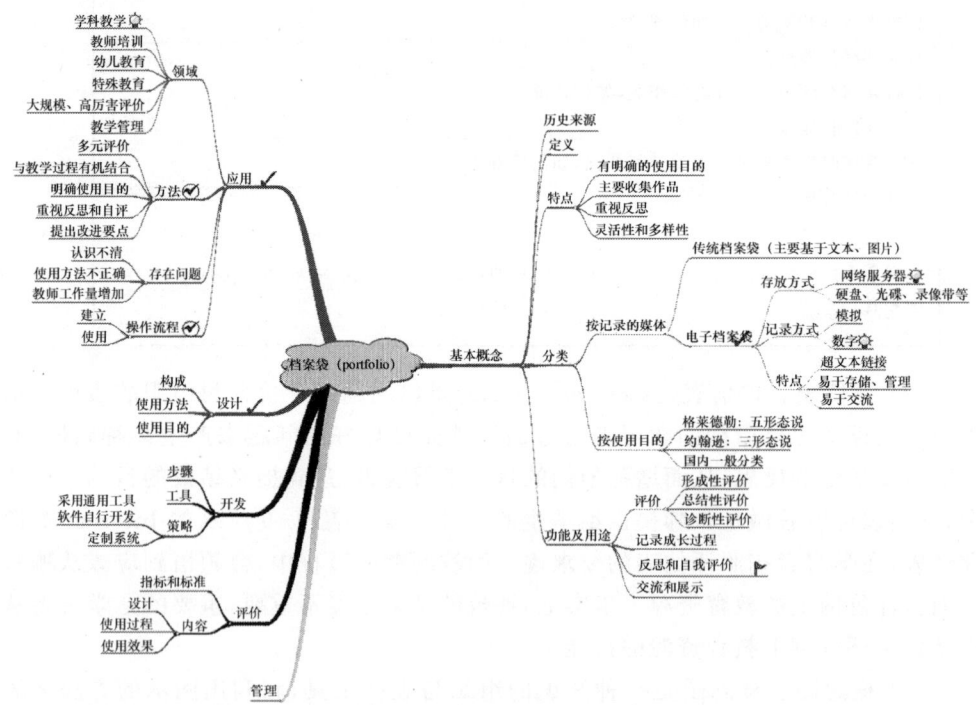

图 7-6 关于"档案袋"知识点的概念图

（9）电子档案袋。电子档案袋评价源于国外 Portfolio Assessment 的概念。Portfolio 在国内有学习文件夹、学档、档案袋、成长记录袋等多种翻译名称，是指由教师和学生收集的、反映学生学习过程和学习进步的各类学习成果，如文章、各类作品、作业、试卷、评语、调查记录、照片等。Portfolio Assessment 是指以档案袋为依据对评价对象进行的客观综合性评价,以此来评价学生学习和进步状况的一种评价方式。档案袋记录学生在某一时期一系列的成长"故事",是评价学生进步过程、努力程度、反省能力及其最终发展水平的理想工具。

如果档案袋里的有关材料利用计算机数字技术来辅助搜集、保存、管理和展示,那么这就变成了我们所说的电子档案袋(E-Portfolio)评价,即档案袋评价的电子化。研究电子档案袋多年的学者巴莱特将电子档案袋概括如下:电子档案袋应用电子技术,允许档案袋开发者以多种媒体形式收集、组织档案袋内容(音频、视频、图片、文本)。图7-7所示为一种电子档案袋的模块结构图。

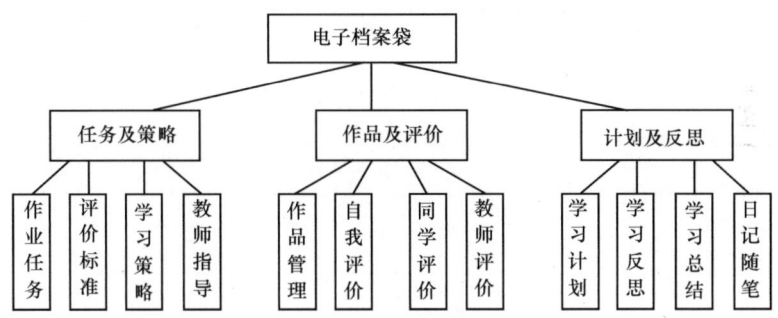

图 7-7　电子档案袋模块结构图

2) 实施步骤

信息化教学评价是一个动态过程,尽管针对不同的评价对象可以采用不同的评价方式,但大体上都要经过准备阶段、实施阶段、处理阶段、反馈阶段等几个有序展开的过程。

(1) 准备阶段。准备阶段首先要确定评价对象和评价目标,然后针对具体的评价对象和目标确定详细的评价指标体系。评价指标体系是为反映评价目标各个要素的关系及其重要程度的一种量化系统,其简化的公式描述:指标体系＝指标项＋标准＋权重。最后针对具体的评价活动设计相应的问卷、试卷、量表等评价工具。

(2) 实施阶段。此阶段主要通过测验、调查、观察等方式来获得各方面的评价信息。通常测验适宜于收集认知类目标的学习成绩资料;调查适宜于收集情感类目标的学习成绩资料;观察适宜于收集动作技能类目标的学习成绩资料。收集了相应的信息之后,还要进行相应的信息预处理工作,如统计回收数量,去除无效问卷,确定此次评价的有效性等。

(3) 处理阶段。此阶段主要是依据权重对获得的数据进行处理和统计。评价的目的是为教学的提高和系统的改进提供依据,因此统计信息之后,评价人员需要从各个角度分析统计结果并依据评定标准进行综合判断,形成评价性意见或结论,同时对问题进行深入分析,找出问题的症结所在。形成性评价的评价结论通常包括;对学生或教师表现的评价、劝告和指导性意见,对教学工作或教学内容的改进意见或补救性建议。总结性评价的评价结论应该包括对教师和学生的选择性决策。

(4) 反馈阶段。反馈阶段可以分为反馈前评价、反馈、再评价几个过程。反馈前评价主要是评估本次评价活动的开展质量,发现评价过程中可能出现的问题,提出改进评价本身的措施,如修改评价指标体系等。反馈过程主要是针对教学的各个环节和要素进行改进和完善,如教学目标与任务调整、教学过程修改、教学资源完善等。教学评价本身是一个循环往复的过程,在做出教育决策之后,评价进入了下一个周期,即所谓的再评价过程。

主要参考文献

毕胜,俞军. 2004. 巧用百度. 北京:中国商业出版社
蔡庆君. 2007. Photoshop CS(中文版)基础与实例教程. 北京:机械工业出版社
都晓英. 2001. 信息化教学:模式研究和案例分析. 上海:华东师范大学硕士学位论文
冯博,张立浩. 2003. 中文版 FrontPage 2003 实用培训教材. 北京:清华大学出版社
韩纪庆. 2006. 音频信息处理技术. 北京:清华大学出版社
何克抗,郑永柏,谢幼如. 2002. 教学系统设计. 北京:北京师范大学出版社
何文生. 2006. 图形图像处理基础教程(Photoshop CS). 北京:人民邮电出版社
胡泽,赵新梅. 2006. 流媒体技术与应用. 北京:中国广播电视出版社
黄纯国. 2004. 基于项目学习的信息技术教育研究. 武汉:华中师范大学硕士学位论文
杰诚文化. 2007. Premiere Pro 2.0 从入门到精通. 北京:中国青年出版社
赖亚非,李萍. 2005. Premiere Pro 实用教程. 北京:清华大学出版社
黎加厚. 2007. Moodle 课程设计. 上海:上海教育出版社
李克东. 2002. 新编现代教育技术基础. 上海:华东师范大学出版社
李莉. 2007. 基于网络的协作学习方式改进高一数学课的探索. 北京:首都师范大学硕士学位论文
刘成新,李兴保. 2005. 信息化教学理论与方法. 北京:电子工业出版社
刘李法. 2003. 基于 Flash 的物体运动编程方法. 徐州师范大学学报(自然科学版),(2):7~15
刘萍. 2005. 网络环境下协作学习的教学设计与应用研究. 济南:山东师范大学硕士学位论文
刘涛. 2004. 小型网站建设技术. 北京:中国铁道出版社
陆吉林,杨建芳. 1999. Internet 搜索引擎指南. 上海:复旦大学出版社
马小强. 2007. 交互与创新,让信息技术改变课堂. 中国电化教育,(11):23~26
南国农. 2004. 信息化教育概论. 北京:高等教育出版社
南京航空航天大学图书馆组编. 2005. 网络信息采集与应用. 北京:清华大学出版社
瞿周英. 2005. 促进高水平思维的 WebQuest 及案例设计. 上海:上海师范大学硕士学位论文
沈美莉. 2003. 图形图像处理. 北京:电子工业出版社
孙良军. 2003. 中文版 FrontPage 2003 实用基础教程. 北京:科学出版社
王均. 2004. Flash ActionScript 2.0 编程技术的研究. 电脑与信息技术,(5):17~20
王馨迪. 2004. 网络数据库. 北京:北京交通大学出版社
许福永. 2007. 多媒体教学课件中手动画的制作及应用. 高等理科教育,(1):30~33
许延,常义林. 2000. 多媒体同步技术研究. 西安电子科技大学学报,(8):43~45
闫寒冰. 2003. 信息化教学评价:量规实用工具. 北京:科学出版社
杨九民. 2005. 现代教育技术. 武汉:华中师范大学出版社
于平. 2004. FrontPage 2003 中文版实用教程. 北京:清华大学出版社
詹青龙. 2004. 网络视频技术及应用. 西安:西安电子科技大学出版社
张丽. 2001. 流媒体技术大全. 北京:中国青年出版社
钟志贤. 2006. 信息化教学模式. 北京:北京师范大学出版社
祝智庭,顾小清,闫寒冰. 2005. 现代教育技术——走进信息化教育. 北京:高等教育出版社
Steinmetz R. 1990. IEEE Journal on 412 Synchronization Properties in multimedia systems, Selected Area on Communication. April, 401~412